求学香港

谢新燕 著

图书在版编目(CIP)数据

求学香港/谢新燕著. —北京:北京大学出版社,2012.7
ISBN 978-7-301-20051-3

Ⅰ.①求… Ⅱ.①谢… Ⅲ.①高等教育-研究-香港 Ⅳ.①G649.286.58

中国版本图书馆 CIP 数据核字(2012)第 001486 号

书　　名：求学香港
著作责任者：谢新燕　著
责 任 编 辑：韩文君
标 准 书 号：ISBN 978-7-301-20051-3/G·3294
出 版 发 行：北京大学出版社
地　　址：北京市海淀区成府路 205 号　100871
网　　址：http://www.pup.cn　电子信箱：zyl@pup.pku.edu.cn
电　　话：邮购部 62752015　发行部 62750672　编辑部 62767346
　　　　　出版部 62754962
印 刷 者：三河市博文印刷厂
经 销 者：新华书店
　　　　　650 毫米×980 毫米　16 开本　13.75 印张　200 千字
　　　　　2012 年 7 月第 1 版　2012 年 7 月第 1 次印刷
定　　价：35.00 元

未经许可,不得以任何方式复制或抄袭本书之部分或全部内容。
版权所有,侵权必究
举报电话：(010)62752024　电子信箱：fd@pup.pku.edu.cn

内 容 简 介

　　求学香港是众多内地家长和学生十分关心的问题。本书是第一部涉及内地学生在香港高校学习生活实况的调查信息的书籍。香港高校自2005年起开始加入中华人民共和国教育部全国性大学招生录取系统以来,每年都从内地率先招收大批顶尖学生来港升学。因此,内地学生在香港求学的情况自然成为人们关注的焦点。本书正是针对与日俱增的内地学生来香港就读这一社会现象,全面详尽地探讨他们在香港高校生活与学习中所经历的适应问题。

　　本书的目的旨在解释和探讨为何中国内地学生选择到香港完成高等教育,以帮助人们深入了解内地学生在香港高校生活和学习上面临的切实问题,包括他们在各方面遇到的种种困难,所采取的对应措施,以及毕业后的未来计划。笔者逐一对19位在香港高校就读的内地学生进行了面对面的半结构式采访,以收集数据、进行个案分析、采用定性研究方法来窥探究竟。本书的目的并非在于对某种理论做简单的测试,而是在于探讨内地学生在香港高校学习的真实经历,包括他们离开故乡来香港生活学习时所进行的文化及自身调节。本书将这些适应过程进行概念化的分析,并且通过彻底系统的分析和归纳来引述中国内地学生在外学习的情况。以此,本书力争为高等教育国际化及海外求学体系的发展和深入,作出理论及实际的双方面贡献。

　　就本书在相关领域文献上的贡献,笔者发现内地学生选择来香港完成高等教育,不但出于社会、经济、教育三方面的原因,而且其中也掺入了家庭和个人等多方面的其他因素。由于遇到的困难通常基于个人情况、家庭背景的不同,以及兴趣性格上的差异变化,适应情况也因人而异,内地生每个人都有着自己克服困难的独特方式方法。更重要的是,本书发现虽然在最初来港阶段,内地学生在生活和学习上都遇到了各种不同的挑战,但最终他们大都选择了毕业后留在香港工作或进一步升读研究生的发展道路,笔者对其中的道理作了具体的分析。

  本书创造了独特的应急模式来描述内地学生在港学习期间的适应措施和过程。该模式的独到之处在于一切从学生角度出发,以学生的视野看问题,并把研究基础建立在内地生的亲身经历及遇到困难时采取的应对策略上。本书有助于促进跨文化比较学研究的发展和扩大,同时也对高等教育领域的理论与实践产生着不凡的影响。笔者充分利用十余年亲自在香港高校任教的有利条件,接触了大量在香港求学的多届中国内地学生,收集了第一手资料,通过长期艰苦、深入细致的调查研究和科学分析,得出了客观独到、前所未有的多视角见解,并将此编写成书,以飨读者。

目 录

第一章 求学香港大势所趋 …………………………………（1）
第一节 问题背景 ………………………………………（1）
第二节 研究议题与问题根源 …………………………（3）
第三节 研究目的及意义 ………………………………（11）
第四节 内地生来港的新趋势 …………………………（12）
第五节 研究的前提 ……………………………………（15）
第六节 本书的整体结构 ………………………………（19）

第二章 中国内地生来香港求学的原因剖析 ……………（21）
第一节 前言 ……………………………………………（21）
第二节 中国内地学生选择海外求学而没有
留在内地升学的真正原因 ……………………（22）
第三节 中国内地生在香港及海外学习中遇到的困难 ……（27）
第四节 适应措施及策略 ………………………………（37）
第五节 毕业后的去留问题：香港高校
中国内地生的新趋势 …………………………（42）
第六节 总结 ……………………………………………（44）

第三章 中国内地生来港求学的调查方法 ………………（45）
第一节 引言 ……………………………………………（45）
第二节 教育研究与范畴选择 …………………………（46）
第三节 采用"案例研究法"的原因 …………………（49）
第四节 案例选择方法及采样过程 ……………………（51）
第五节 数据收集方法——半结构式采访 ……………（58）
第六节 总结 ……………………………………………（65）

第四章 适应香港高校学习与生活的可行性与真实性 …（66）
第一节 引言 ……………………………………………（66）
第二节 数据分析过程 …………………………………（66）
第三节 研究的可信性分析 ……………………………（72）
第四节 适用对象及范围 ………………………………（75）

1

  第五节 研究者在本研究中的定位 …………………………… (76)
  第六节 道德考虑 ……………………………………………… (77)
  第七节 总结 …………………………………………………… (79)

第五章 中国内地生选择海外求学及来港深造的真实动机 ……… (80)
  第一节 引言 …………………………………………………… (80)
  第二节 受访者概述 …………………………………………… (81)
  第三节 中国内地生选择去香港或海外求学而不是
      留在内地深造的真实原因 …………………………… (86)
  第四节 选择香港深造的实际目的 …………………………… (90)
  第五节 总结 …………………………………………………… (94)

第六章 中国内地生在香港生活与学习的心路历程 ……………… (95)
  第一节 引言 …………………………………………………… (95)
  第二节 生活经历——社会层面 ……………………………… (95)
  第三节 生活经历——学校层面 ……………………………… (100)
  第四节 中国内地生在香港的教育经历 ……………………… (105)
  第五节 总结 …………………………………………………… (110)

第七章 适应香港高校的应变措施及毕业后的前途理想 ………… (111)
  第一节 引言 …………………………………………………… (111)
  第二节 内地生为适应香港的生活所采取的策略 …………… (112)
  第三节 中国内地学生为适应香港的学习采取的策略 ……… (120)
  第四节 中国内地生毕业后的规划和打算 …………………… (124)
  第五节 毕业后留在香港的特殊优势 ………………………… (126)
  第六节 未来的规划与策略 …………………………………… (128)
  第七节 总结 …………………………………………………… (129)

第八章 国际化教育及求学香港的思考与启迪 …………………… (130)
  第一节 引言 …………………………………………………… (130)
  第二节 中国内地生选择来港求学的原因 …………………… (132)
  第三节 中国内地生在香港的经历 …………………………… (142)
  第四节 中国内地生在香港求学所采取的策略 ……………… (146)
  第五节 中国内地生香港求学毕业后的打算 ………………… (151)
  第六节 总结 …………………………………………………… (152)

第九章 有关香港内地生研究的新趋势与新案例 ………………… (154)
  第一节 引言 …………………………………………………… (154)
  第二节 香港地区中国内地生研究的新趋势 ………………… (154)

第三节　香港内地生其他高校的新案例…………………………(155)
  第四节　总结……………………………………………………(185)
第十章　展望未来开辟新天地……………………………………(186)
  第一节　引言……………………………………………………(186)
  第二节　研究概述………………………………………………(187)
  第三节　研究项目的创新贡献及结论适用性…………………(190)
  第四节　研究中的不足之处……………………………………(192)
  第五节　研究结果的理论意义及实际作用……………………(193)
  第六节　对求学香港未来研究及实施的建议及指引…………(196)
  第七节　结束语…………………………………………………(199)
参考书目……………………………………………………………(201)

第一章

求学香港大势所趋

第一节 问题背景

本书研究的主题是关于日渐增多的中国内地生到香港求学这一新兴现象。本书尤其关注中国内地生在香港学习和生活所经历的调整和适应过程。经中华人民共和国教育部的邀请,香港高等教育机构自 2005 年起开始进入全国大学入学招生系统以来,每年从中国内地高中毕业生中计划招收的人数逐年增加,规模逐年扩大(布察楠,2005)。近几年来,社会各界和越来越多的香港媒体,包括香港《明报》、《星岛日报》、《苹果日报》、《大公报》、《南华早报》、《太阳报》,及香港《商报》(2009,2010)等,都开始关注旅居来港求学的中国内地生所面临的一系列问题。

中华人民共和国教育部于 2005 年批准香港八所高等院校使用全国普通高等院校招生系统,在全国 17 个省市进行招生。受香港赛马会主办的奖学金项目委托,香港教育统筹局计划为这八所高等学校的中国内地生分别提供至少每校 75 个名额的奖学金,总价值为 4500 万港元的全额奖学金。该计划旨在每年为在校的及下一学年入学的 150 名内地学生提供与校方等额的奖学金,即各大学和教育统筹局(教统局)各资助一半(哈隆,2005)。同年 9 月,香港人民入境事务处和香港保安局放松了对内地学生入境条件的限制,以鼓励更多的内地生进入香港学习,提案包括准许内地生攻读副学位和接受本科教育。同年,从内地招收的学生名额占香港高校招生总人数的比例已由过去的 4% 上升为 8%。

特别是自 2009 年以来,香港的新政策允许内地学生毕业后留在香港工作,同时也允许内地学生在学习期间兼职工作和做暑期工,这为内地学生创造了更为宽松的条件。中华人民共和国香港特别行政区政府入境事务处网页关于入境规定指引指出(如图 1-1 及图 1-2 所示):

非本地毕业生留港/回港就业安排

9. 来自香港特区以外而在香港修读经本地评审全日制课程而获得学位或更高资历的人士（非本地毕业生），可根据「非本地毕业生留港／回港就业安排」申请留港／回港工作。

10. 非本地毕业生如在毕业日期（即毕业证书所载日期）起计的六个月内向入境事务处递交在港就业申请，均属于应届非本地毕业生类别。应届非本地毕业生如有意申请留港工作，无须在提出申请时已觅得工作。在符合一般的入境规定下，他们可获准留港12个月，而不受其他逗留条件限制。

11. 非本地毕业生如在毕业日期起计的六个月后递交回港就业申请，则属于回港非本地毕业生类别。回港非本地毕业生如有意返港工作，须在提出申请时先获得聘用。只要受雇从事的工作通常是由学位持有人担任，以及薪酬福利条件达到市场水平，有关申请便会获得考虑。在符合一般的入境规定下，他们可获准留港12个月，而不受其他逗留条件限制。

12. 根据非本地毕业生留港／回港就业安排获准来港就业的人士，在获准在港逗留期间可自由从事及转换工作，无须事先取得入境事务处处长的批准。

图1-1　香港政府就非本地毕业生留港/回港就业安排的政策

（资料来源，香港政府一站通，2010年3月31日修订，中华人民共和国香港特别行政区政府入境事务处网页 http://www.immd.gov.hk/zhtml/hkvisas_1.htm#education）

香港政府对非本地学生来港就读政策

43. 非本地学生从事实习工作和兼职工作限制由2008／09学年开始放宽。修读经本地评审的全日制学士学位或以上程度课程的非本地学生，只要修业期不少于一个学年，便可从事实习工作，但须符合以下条件：

a. 实习工作必须与学科／课程有关，而且须经学生就读的院校安排或批准；
b. 实习工作为期最长一个学年，或有关全日制学术课程正常修业期的三分之一时间，两者之中以较短者为准；以及
c. 在工作性质、薪酬水平、工作地点、工作时数和雇主方面，不设限制。

此外，这些学生（不包括交换生）可：

a. 在有关学年的整段期间于校园担任兼职工作，每星期不超过20小时；以及
b. 在暑假期间（即由六月一日至八月三十一日，首尾两天包括在内）接受聘用，工作时数和地点没有限制。

图1-2　香港政府对非本地学生来港就读政策

（资料来源，香港政府一站通，2010年3月31日修订，中华人民共和国香港特别行政区政府入境事务处网页 http://www.immd.gov.hk/zhtml/hkvisas_1.htm#education）

在这样的政策背景下，2005年9月，香港中文大学中国内地生的招生人数为250名，香港城市大学中国内地生的招生人数为150名。本研究所选取的案例大学为香港某一大学（本书中简称为"本所大学"），中国内地生的招生人数为800名，已占到该大学学生比例的8%（全校共有1万名本科生）。显然，香港高等教育机构在未来几年将迎接更多的中国内地生。毋庸置疑，内地生来香港求学的热潮已经显现，而且增长的势头将会越来越旺。

2005年4月10日,香港内地毕业生联合会在香港科技大学召开。在此次联合会的一次会议上,当发言人向在场的内地学生问到毕业后是否愿意留在香港时,大多数学生都举手表示有这样的打算。这部分学生认为香港能够为他们提供机会和契机,帮助他们获得更美好的前程。根据本所大学2004年中国内地毕业生学习和就业的情况调查显示,10%的中国内地生在大学毕业后继续留在香港深造,12%的内地毕业生选择去别国深造,53%的内地毕业生留在香港工作,而另外25%的内地毕业生回内地谋发展。图1-3显示为2004年香港内地生毕业后的去向统计:

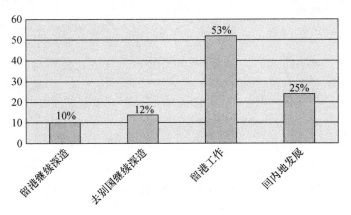

图1-3 2004年香港内地生毕业后去向统计

自1997年7月香港回归以来,香港保留了自己的生活方式和经济体制。这座城市依然是金融、经济和文化艺术中心。这些独特的魅力使香港成为许多中国内地生心目中理想的学习和工作的城市。在日益全球化的今天,中国在全球经济发展中起着举足轻重的作用;而香港,作为中国的特别行政区,在全世界人们的眼里一直都是一颗耀眼的东方明珠。香港的富足、高水平的生活质量和先进的生活方式,以及中西方文化的高度融合都进一步增加了香港在中国内地生眼中的魅力。

香港吸引内地生的原因有很多,香港自有的魅力固然是最重要的因素,但文化同根,语言同源,尤其是对内地生不断人性化的入境政策和将来在港工作和居留的前景都是吸引中国内地学生来香港求学的背景和原因。

第二节 研究议题与问题根源

本研究项目主要探讨的议题有四项,也正是中国内地生对这四类议

题的不同应对情况直接影响着他们在香港学业的成败和生活质量的优劣。这四项研究议题是：

研究议题一 中国内地生选择来香港求学接受高等教育的原因是什么？

研究议题二 中国内地生在香港学习和生活中需要经历怎样的心路历程？

研究议题三 中国内地生为适应香港的学习和生活需要采取哪些应变措施？

研究议题四 中国内地生从香港高校毕业后有何理想和打算？

根据上述的四大研究议题，可以得知本研究的首要宗旨是探讨中国内地生为什么没有留在内地深造而是选择到香港求学，并从理论的层次为其做出解释；进而挖掘他们选择来港求学的真正动机。其次，本研究努力探讨中国内地生在港的真正经历和在学习生活中遇到的种种困难和挫折。其三，本研究还揭示了中国内地生为适应香港的不同教育体制、社会文化环境而采取的策略。最后，本研究通过对19名参加这一研究的在港就读内地学生进行采访调查，阐释了中国内地生为在香港完成学业后所做的规划和打算。

本研究与以往的研究项目有所不同，它的独到之处在于笔者在研究过程中以中国内地生为基点，纳入了内地学生的自身观点和观察角度，这一点可谓是本项目的一大创新。本书展示的四大研究议题正是为了实现本研究宗旨而设立的，并可细分为七个具体问题以做更细致的说明，如表1-1所示：

表1-1 研究议题与具体问题指引

研究议题一	中国内地生选择来香港求学接受高等教育的原因是什么？	
	具体问题一	中国内地学生选择赴港求学而没有留在内地升学的真正原因是什么？
	具体问题二	中国内地学生选择来香港求学而不去国外留学的根本原因是什么？
研究议题二	中国内地生在香港学习和生活中需要经历怎样的心路历程？	
	具体问题三	中国内地学生在香港的生活经历如何？
	具体问题四	中国内地学生在香港的学习经历如何？

续表

研究议题三		中国内地生为适应香港的学习和生活需要采取哪些应变措施?
	具体问题五	中国内地学生为适应香港的生活采取了哪些策略?
	具体问题六	中国内地学生为适应香港的学习采取了哪些策略?
研究议题四		中国内地生从香港高校毕业后有何理想和打算?
	具体问题七	香港的中国内地学生为毕业后做了什么打算?

细分的七个具体问题为本研究的展开提供具体框架,并为四个研究议题做出具体解释。如:具体问题一和具体问题二为第一个研究议题提供详细的和进一步的解释;具体问题三和具体问题四是为了解释第二个研究议题而设;具体问题五和具体问题六为第三个研究议题提供详细的解释;具体问题七是为了进一步解释第四个研究议题。

本研究指出,中国内地生在香港求学所经历的文化适应极大地影响着他们在这一环境中的经历。本研究主要探讨了内地生所要面临的不同层面的适应问题,包括社会文化(香港)、学校文化和教与学的经历等层面的适应过程。内地生需要应对所有层面的适应问题,并且每个层面都会对他们提出不同的挑战,要求他们有不同的适应策略,而且不同的个人所遇到的困境和需要适应的难度也可能不同,这是一个急待解决的大难题。

本课题研究的问题直接关系到内地生在香港高校的适应过程,从而关系到他们学业的成败,因此这一研究意义重大。正如前文所说,香港地区中国内地生人数日益增多,在香港对内地旅游、求学政策不断放松限制的情况下,这一趋势还有可能日趋渐进。中国内地学生在入读香港学校后需要顺利完成学业,这一点无论是对学生本人还是香港高等院校校方来说都同样重要。因此,尽可能地将现存的文化冲击影响减少到最低程度,使学生能够尽快融入新的环境中,是一个不容回避而又客观存在的问题。同时,社会各方必须特别关心内地生的需求,了解他们的处境,并帮助内地学生处理好因在新的学校和新的社会文化环境中缺乏适应性而出现的各种情况。

尽管这一课题如此重要,但相关研究少之又少。大部分研究人士的研究方向主要集中在前往美国、欧洲、日本、新加坡、澳大利亚等地中国留学生的身上;而有关香港地区中国内地生的研究和文献寥寥无几。很多研究人士认为中国内地和香港拥有同样的文化背景和价值体系,他们认为中国内地生在香港地区生活学习完全不存在所谓的适应问题。而事实正好相反,很多中国内地生初到香港求学时都会遇到冲击和困难。少数学生由于学习成绩不佳或无法适应香港的生活而不得不停学或留级,这种现象在内地大学里却不多见。内地生来到香港,能够适应香港高校的

学习和生活环境,顺利完成学业,虽然是大众所望,但并不尽如人意。因此,对于内地生到香港求学的问题加以深入探讨,是完全必要的。

在过去的几年中,即2005年至2010年,多家香港报纸,如《明报》、《苹果日报》、《东方日报》、《经济日报》、《星岛日报》等,都报道过内地生因不适应香港的学习和生活感到抑郁或自杀的情况。2009年5月20日香港《经济日报》(表1-2)指出:

表1-2 内地生来港半年内情绪问题变化

问题	2007年8月(%)	2008年2月(%)	本港生参考值(%)
没有抑郁	83.4	75.5	64.9
中度抑郁	7.0	10.8	12.9
非常严重抑郁	1.3	3.4	3.0
没有焦虑	69.0	70.9	46.7
中度焦虑	12.9	10.2	22.3
非常严重焦虑	5.0	8.0	7.6

(资料来源:《经济日报》,2009年5月20日星期三,A22版)

香港《经济日报》的这篇报道是根据香港中文大学心理学系的一项研究结果而得出的。这项研究主题是关于内地生来港的适应问题及心理健康情况。他们追踪了香港大学、香港中文大学和香港科技大学三所大学的180名内地生,了解他们从2007年8月到2008年2月期间的适应情况。这项研究发现,内地生初来香港时情绪状态比本地生佳,但半年后却陆续出现了焦虑和抑郁的现象。中度抑郁症状的内地生由入学时的7%,增加到了半年后的10.8%。"这与内地生初来港时充满希望,但后来却被思乡、语言等适应问题拖垮"有关(《经济日报》,2009年5月20日)。内地生在港生活中的主要困难和压力可以综合为以下几个方面,如表1-3所示:

表1-3 内地生在港生活中的主要困难和压力综合分析图

内容	问题	建议
日常生活中感到最困难的方面	不懂粤语	1. 校方于内地生刚到港时,提供各种与在港生活相关的资料。 2. 多举办本地生和内地生的文化交流活动
	不适应香港用语习惯	
	处理与官方相关的事务十分陌生	
压力的来源	挂念故乡和家庭亲友	
	担心未来缺少机会	
	初来乐观,渐渐觉得适应困难	
	朋友少,感觉不到亲友和家庭的温暖	

香港中文大学研究的这些问题与本研究的结果是否有相关之处,或

是否一致,我们在本书的第五章至第七章将做详细分析。

自2002年以来香港报纸时有报道内地生的情况。2007年11月10日,香港科技大学(图1-4)宿舍吊颈死亡的博士研究生葛炜炜,平日表现一直都是开朗乐观的,但是连续两次未能通过博士资历考试,这使他走向了人生的绝路:

> 冰冻三尺,非一日之寒。来自江苏、昨日在香港科技大学宿舍吊颈死亡的博士研究生葛炜炜曾在网志中提到,来港后的生活并不如意,身处异地内心孤独的他,为轻生埋下伏笔。他的离世震撼了不少科大内地生,不少人泣不成声。有科大内地生指葛炜炜平日表现开朗乐观,还担任了07/08届科大内地学生学者联谊会足球俱乐部部长,积极组织每场活动。有指葛炜炜因为连续两次未能通过博士资历考试,学业压力大增而患上抑郁症。
>
> (资料来源:中国评论新闻网2007年11月12日)

图1-4 香港科技大学

据香港《文汇报》2007年11月13日报道,葛炜炜网志中以"永无忧愁"(neverworried)的网名断断续续记录了自南京大学硕士毕业后来科大深造的心路历程。他写道:

> 只有一种颜色无法幻化出五彩,只有一种味道无法调和成五味,我的精神需要丰富,我的心田需要滋润……但我走得太快,以至于都不知道路边是否有花朵在盛开。在我放弃了春天的同时,春天也放

弃了我。我有点难过,我曾经错过了那么多美好的季节。

(资料来源:香港《文汇报》2007年11月13日)

内地生来港不适应的事件不是一个孤立事件,其他大学也有类似的情况。香港《苹果日报》(2010年3月16日)一篇题为"内地尖子经济系一级荣誉毕业屡获奖学金不堪压力中大女硕士生上吊亡"的文章报道了来自广西的香港中文大学经济系女硕士研究生韦惠滢的自杀事件。香港中文大学经济系女硕士研究生韦惠滢(图1-5)不堪压力,于2010年3月15日星期一被发现在自己的宿舍里自杀身亡,享年仅23岁。具体报道如下:

> 一名内地尖子女学生,年前获香港中文大学招收来港入读经济学系,获一级荣誉学士学位毕业后,继续攻读硕士研究生课程。岂料女生怀疑不堪学业压力,日前留下遗书在宿舍内吊颈自杀,昨日被揭发死去多时。警方调查后认为事件无可疑。校方表示难过,并协助其家人善后。

(资料来源:《苹果日报》2010年3月16日)

图1-5　香港中文大学经济系女硕士研究生韦惠滢
(资料来源:香港《苹果日报》2010年3月16日)

这则消息引起校方和在校学生的震动,香港多家刊物都对这个事件进行了大篇幅的报道,但是却没有一家刊物深入细致地探索内地生在香港的真正感受是什么,以及香港政府和各大高校应该采取哪些措施去帮助他们解决生活和学习上的困难。

有关在港大学中内地生自杀的情况,各家报纸都有详细报道,如《明报》(2010年3月25日)、《星岛日报》(2010年5月15日)、《苹果日报》(2010年3月15日)、《经济日报》(2009年5月20日)等的报道。在过去的九年中内地生自杀的个案共有五起,如表1-4所示:

表1-4 2002年至2010年在香港高校就读的内地生自杀案件九年五起

日期	大学	性别	详情
2010年3月15日	香港中文大学	女	经济系女硕士研究生韦惠滢被发现在自己的宿舍里自杀身亡,享年仅23岁
2008年10月16日	香港城市大学	男	一名来自福建的22岁姓陈的大学三年级内地男生,因抑郁症从学校宿舍天台坠楼身亡
2007年11月10日	香港科技大学	男	27岁江苏籍化学系博士研究生葛炜炜,因学业前途及抑郁症问题在其宿舍内自缢身亡
2004年7月1日	香港科技大学	男	27岁浙江籍工程学博士研究生张世军,从学术大楼坠下,伤重不治
2002年5月26日	香港浸会大学	男	一名来自北京清华大学物理系的21岁内地交换生黄俊恒,疑因学习压力大及无法适应在港生活,在九龙塘宿舍跳楼身亡

从2002年到2008年期间,内地来港学生因学业和就业压力过大而自杀身亡的学生中,有四位都为理工科学生,而且都是男生。2010年3月在香港中文大学经济系就读自杀的女学生,却是第一位读非理工科自杀的内地生,也是中国内地生中第一位自杀的女生。这可能是一个特殊现象,仅属个案。但能否就此可以断定,读理工科的内地学生面临的就业和学习压力较读非理工科的学生大呢?或者说内地男生应对压力的能力比女生差?为什么这些高才生,从小到大一向是人们眼中的佼佼者,却经受不起在常人看来是那么微不足道的小波折?这些问题都值得人们作进一步的研究和调查。

除了自杀案件之外,还有一些离奇的事件也是发人深省的。虽然这些事件不像自杀那样悲惨,但细想起来,这些事件也绝不是偶然现象。也许,这些学生的背后也有不为人知的苦衷和难以忍受的压力,而他们的压力和需要面对的困难或许会有许多相似之处,只是表现的形式有所不同而已。2007年单是在香港科技大学四个月里就有三宗不幸的事件发生:

- 2007年12月,来自北京的18岁的汪博,在宿舍内盗取同学钱包,后又盗用同学的信用卡购物,终被告上法庭,承认盗窃等四罪。
- 2007年9月,曾就读美国名校柏克莱大学的内地男生,转读科大数学系一年级,9月开学上课一周即变成隐蔽学生,绝迹课室,差不多两个月后才被人发现深居宿舍内。
- 2007年8月,就读物理系二年级的20岁内地男生尹日强,疑因成绩下滑取不到奖学金,深感压力巨大,原定在深圳过关返港却突然失踪,15天后才被寻回。

随着内地生的不断增多,他们在港生活和学习的适应问题也逐渐增多,正如香港教育学院教育政策与行政学系教授吴迅荣所指:

> 科大学生葛炜炜自杀和尹日强在深圳失踪事件,有内地女学生怀疑精神有问题而在理工大学校园大吵大闹,另一名到港读浸会大学的内地女学生,可能未适应本港的生活节奏及繁重功课压力而企图跳楼。某院校在本年度(2008)已有5%内地生"打退堂鼓",返回内地。以上事例给香港政府和高等院校敲响警钟,就是对内地学生的辅导触角是否敏锐和足够。
>
> (资料来源:《经济日报》2008年9月4日)

内地生在港的适应问题已经开始得到香港各大学校长的重视。现在,香港各高校都设有专人来辅导内地生,但是,有一些来港求学的内地生性格比较内向,遇到压力和困难时很少向校方求助,校方也很难真正了解他们的需要。正如香港理工大学学生辅导项目主任崔日雄在接受《苹果日报》采访时表示,"本港各所大学都对内地生提供支持,但是部分来港求学的内地生遇到压力和困难时较少向校方求助。许多内地生的生活圈子狭小,他们来港后只与同样来自内地的学生交往"(《苹果日报》2010年3月16日)。

内地生的问题到底出自哪里,其中的原因众说纷纭。《明报》(2010年3月25日)刊登一篇题为"新华社批评本地大学'大跃进'关注内地生自杀,斥忽视人文精神"的文章。报道说,在港内地生人数不断上升,新华社批评这是"大学教育'大跃进'式发展,忽视人文精神培养和对内地生支持,不利打造国际教育枢纽"。香港大学负责人认为内地学生的压力来源较常见的是学业上的问题。内地生对于成绩的"重视"程度,一般较本地学生高,内地学生来港读书,一般背负家乡很多人的期望,因此觉得一定要读好书才对得住家人。此外,同学之间的相处、感情的问题等亦会成为学生的压力来源。大学应该讨论如何加强对非本地学生的关心、辅导和支持,让他们在港享受愉快的学习生活。

不少本港大学内地生来自贫穷家庭,奖学金成为在港生活的唯一经济来源。大部分大学均设内地生奖学金,但有中大博士研究生称,奖学金只提供三年资助,较欧美等国家的五年短,学生须在奖学金期限内完成论文毕业,压力大增。

(资料来源:《明报》2010年3月24日)

对于最近发生的几次不幸事件,每个教育工作者都感到十分痛心。内地生自杀人数比例高,本港大学过去或许忽视内地生的情绪支持,新华社文章可视为契机,促使大学加快检视辅导和支持内地生的制度,以免影响本港大学关怀学生的国际形象。另外,香港高校奖学金与美国或欧洲等地相比,年期短也可能是博士生压力大的原因之一。

第三节　研究目的及意义

要想了解内地生压力的真正来源,我们应该听听在港内地生自己的声音。这正是本研究与其他研究的不同之处。本研究是通过与来自全国9个省市及自治区的19位就读于"本所大学"的内地生,长时间和多次面对面的采访来了解他们的心路历程的。本研究通过他们的声音,让大家了解内地生来香港求学的目的何在、在香港学习和生活的情况如何、他们采取怎样的措施来面对学习生活上的压力和克服困难的、学校为帮助内地生适应香港的环境做了哪些工作、还有哪些地方内地生希望学校和社会可以帮助他们,以及他们毕业后的理想和奋斗目标是什么。

中国内地生不断涌入香港,这一现象对学生本人和香港的高等院校都提出了巨大的挑战。事实充分证明,香港地区学校要更多地吸引外地学生,应该为他们提供额外的学习设施和住宿环境,校方应深入学生内部了解他们不同的文化背景(迪莫克等,2005)。香港大部分现有的对内地生的研究,大多停留在对于不同种族和具备不同文化背景人员中主要存在的文化差异上。但是,对于在香港院校读书的中国内地生来说,实际存在的文化差异比其表面上所表现出来的要严重得多。诚然,中国内地生和香港本地学生一样都是中国人,都继承着相同的儒家传统文化,同是中

华民族的一员。但是必须看到,有关文化共性的假设远远低估了中国内地生初到香港求学必须经历的适应过程的重要性,对于部分学生留港工作和融入香港社会的难度更要加以全盘考虑。

本研究的成果有助于人们了解在香港的中国内地生所经历的困难和他们的内心渴望及需求。若中国内地生在香港学习顺利,且毕业后留港工作,他们将作为优秀人才为香港的发展作出贡献。为了加速香港成为亚洲首屈一指的国际化城市的进程,为了完成香港作为连接中国和世界桥梁的使命,香港迫切需要会说三种语言:粤语、普通话和英语,且接受过高等教育、熟悉中国内地文化及香港文化的专业人才。一些中国内地生凭借他们的中国背景、语言和学历优势,毕业后终将成为推动香港发展的重要力量。

他山之石,可以攻玉。本研究的成果对将来到香港求学的中国内地生顺利跨越过渡期,最终适应香港的教育环境同样具有重要的指导意义。借鉴学长们的求学经历,新一批的内地生毕业后,将更容易融入香港社会,更好地为香港的发展贡献力量。此外,对于香港的高等教育机构来说,本书也可以促使他们更有效地为来港的中国内地生服务,从各个方面帮助内地生更好更快地适应香港的环境。

第四节　内地生来港的新趋势

如果说,自 2005 年起来港求学的内地生大多数是来读大学本科或基础预科的,那么在最近几年,即从 2009 年至 2010 年,每年来香港各高校读研究生的内地生人数则大大增加了。特别是香港高校的授课式硕士课程不断扩大招生规模,而且大多数申请入读的人都可获得录取,这给内地生来香港提供了又一个便利渠道,也为内地生打开了一扇继续深造的方便之门。另外各大学还设置了"留位费"的政策,要求获录取的学生在短期内交一定的费用作为"留位"之用,并且费用将不可退还。从表 1-5 中可参阅各院校留位费的政策和费用统计:

表 1-5 各院校留位费的政策和费用统计

院校名称	授课式硕士课程	交费时间	研究生课程
香港大学	年度学费的 25%	两周内	无需交留位费
中文大学	至少第一学期学费	本地生：2 周 非本地生：一般为 4 周或入学前	第一学期学费：即 21 050 港元
香港科技大学	视个别课程（如 MBA 课程的留位费可能较高）	视个别课程而定	视个别课程而定
香港理工大学	由不同院系自己决定	由不同院系自己决定	全日制研究生：42 100 港元 兼读制研究生：21 050 港元
香港城市大学	最少 2 个学分的学费，每个学分学费约为 2 380 至 4 030 港元	本地生：2 周 非本地生：4 周	无需交留位费
岭南大学	大部分课程需交学费的 10%	2 周至 4 周内	第一学期学费（大学指定时间内）
香港浸会大学	第一个学期的学费	本地生：2 周 非本地生：4 周	本地生：全年学费的一半 非本地生：2 000 港元
香港教育学院	通常需交一个科目的学费，即大部分约 8 000 港元，加上 350 港元保证金	2 周内	不适用
香港公开大学	新学期全额学费	2 周至 3 周内	不适用
香港演艺学院	10 000 港元	7 个工作日内	不适用

以上各院校留位费的政策和费用统计表可以清楚地告知学生他们的责任,留位费的政策也可以保障校方和学生双方的利益。一方面,内地生可以确认他们已被该校录取,同时,也可知道他们在入学前从经济上要担当哪些责任,从而,可以事先做好思想上和经济上的准备。另一方面,学校也可保障经济收入,确切地知道本年将有多少学生入学。即便有些学生被录取但没有入学,学校也不会蒙受经济上的损失。各院校设立留位费的政策对学生及学校双方都有利处。

另一个新趋势是,近几年香港各高校女生的数量逐年增多,特别是在传统的以男生为主导的学系和学科里,女学生所占的比例也比以前提高

了很多,如工程系、医学系等,如表1-6及表1-7所示:

表1-6　2003年与2008年个别学科中男女毕业生的比例

科目	2002年至2003年		2008年至2009年	
	女	男	女	男
医学、牙医、卫生保健	60.8%	39.2%	64.1%	35.9%
工程及科技	26.2%	73.8%	34.6%	65.4%
商业及人文学	61.1%	38.9%	59.2%	40.8%
美术及社会科学	76.7%	23.3%	74%	26%
教育	74.5%	25.5%	68.4%	31.6%

(资料来源:《南华早报》2010年5月22日,C1版)

表1-7　香港各高校男女生所占比例的比较

(包括所有受香港大学教育资助委员会*资助科目学生的总数)

科目	2002年至2003年		2008年至2009年	
	女生	男生	女生	男生
大学本科	54.1%	45.9%	54.1%	45.9%
授课式硕士课程	52.2%	47.8%	59.5%	40.5%
科研式研究生课程	40.9%	59.1%	42.6%	57.4%

注释:香港大学教育资助委员会(教资会)是一个没有法定权力的咨询团体,负责就香港特别行政区各高等教育院校的发展及经费需要,向中华人民共和国香港特别行政区政府提供意见。让读者可以得到有关香港高等教育的资料及与大专教学人员、学生及行政职员有关资料的联结。鼓励读者在"高等教育论坛"中就本地及海外有关事项交换意见,及就教资2008年至2009年会现行的政策及新措施提供回应。

(资料来源:《南华早报》2010年5月22日,C1版)

从表1-6及表1-7中可以看出:其一,在香港的大专院校中女生的比例偏高。在大学本科这一项中,2002年至2003年和2008年至2009年间,女生的数量占学生总人数的54.1%,男生的数量占学生总数的45.9%,女生的数量总数比男生的数量总数高出8.2%,这在几万大学生中女生高出的总人数还是相当多的。深层次的原因无从所知,不知是因为在香港女多男少,还是因为香港的女性文化素质高,渴求追求更高的教育水平以提高自身价值?其二,在授课式硕士课程这一项,于2002年至2003年间,女生的数量占学生总人数的52.2%,男生的数量占学生总数的47.8%,女生高出男生近4.4%,2008年至2009年女生的数量占学生总人数的59.5%,男生的数量占学生总数的40.5%,女生的比例比男生的比例高出19%,不知这是否说明在香港女生更愿意在学校里多学习,而不只是为了拿到大学文凭就去社会工作;而男生更希望早些去社会上工作,寻求实际经验。其三,只是在科研式研究生课程这一项中男生数量超越女生,2002年至2003年间,女生的数量占学生总人数的40.9%,男生的数量占学生总数的59.1%,男生比女生高出18.2%,在2008年至2009年女生的数量占学生总人数的42.6%,男生的数量占学生总数的57.4%。虽然从表面上看,男生的比例比女生高出14.8%,但如果只是从女生这方面来看,2008年至2009年与2002年至2003年相比,女生的比例还是提升了3.4%。女生数目在大专院校中不断增多的现象,以及大专院校中女生与男生的比例是否会直接影响到内地生招生人数男女生的比例,目前还很难预测。同时,也不能判断这个倾向是有利于男生得到更大的录取机会,还是女生的录取机会更高一些。好处是当内地生来到香港时,女生之间可能有更多的交友机会,但要想在同学中找到理想的男朋友,困难可能会大一些。反之,男生想在同学中找女朋友,从比例上来说会比较容易,但在上课时可能会经常在女同学占多数的课堂里上课,感觉不知如何。

第五节　研究的前提

需要说明的是文化适应这一现象具有两大前提。其一,无论何时学生离开自己的家乡来到新的环境里求学,都必须经历适应的过程。其二,学生选择来到不同文化情境下(通常需要使用外语)生活,内心的冲击和适应过程的难度将大幅度增大。

因此,本研究的第一个前提是:中国内地生来到香港求学时经历着文化差异,并要及时应对这种文化差异。鉴于文化的差异程度不同,学生需要根据不同的价值观念体系而作相应的调整。正如前文所指,因为香港人和内地人都属于中国这个大家庭,也因为香港和内地同具有相同的儒家传统,这些事实使这一前提的提出有些出人意料。但是在香港和内地之间的确存在着被人们忽略已久的、巨大的社会、学校及教与学方法的差异。对于内地生而言,要面对的文化差异可以具体分为三个层面:第一,社会文化;第二,学校文化;第三,课堂文化。详情如图1-6所示:

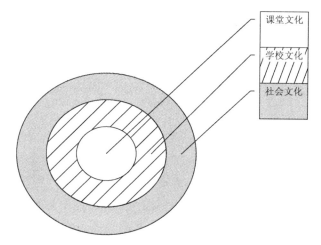

图 1-6　文化差异的三个层面：社会文化，学校文化，课堂文化

1.5.1　社会文化

中国内地和香港的文化差异首先体现在社会层面上。传统的中国价值观和西方的价值观共存于香港。迪莫克(2000)指出当今的香港文化是西方文化和中国传统文化的融合(第196页)。梁(1996a，1996b)将文化作为社会学的一个术语，将其定义为"生活的产物"或"一种生活方式"。香港的生活方式即香港人民的思维和行为方式。梁认同香港文化是中国传统价值理念和现代西方文明的结合。多数香港人认为个人的生活目标就是遵纪守法、拼命赚钱。他们希望自由地追求经济利益而不受政府的干预(梁，1996b，第56页)。

香港的本土文化近来在某些学者的表述里就是典型的"自我本位的个人主义"(刘和关，1990)，是在求生存、谋富裕和文化传承为主题中不断变化的体系(陈，1993)。我们在研究香港的社会文化时，需要从两个维度进行：中国的传统文化和现代的西方文化。莫里斯和卢(2000)提醒人们，"单纯是儒家和西方文化的二分法只能过于简化香港文化的复杂性，而不能体现香港社会丰富多样的独特性"(第175—188页)。

几千年的儒家传统在中国文化中根深蒂固。张和王(1996)指出，儒家学说的传统社会价值观主要包含四个要素，如表1-8所示：

表 1-8　儒家学说传统社会价值观中的四个要素

第一个价值要素是人们对集体和等级结构的依赖
第二个价值要素为尊师重道
第三个价值要素为学校是家庭的延伸这一观念
第四个价值要素是人们对和谐关系的维护

在中国的传统文化中，人们对等级结构有特殊的偏好，很多时候都需要下级服从上级、地方服从中央、个人利益服从集体利益。虽然，师道尊严的传统观念在新的经济形势和社会形势下受到冲击，教师的形象已经远不如以前那样威严。但与香港相比，在内地，教师在学生眼中的地位还是要高得多。正如张和王（1996）提出的，在中国内地，人与人之间的联系（关系）在一些至关重要的人事安排上（如聘用、晋升）是相当关键的因素。而维护人们之间的和谐关系往往是中国人心目中最重要的观念。这种观念使人们有时候很难公正处理个人或职场的问题。

儒家学说认为，教育是为了提高个人修养，这一理念在当今中国社会仍然盛行，而修身养性也成了教育的目的。中国启蒙教育最有影响力的著作《三字经》开篇就是"人之初，性本善"。东方哲学家认为人在出生时本性善良，由于后天受了社会不良风气的污染才会变恶。而西方的理念是，人生来是自私的，所以婴儿刚出生时就会哭，要妈妈长时间的关爱；小孩从小就知道要和别人抢东西，自己拿好的东西，把不好的东西放下，这是人的天性。后天的教育是要让人变得有礼貌，要助人为乐，先人后己等。在中国的教育理念里，教育的目的就是要使人们返璞归真，使人从善。布殊和钱（2002）从四个方面对中国传统文化进行了定义：崇拜传统、尊重权威、强调集体主义以及重视道德情操和个人修养（第175页）。这些传统文化在中国传统的教育方法和师生关系中得到了充分的体现。

1.5.2　学校文化

学校层面的差异主要体现在师生关系上。沃特金和比格斯（1996）指出了中国内地集体主义倾向和香港个人主义倾向形成强烈对照。在中国内地，师生之间、学生之间社会关系的复杂性完全与个人对集体主义文化的预期吻合。学生寄宿在学校宿舍，这种环境创造了许多集体活动的机会，包括学术讨论和小组学习。教师经常也住在学校里，有时和学生同住一幢宿舍楼。这也增加了教师和学生在课堂以外接触的机会。虽然与西方国家相比，内地师生之间的关系更加级别化，但是内地师生之间有着更多的温情、责任感和互相尊重。在香港，教师和学生不会住

在相同的地方,课后没有多少接触的机会。香港的学校大都鼓励学生互相学习。香港的学生实际上喜欢组织有序的学习环境,因为他们认为唯有更多的秩序才能强化学习的深度,提高学习的效果(沃特金和比格斯,1996,第275页)。

香港学生和中国内地学生学习的独立性有所不同。在香港,学生可以自主选择自己的住宿方式、修读的课程、上课时间和课外活动。在中国内地,这些都是由校方或各系安排、决定或组织的。因而在香港学生要有相对的独立性和自主性,而内地学生的依赖性和服从性就显得比较突出。

在中国内地,学生分成更小的活动单位,主要的小组活动单位为寝室或班级。既然学生没有多少自主权选择自己的课程,上课时间也是在集体层面上决定的。这些班级集体在整个大学学习期间的四年里都是比较固定的。学生与同校或同一届其他班级和专业的学生接触机会不多,而与其他年级的学生沟通就更少了。学生的社交生活主要是与室友或同班同学的集体生活。这是集体主义价值观的自然产物(胡和格罗弗,1999,第74页)。

1.5.3　课堂文化:教与学的方式

香港学生和中国内地学生在学习方法上各有差异,但是对于中国内地学生有何不同的学习方法这方面的研究比较少。陆和魏(2002)对中国四大城市小学生解决数学问题所采取的策略进行了对比研究发现,中国内地城市小学生和香港地区小学生解决问题的方法有所不同。许(2002)研究了中国留学生对美国社会的适应过程,发现中国留学生融入美国社会体制的难度很大。该研究项目对中国留学生适应美国教学体系的过程进行了研究并确定了他们在适应过程中所采取的方法。凯尔(2002)对澳大利亚大学一群中国留学生的经历进行了调查,了解了环境变量与学习环境的重要性,由此证明个体差异和学习环境同样会对学校的教学实践和个人经历产生深刻的影响(第66页)。凯尔在此采用了"生态"的定位,试图了解在澳大利亚高等学府里中国留学生的学习经历、环境变量和学习环境的重要性。

中国内地生在香港的文化适应有其独特的重要性。莫里斯等(1997)认为对东亚和东南亚国家和地区进行同质的定位是完全错误的,即使在中国社会内部也存在着重要的文化差异。如前所述,中国内地学校教师享有较高的社会地位,而在香港,教师,特别是中小学教师的社会地位并不高。相比香港,中国内地的师生关系更加亲密,而在香港,学生与老师之间在课后基本没有联系,见老师要预约时间。

迪莫克(2000)建议在内地生适应异域的学习生活环境的同时,学校也应该做出改变来满足外地学生的需要和渴望,以此保持学校在学生心目中的重要地位(第5页)。他还指出,当全球各教育界人士在寻求学校的有效性时,必须要考虑到学校所处地区的文化因素,否则很难达到提高学校质量和效益的目的。在一种文化环境下被认为好的学校在另一种文化情境下可能却不尽然。一种符合某种文化环境的有效教学方式可能在另一重文化环境下收效甚微。因此,各类名校需要在文化环境的维度下进行评价,这就需要人们从跨文化发展的高度来评核学校的质量(迪莫克,2000,第13页)。这一点同样适用于香港地区的高校。

第六节 本书的整体结构

本研究项目主要针对在香港"本所大学"就读的中国内地学生的适应情况,对其进行深入的调查。这所大学以英语为教学语言,以粤语为日常用语。本研究的调查对象共为19人,其中将在港求学时间不到一年的中国内地生7人编为第一组,求学时间超过一年的中国内地生8人编为第二组,以及为探讨来港求学的原因和毕业后的打算后来增加的4人为第三组,他们来港的时间超过一年。这些学生都是分布于大学不同系别的本科生。本研究通过对19名中国内地生的采访进行数据收集。第一阶段本研究对15名学生进行了采访,由于在第一阶段为解释他们来港求学和毕业后打算(第一个和第四个研究议题)信息收集不足,在第二阶段本研究又对4名学生进行了第二轮的采访。

本书共分为十章,整体结构如下:

第一章至第四章主要是为本研究要探讨的问题打下基础,即:

第一章是引言,主要阐明研究的背景,介绍内地生来港求学的社会背景和客观环境,概述研究目的和宗旨,提出研究的问题,说明研究的意义和成果。

第二章对内地学生来香港求学的原因进行剖析,综合探讨有关海外及港澳台求学研究的文献,来阐明中国内地社会和香港社会的差别,强调文化差异及影响社会、学校和课堂文化的价值体系。

第三章主要是展示本研究为探讨中国内地生来港求学这一现象采用的调查方法,以为寻找高等教育全球化的理论依据。本章特别讨论高等

教育全球化及跨文化比较学的研究方法。

第四章展示了求学香港的可靠性及真实性,定性研究与案例分析在教育研究中的适用性以及本研究开展的具体步骤。

第五章至第七章主要回答了各大研究议题:

第五章分析了中国学生选择到海外及港澳台求学的真实动机,特别是针对内地生选择香港深造的实际目的(研究议题一)进行了探究,并讨论了相关的发现。

第六章对中国内地生在香港生活以及学习的亲身经历进行了详细的描述(研究议题二)。

第七章分析了内地生适应香港高校学习及生活的应变措施(研究议题三),同时也探讨了内地生毕业后的前途理想(研究议题四),及得出的结论。

第八章至第十章是综合性的讨论:

第八章"国际化教育及求学香港的思考与启迪",将每个研究议题的结果与之前的文献进行对照,通过剖析中国内地生在香港求学的经历,补充现今与中国海外及港澳台求学相关的理论研究,填补这一研究领域的空白。

第九章就求学香港与留学别国进行了比较,从而阐明了求学香港的特殊优势、求学经历、对应措施,及毕业后的规划策略。本章也列举多个来自其他香港高校的刊登于其他网页的案例,并进行描述及分析。

第十章"展望未来开辟新天地",对四大研究议题和七个具体问题进行总结,同时也就本研究结论的适用性和不足加以表述。由此笔者希望能够抛砖引玉,为内地学生留学海外和求学香港,特别是对于高等教育全球化领域的理论发展和实践操作,略尽绵薄之力。最后本章为未来的教育研究和有关政策的出台提出建议,并指出今后这一领域的研究方向。

第二章

中国内地生来香港求学的原因剖析

第一节 前　言

本章旨在为本研究建构入题的基调。作者参阅了大量现有文献,对中国内地生来港就读和出国留学进行了深入的调查研究,大胆地提出了新的论据和论点,并希望抛砖引玉,为本课题研究相关的理论发展贡献绵薄之力。根据第一章提出的四个研究议题,本章首先就国内外现存的,与本议题相关的文献和同类研究成果加以阐述,以体现本研究的独特视角。此外,本章特别是对去海外和香港地区求学的中国内地生进行了探索,以挖掘本课题研究的重要性,从而为本研究的整体展开奠定基调。本课题的四个主要研究议题是:

　　研究议题一　中国内地生选择来香港求学接受高等教育的原因是什么?

　　研究议题二　中国内地生在香港学习和生活中需要经历怎样的心路历程?

　　研究议题三　中国内地生为适应香港的学习和生活需要采取哪些应变措施?

　　研究议题四　中国内地生从香港高校毕业后有何理想和打算?

需要指出的是,虽然对于留学生在东道国所经历的重重困难有丰富的文献记载,但多数是广义的总体研究。有关中国内地学生情况的具体分析比较少见,对于中国内地学生所采取的适应策略和模式的描述更是凤毛麟角(王,2006)。目前来看,研究仅限于以外国留学生作为研究对象,对其采取的适应策略停留在一般模式化的描述。而其中的某些研究成果,有些学者认为可以推而广之,即可以帮助所有处于跨国界或跨文化交际环境中的社会各界人士,为适应当地的异域环境而做出变应调整。

在本章开始前,笔者需声明本章的综述内容不可能面面俱到,覆盖面包括所有与海外及香港的中国内地生状况相关的研究及成果。对于过去文献的概述,本章仅限于对某些西方的英语国家所开展的调查和结论。之后,将对与本课题研究议题紧密相关的研究和文献加以详细讨论。

本章第二节集中讨论中国内地生选择在香港以及海外求学的原因。本节的核心是课题的第一个研究议题(即研究议题一)。

本章第三节主要是有关第二个研究议题(研究议题二)的综述,揭示中国内地生在海外和香港求学面临的主要问题,即对中国内地生在香港以及海外求学所面临困难的研究结果进行了透彻分析。

本章第四节对适应策略/模式进行对照。本节主要围绕课题的第三个研究议题(研究议题三)而展开。在学术研究视域内,有关中国内地学生在香港以及海外的适应模式和策略的研究寥寥无几。因此,本节仅就现有文献中提出的人们在异地学习时采取的一般适应模式加以讨论。

本章第五节对有关中国内地生毕业后的去留问题和未来打算的文献进行总结。本节通过披露学术界和媒体有关香港地区中国内地生毕业后去向的报道和统计,针对本课题的第四个研究议题(研究议题四),将国内外的研究情况做以介绍。

本章第六节总结本章的内容。

第二节　中国内地学生选择海外求学而没有留在内地升学的真正原因

2.2.1　中国内地生选择海外求学的真正原因——推拉作用

中国学生留学海外的现象与日俱增,因此本节首先要分析中国内地生选择去海外深造的原因。多数研究者同意中国家庭将孩子送出国门,有诸多的"推力"和"拉力"因素。根据沈(2005)、王(2006)、李(2007)及茨威格和罗森(2003)的观点,洋学位的含金量、英语和其他外语的实用价值催生了留学生在就业市场中的优越地位。阿巴克(1998,第240页)首先引入"推拉因素"模式来解释国际学生的流动现象。他认为,在早期的留学热潮中,各国学生选择去国外(如美国、加拿大、澳大利亚和欧洲各国)留学是受了双重作用力的影响,即国内不良环境和条件的推动以及国外优厚的奖学金、先进的研究设施和其他机遇的拉动。近年来,随着中国内地经济的发展和人民生活条件的改善,越来越多的学生自费出国留学。另外,某些欧洲国家高等教育学费不高,比如北欧、德国和法国等国的高等教育就非常经济实惠,吸引了许多中国的学生(沈,2005,第430页)。李和博莱(2007)认为,对于学生选择留学的原因,"标准的推拉模式可以提供颇有价值的解释机制,但是也有其自身的缺陷。因为推力和拉力因素都是施加于行为者的外部因素,对行为者决策产生的是外部影响"(第794页)。李和博莱认定学生的个性等因素是决定其出国留学的内因和动力。而这两位学者所说的内因包括学生的社会经济地位、学术能力、性别、年龄和个人愿望等(第794页)。

与李和博莱的观点相反,马扎罗和苏塔(2001,第51页)认为,促使台湾地区、中国内地、印度和印度尼西亚学生出国留学的主要因素是外因,包括以下四大类:

第一,海外教育比国内教育更优越;

第二,学生具备攻读特定学位的能力;

第三,迫切需要了解异域社会的愿望;

第四,毕业后有移民的打算。

马扎罗和苏塔(2001)对去澳大利亚留学的中国留学生的留学动因进行了排位,即澳大利亚教育机构的名望和质量、对中国学生的学习成绩和个人素质的肯定,以及澳大利亚地区学位在就业市场中的影响力这几个因素名列前茅。

鉴于香港对于中国内地生并非是一个异域社会,绝大多数香港地区大学所提供的学位中国内地也有,因此对于马扎罗和苏塔提出的四类因素是否与中国内地生决定来香港求学有关这一问题,笔者并无定论。

与前文所述的研究者观点相反,郑(2003)通过对清华大学和北京大学的优秀本科生进行分析后发现,学生希望在海外求学的因素可以分为六大类:经济因素、教育因素、个人因素、社会因素、文化因素和政治因素。其中经济、教育和个人因素是最重要的决定因素。这与李和博莱的理论不谋而合,但是也存在不同之处。郑的研究表明这些因素为外因,但是李和博莱却将之归为内因。例如,李和博莱认为,经济因素包括能否获得奖学金;学术因素包括学历和职业发展;社会和文化因素包括获得异国生活和文化理解的渴望。而郑认为,教育因素侧面说明了留学生自己本

国的教育机构接纳学生的能力有限,当东道国及其教育机构可以让学生有机会入学,并选择自己喜爱的课程学习,这就构成了教育因素这一外因。

与郑的观点类似,彭和阿普顿(2004)说明大部分留美的中国学生和中国学者认为留学美国是移民美国的最佳渠道:

> 影响他们是否移民美国的因素包括:美国是否缺乏就业机会,美国政府是否会对个人生活进行周期性的干预,中国对知识分子是否有充分的信任及国内政局的稳定性等。有四类因素影响中国学生是否前往美国留学,包括:
> 第一,学生继续深造的愿望;
> 第二,学生在教育方面的准备;
> 第三,学生获得的经济资助;
> 第四,学生需要逃避中国不利的生活环境。
>
> (彭和阿普顿,2004年,第506页)

虽然在彭和阿普顿的研究中,没有出现"推力"和"拉力"因素这样的提法,但是他们对于中国内地学生和学者离开中国前往美国原因的解释与阿巴克(1998)提出的"推拉因素"模式有异曲同工之妙。

2.2.2 中国内地生选择来香港求学的原因

按照李和博莱的研究结果,中国学生选择来香港求学的原因有三点。第一,一些人认为香港的教育在世界上更有名望,因为香港具有的国际性大学教育方式与内地不同,而且香港高校拥有高素质的教员,这些都使香港比中国内地的大学更有吸引力(第797页)。第二,香港政府新推出了一系列鼓励香港的教育机构招收中国内地生的政策和规定。这些政策包括为优等生提供奖学金,允许中国内地生在申请中国内地大学的同时申请香港的学校等等。第三,不能考入中国内地大学的内地生可以选择去海外深造,或是去香港和澳门等地求学。

香港的经济地位仍然是吸引内地生来港的主要原因之一。可以说,在政治、经济、法律以及教育方面,香港聚集了"天时、地利、人和"三方面的优越条件。从政治上来说,香港是中国的特别行政区,但是她又具有"一国两制"的优越性,比如她不受"计划生育"的限制,香港居民可以自由生育。在法律方面,香港有独立的法律制度——香港基本法,人们有言论及出版的自由。在教育方面,她与国际教育研究体系保持一致,采用英语教学，大多使用英语教材及研究资料进行研究（除了与中文或中国文化有关的课程），大多数大学教授及讲师都在北美、欧洲、澳大利亚等国接受过博士教育，有些还是国际知名学者，在国际教育领域享有盛名。在经济方面，香港是连接中国与他国经济贸易的重要桥梁，她同时也是国际金融中心之一。香港的税务及金融管理制度相当完善。香港与其他九个国家和地区（美国特拉华州、卢森堡、瑞士、开曼群岛、英国伦敦金融城、爱尔兰、百慕大、新加坡、比利时）被福布斯齐称为全球十大最佳避税天堂（福布斯2010年7月21日）。多年来，香港被评为世界最佳投资地点，从世界各地直接吸引巨额的投资资金，如表2-1所示。

表2-1 全球直接吸引外国投资最多的国家及地区

年份	名次	国家	资金总数（以百亿美元计）
2009	1	美国	129.9
	2	中国	95
	3	法国	59.6
	4	香港	48.4
	5	英国	45.7
2008	1	美国	324.6
	2	比利时	110
	3	中国	108.3
	4	英国	91.5
	5	俄罗斯	75.5
	9	香港	59.6
2007	1	美国	266
	2	英国	186.4
	3	比利时	118.4
	4	荷兰	115.4
	5	加拿大	108.4
	7	中国	83.5
	12	香港	54.3

（资料来源：《南华早报》，2010年7月24日，A3版）

单从这些数字看，香港虽然直接吸引外国投资的总额不如美国、中国内地等多，但是，在这些国家和地区中，香港是唯一的一个城市，是人口最少、面积最小的地区；香港作为世界最自由的经济贸易港，给人们极大的经济自由，她可以凭着自己的实力与大国一起并列于世界前茅。这个让人叹为观止的巨大成绩和经济实力与香港人极为勤劳的奋发精神是分不开的。

李(2006)在香港大学和澳门理工大学开展了一项就中国内地生选择在香港、澳门的大学就读原因的调查,2002—2003 年度收回了 323 份有效问卷。问卷调查的结果表明,内地生主要的求学动因包括:第一,学术因素(69%);第二,社会和文化因素(63.3%);第三,经济因素(51.7%);第四,就业市场的竞争优势(45.2%)。许多中国的家长和学生视高等教育为一种提高自身社会地位的途径。因此,李和博莱(2007)指出,推动中国内地生前往香港求学的学术因素,归根结底体现了处于社会较低阶层的家长和学生提高自身社会地位的愿望,而那些已经拥有一定社会地位的家长和学生也试图通过来香港求学提高自身的社会名望。

与海外求学相比,在香港继续深造有许多优势,具体见表 2-2 所示。这些优势包括地理、社会和文化、经济和教育等方面。

表 2-2 来香港学习的特殊优势

来香港学习的优势	人数所占比例 (总体参与人数 177 人)
地域的接近	43%
社会和文化身份	39%
东西方文化的融合	37.8%
中国和其他国家的桥梁	28.2%
经济支持、奖学金	58.8%
与中国现实有关的研究和教学经历	9.6%
更多与中国内地的接触机会	26%
无居高临下之感	5.1%
其他因素	1.7%

(资料来源:"人们认定的在香港接受教育的优势",李和博莱,2007 年,第 807 页)

中国内地生选择来香港学习的三大教育因素包括教育设施资源、教育质量以及奖学金(李和博莱,2007,第 812 页)。大多数参与李和博莱研究的中国内地生都是奖学金获得者。但是人们也注意到现在越来越多来香港求学的中国内地生是自费生,而且大部分依靠自己的家人来提供学费和生活费。只有少数的尖子生从香港的教育机构获得每年最高达 10 万港币的奖学金来支付学费和生活费。还有一些人获得每年 6 万港币的半额奖学金来支付学费。

第三节　中国内地生在香港及海外学习中遇到的困难

为了深入了解中国内地生在香港学习和生活的经历,本节就研究中国内地生在香港和海外求学生活所遇到困难的文献加以整理综述。笔者发现过去的研究主要局限在美国、加拿大、英国和新加坡等国家,而对于香港地区的中国内地生情况则少之又少。因此,对中国内地生在国外和香港的求学经历研究进行文献综述,有助于我们理解当前中国内地生在香港生活和学习的经历,同时也可以促进研究者和研究对象之间,就研究对象所感知的现实做出主观的交互解释(顾霸和林肯,1994)。

近年来,中国内地生在海外求学所经历的困难已经成了诸多研究的主题。程(2000)将这些困难归为三个层面:社会、学校和教室。费南和博赫纳(1986)列出了三个主要的困难方面:生活中的不幸事件或身体不适、缺乏社会支持网络、观念价值的差异。孙和陈(1997)将中国内地生在美国留学的障碍分为三类:语言不通、文化意识缺乏、中美教学方式和教育环境的区别造成的学术问题。

总结之前的研究结果(阿瑟,1997;孙和陈,1997;陈,1996),他们将中国内地生在海外求学过程中所遭遇的普遍困难分为五类:

第一,语言障碍;

第二,经济压力;

第三,教学方法的分歧;

第四,教师对学生缺乏管教;

第五,不同的社会文化情境。

在本研究课题中,对参与者的调查可以让我们了解到中国内地生是否在香港也遭遇到同类型的困难。

根据程(2000)的理论模式,本研究对中国内地生在外求学所遭遇的困难可以按照三个层次进行剖析。与程(2000)的模式不同,这里采用的三层次框架引入了个人作用的维度。为了研究和讨论的方便,本研究将原先程提出的模式中所指的学校和教室两个层次的问题归结为一个层面。与此对应,上一段所述的五个方面的困难可以与笔者提出的三层次困难框架进行一一对应。第一种和第二种困难,即语言障碍和经济压力可以认为是个人层面的困难。第三种和第四种困难,即教学方法的分歧和教师对待学生"漠不关心"的态度可以认定为是学校和教师层面的困难。而第五种困难,即社会文化情境可以认定为是社会层面的困难。下文就每一个层面的困难将过去所做研究的成果进行综述,如图2-1所示:

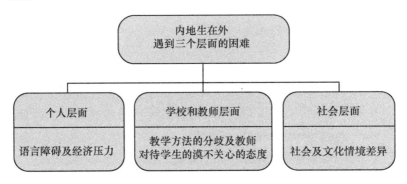

图2-1 中国内地生在外求学所遇困难的三个层面分析解剖

2.3.1 语言障碍

世界各国学生在外求学时需要使用和理解该国或该地的语言,语言问题已经是全球在外求学学生普遍存在的问题(王,2006,第31页)。根据已有文献资料的数据,语言障碍已经构成中国内地生在外求学和生活中遇到的最普遍的障碍,且对他们的学习和生活方式产生了巨大的影响(李,2000;张,2001;王,2006)。

李(2000)对在英国留学的中国内地生所经历的心理压力进行了调查,对于参加调查的学生群体进行了满足感和压力感的测试。调查发现学生需要承受的压力贯穿学期的始终,而这些压力大多起因于个人因素,但是这一调查没有发现学期初和学期末学生承受压力感的巨大变化。在外求学学生最主要的压力来源是学业上的,包括论文的撰写、英语的水平和课堂讨论的情况(李,2000)。这表明中国内地生在求学的过程中需要长时间承受语言障碍所带来的压力。但是李的调查并没有回答语言问题能否得以解决,解决需要的时间以及解决方式等问题。

近来,王(2006)对新加坡的中国内地学生进行了研究,发现语言焦虑是他们面临的最大困难,其次是文化问题、社会和生活环境问题、与教学方法差异相关的问题等(第30页)。王进一步论证了语言问题一般至少要困扰中国内地生长达几个月的时间。对许多中国学生来讲,他们可能是到了新加坡以后才开始全英文的课堂教学。他们有语言障碍,这可能意味着他们必须牺牲大量的社交活动时间自习来弥补课堂学习的低效率,进而可能影响他们总体的心理、社会和身体健康(王,2006,第36页)。虽然在香港和新加坡地区,华人是最大的聚居群体,但是新加坡和香港地区的中国内地生所面临的语言问题可能未必相同。因为在新加坡英语是最普遍的语言,即使在华人社区,人们也经常讲英语,而在香港,日常生活中最经常使用的语言是粤语。

由此可见,自1999年开始,香港高校招收的第一批中国内地生在入学一年内都会遇到语言困难,虽然之后大部分中国内地生都圆满地解决了这个问题(中国教育和研究网,2002)。博莱和顾(2004)认为中国内地生来香港学习,遭遇了双重的语言障碍。因为中国内地和香港使用语言不同,香港地区最普遍使用的是粤语,粤语也是一种官方语言,但在中国内地普通话才是官方语言。虽然粤语和普通话都是汉语,但两者在发音、语调、表达方式上都有很大的不同。就书面语言而言,香港地区使用的是繁体字,而在内地使用的是简体字。博莱和顾(2004)调查得出,"在香港英语和粤语的使用都很普遍,但英语是作为商界和大学教学的语言使用,而粤语则在日常生活中使用,两者都是官方语言"(第148页)。

这样一来,中国内地生在香港地区面临的语言问题可能更加严峻。林(2006)调查说中国内地的研究生在香港生活得并不愉快,因为他们总体上从香港社会获得的支持不多,且两地的文化差异让他们对在香港生活和工作这一想法望而却步。在港内地毕业生联合会主席耿春亚(2006)在一份报告中指出:

> 语言和文化的差异是我们的两大障碍,大学几乎没有为内地的研究生提供有关语言或跨文化交际的课程,大学也没有课程让我们了解香港的价值体系和文化。

耿春亚先生就是一个内地生毕业后留在香港创业获得成功的例子。他1998年考入清华大学材料科学与工程系,2002年公派至香港城市大学就读纳米半导体专业硕士学位。2004年底硕士毕业后获香港科技园支持,自主创业。2004年12月耿春亚于香港创办东方之珠有限公司并担任首席执行官,这是本港第一间由内地在港毕业专才创办,由香港科技园孵化的高新科技企业。耿春亚先生亦是卓越的青年社会活动家。他作为在港内地青年精英领袖代表,于2007年4月受特区政府邀请,进入政府咨询架构,担任香港特区政府青年事务委员会委员、戴麟趾爵士康乐基

金委员会委员等公职。同时他亦担任在港内地毕业生联合会主席,积极推动在港内地青年与香港各界机构的交流合作,领导在港内地青年积极融入香港社会。另外,耿亦担任居港内地海外学人联合会秘书长、香港清华同学会秘书长、香港基本法推荐联席会议常务理事等社会组织职务(香港清华大学同学会简介)。

根据耿(2006)的这一报告,大部分中国内地生需要学习粤语来使自己尽快融入香港社会和学校的生活,同时还必须提高自己的英语水平以确保自己学业的进步和成功。在香港,英语是一门国际语言,被广泛使用,其重要性在经济、学术和文化生活领域可见一斑。中国内地所有的大学教科书都是用汉语编著的,尽管有些教辅材料或讲义可能是英文的版本;但是相反,香港所有的教材都是以英文出版的。苏(1998)对香港地区语言使用的情况进行了调查,发现多数香港人使用粤语和英语,而不是普通话。当然,我们要考虑到苏的研究对象情况,他们大多是公司的中层管理人员,而不是学校的教师或学生。苏的调查发现见表2-3和表2-4。表2-3表明了粤语是香港地区工作场所使用最多的语言,普通话使用最少,英语介于两者之间。调查对象在非工作场合与外界人士沟通时情况也是一样(见表2-4)。

表 2-3 香港公司内部沟通使用的语言

语言使用的频率	粤语（%）	英语口语（%）	普通话（%）	书面汉语（%）	书面英语（%）
不使用	0.3	28.1	71.3	5.1	3.4
很少使用	1.2	34.9	12.0	17.4	11.7
偶尔使用	0	15.4	4.7	9.3	7.4
经常使用	10.1	5.5	0.7	16.1	19.8
频繁使用	1.5	13.4	3.3	15.1	25.0
一直使用	86.9	2.7	1.3	35.0	32.7
不允许	0	0	6.7	1.9	0
总计（%）	100	100	100	100	100

(资料来源:苏,1998,第163页)

表 2-4　香港公司员工与公司外部沟通使用的语言

语言使用的频率	粤语（%）	英语口语（%）	普通话（%）	书面汉语（%）	书面英语（%）
不使用	0	3.0	20.7	17.1	0.9
很少使用	0.3	32.9	35.2	29.0	1.7
偶尔使用	1.2	24.2	17.6	15.0	2.3
经常使用	5.6	24.8	3.1	7.2	22.4
频繁使用	21.7	10.3	18.1	15.0	13.1
一直使用	70.7	4.2	0.5	15.6	55.7
不允许	0.6	0.6	4.7	1.2	3.8
总计（%）	100	100	100	100	100

（资料来源：苏，1998，第 163 页）

前不久，李和博莱（2007）就在香港求学的中国内地生进行了调查。调查显示，只有 10% 参与调查的学生认为自己的英语水平在香港学习不够用。这表明对于当前香港地区的中国内地生而言，语言可能并不成问题。根据该项调查，一些说普通话的学生在到达香港后需要花费一年到几年的时间来克服自己的语言障碍，与香港的居民达成自如的沟通。为了避免误解，中国内地生经常使用英语和香港的学生进行交流。

值得关注的是，有关香港地区的中国内地生是否面临语言问题的争论有着完整的理论依据。但是，在以往的研究中，就中国内地生对待语言问题的态度并没有得到充分的重视。笔者在本研究课题中将根据第一手资料分析这一问题，以期获悉研究对象对语言问题的看法。

虽然很多研究者在之前的研究中都提到了语言问题的重要性，但是就如何解决语言问题的研究却非常有限。例如，艾尔丝和金内尔（1990）研究了英国地区的外国留学生，发现他们过分依赖教科书，口头表达的机会很少，这进一步造成了他们语言的困难。在王（2006）的研究中，中国内地生全然靠自己的意志力来解决语言问题。而香港地区的中国内地生将如何解决他们的语言问题，这一课题正期待着我们做出更深层的研究。

2.3.2　经济压力

现有的文献已经将经济压力作为中国内地生在外求学遭遇的另一个问题进行了探讨（程，1999；阿瑟，1997；陈，1996），但是对于香港地区的中国内地生所遭受的经济困难并没有很多的研究参照。鉴于经济问题会对学生生活的其他方面产生影响，中国内地生在香港地区承受的经济压力情况值得我们仔细探究。

曾(1997)认为由于缺乏经济的来源,在英国的中国留学生不愿意和英国本地的学生交往。许多中国学生认为很难与英国学生交往,存在语言沟通的障碍是一大原因,包括经济压力在内的其他障碍也是需要考虑的因素。据报道,中国学生的经济能力很大程度上限制了他们在英国的社交生活。除了英国以外,对其他国家的中国留学生的研究也表明经济问题是中国留学生最常遇到的障碍。阿瑟(1997)和陈(1996)认为在留学生适应的过程中经济支持非常重要,而留学生学业上的适应经常可能会受到个人生活困难的负面影响。梁(2003)分析了在美国留学的中国学生的情况,表明外国留学生遇到的最大问题就是经济的困难和个人的沮丧情绪。遗憾的是,对于香港地区中国内地学生的经济状况至今没有任何的研究可作考证。

在香港,一个外来的学生需要花费40万港币来支付四年学习的学费和生活费。这对普通的中国内地学生和家庭是一个巨大的负担(查夫,2007)。但是,李的研究(2006)表明70%以上参与调查的中国内地生拥有奖学金。如果这一比例适用于香港地区所有中国内地生的情况,则香港的中国内地生可能不会像在其他国家的中国学生一样遭受不堪的经济煎熬。

在外求学的中国学生遭遇的经济困难对于他们在求学国或地区学习和生活的经历有巨大的影响,因此有必要弄清楚香港的中国内地生是否面临着同样的经济困难。本研究将对香港地区中国内地生的经济情况进行调查,从而了解奖学金对他们个人生活和学业的影响。

2.3.3 教学方法的分歧

海外教育机构普遍使用的教学方法可能很难为中国学生接受。过去的研究结果表明中国的教学方法和西方社会的教学方法有很大差别,这对中国内地生来说可能是在外求学过程中遇到的一个很大的困难(泰勒,1987;王,2006)。然而,人们常以"东西方交汇的地方"来形容香港,因此有必要探讨香港和内地大学的教育方式是否也有差别,以及中国内地生对此持何种看法等问题。

霍夫泰(1980)和艾伦(1997)认为个人偏好的学习方式和其生长所植根的文化有着密切的关联。基富和沃尔宝(1991)将学习的过程描述为生理和个性发展的过程。学习方式基于个性、认知、情绪和生理行为之上,学习者如何感知、回应并和学习的环境互动都可以从这几个方面解释。

过去几十年里,中西方跨文化比较研究结果已经为中西方教学方法的差异提供了很多证明。比如,沃特金和比格斯(1996)发现中国的学生很重视利用他们的记忆和温故而知新的学习方法,而西方学生往往更加注重理解。同理,米尔盾(1990)发现中国学生喜欢有动觉和触觉,及较个人化的学习方式,认为听觉和视觉只是辅助的学习方式,而小组学习则是消极的学习方法(第35—36页)。

另一方面,教师对学习过程的看法很大程度上影响了他们的教育观念和对教学的处理方式。同样,对学生而言,教育的环境影响了学生的学习观念和方法,从而最终影响到教学的效果。例如,沃特金和比格斯(1996)认为教和学的观念彼此影响。因此,学习的方法影响了学习的效果,如图2-2所示:

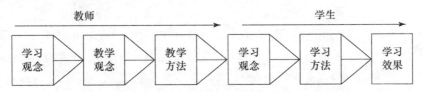

图 2-2 教学及学习观念与教学及学习方法之间的联系
(资料来源:沃特金和比格斯《如何教育中国的学习者》,1996)

有人认为教育是与生俱来的技巧,也有些人认为人们可以通过培训来提高教育水平。斯蒂勒和希伯特(1999)提出了他们的反对意见:"我们认为两者表述都不妥。教育和其他任何文化活动一样,是通过长期的非正式参与过程习得的。教育方法是我们植根于一种文化成长逐渐获得,而不是通过一朝一夕的学习突击得来的。"(第86页)

然而,香港地区的大学到底是使用西方的教育方法还是中国传统的儒家教育方式? 这一问题人们意见不一。香港地区大学的讲师大多拥有海外博士学位,其中大多数讲师都是从西方国家直接特聘来的。正如本学校前校长潘宗光博士(2003)所言:

> 香港是连接东西方文化的桥梁。英语是提升香港经济竞争力的有力媒介。因此英语和汉语都是必修课。我们的教员来自全球各地,他们有的来自中国内地和台湾,有的来自澳大利亚、欧美等地,还有的是土生土长的香港人。

(潘,2003,第1页)

从潘校长的讲话我们可以看出,香港高校的教育方法属于典型的西方模式,而教员的研究兴趣面向全球。但是该领域的现实状况是,目前很少有关于香港高校教育模式的实证研究。至少在香港,就大学教师和学生在旧的英国殖民地时期持有的文化价值观念研究甚少。本研究将就中国内地生对中国内地和香港地区大学的教学方法和差异的看法进行调查,以期填补这一领域的空白。

2.3.4 教师对学生"漠不关心"的态度

现有的跨文化文献表明,中国内地和西方教育文化的主要区别在于学生对教师的依赖程度(霍夫泰,2005)。对于许多首次到外求学的中国内地生来讲,师生关系、角色和不同的定位可能会对他们造成一定的困扰,他们尤其不能适应教师对他们"漠不关心"的态度(金,1992)。因此,有必要在本课题研究中探讨中国内地生眼里的中国内地大学和香港地区大学师生关系是否存在差异,以及他们相应的适应策略。

汉语中,"老师"一词不仅仅是表达教师的概念,对于知识渊博和备受尊重的人员都可以通称为"老师"。教师良师益友的形象和观念与儒家"仁"的观念有着密不可分的关联,"仁"表示善或爱(莫特,1993;郝,2003)。中国的传统文化中,教师不仅是一个宣教的人员,更是一位受人尊敬的长者。传道授业解惑者的形象决定了教师所传达信息的可信性。虽然作为旧时英国殖民地的香港,对于教师这一观念与中国内地的儒家学派拥有相同的观念,但是学生是否对教师有着如上同样的看法不得而知。

有些学者认为师生之间的关系可以被看做是学术文化和风气的一部分。金(1992)调查了英国地区中国留学生及其导师在学术期望值上体现的文化差异,得出了下列结论:第一,英国和中国的学术文化在定位和观念上存在差别,这使得英国的导师和他们的中国学生之间存在学术文化的差异;第二,英国的导师和中国的学生对彼此的学术文化和差异缺乏清醒的认识,一般情况下,两者均以自身的文化角度看待对方的学术和社会行为;第三,英国教师对于英国文化和中国文化语境下学习过程的区别缺乏明了的文化立场;第四,对关于英国的文化语境和话语缺乏了解的中国学生来说,语言水平越高,跨文化引发的问题越严重;第五,英国的导师、教师和中国的留学生对于师生之间的关系、角色和定位有不同的期望。

师生之间关系的差别可能对初来香港学习的中国内地生造成困扰,但是他们对于这一问题的态度并没有得到充分的关注。实际上,求学国或地区教师和在外求学学生关系的文化差异,以及这种关系差异对学习习惯和学业成绩的影响,诸如此类的问题研究远远不够,更不用说以国别为对象的相关研究，基本上是前所未有。很多研究人员注意到了这一现象，包括迪莫克(2000)，迪莫克和瓦尔特(1998)以及程(1999)等。霍夫泰(1980)的研究没有纳入教育这一板块，直到后来迪莫克和瓦尔特教育的专注研究开启了这一篇章的新领域，而这一事实本身说明了对该问题研究的长期忽略。本研究旨在揭示中国内地生是否意识到了师生关系的区别，且师生关系的不同是否对他们总体的心理和学习状况产生了影响，由此希望对该领域新理论的发展作出微薄的贡献。

2.3.5 不同的社会和文化情境

自从20世纪60年代以来，跨文化研究明确了母国和东道国之间社会文化差异的重要性(艾尔丝和金内尔，1990)。这一问题在中国学生出国进入西方社会学习生活时显得更加突出(程，1975；梁，1996a；林，2006)。虽然香港和中国内地都有儒家的传统，但是当代的香港文化用迪莫克和瓦尔特(1998)的话来说是东西合璧，而不是纯粹的中国传统文化。有时候，初到香港的中国内地生可能要经历价值观、信仰、态度和标准差异的冲突(刘和关，1990；莫里斯和卢，2000)。

中国是一个儒家传统历史悠久的国家，在跨文化研究学者(如霍夫泰，1997；迪莫克和瓦尔特，1998；刘和关，1990)的眼里，中国是一个集体主义至上的国度。在中国内地，集体主义文化占主导地位。根据霍夫泰(2005)对74个国家和地区的研究显示，中国是一个集体主义的社会。例如，中国人强调家庭关系，人们崇尚集体归属感和忠诚感，和谐为本，避免直接对抗。这与西方社会盛行的个人主义价值观和实践形成了鲜明的对照。与中国内地不同，香港有其独特的文化特点，儒家学说不是其核心的价值体系。香港的本土文化近来在某些学者的表述里被称为典型的"自我本位的个人主义"(刘和关，1990)，是在求生存、谋富裕和文化传承的主题里不断变化的体系(陈，1993)。但是这些观点并没有很多的证据做后盾。香港的"自我本位个人主义"特点有可能或者不可能代表香港本地与外地的人们对于香港的普遍看法，就像当今的中国内地文化也被一些学者(罗斯顿等，1997)称为是个人主义至上一样，缺乏根本的支撑。

在社会伦理学领域，刘和关(1988)认定香港人喜欢采用"情境道德"的标准，即对错的判断标准要依情境而定，而不是按照道德观念普遍的法则确定。在某些情况下，研究者认为香港人一般具备非道德的功利主义精神，这种精神在香港人对待工作、政治以及个人与社会关系的态度中得

到了充分的体现(王,1993,第21页)。因此"非道德、物质主义、实用主义和金钱至上的倾向最终在香港文化的演变中盖过了孔子儒家伦理的风头"(梁,1996b,第51页)。这可能甚至已经偏离了当今大多数西方社会流行的道德价值观念。但是香港地区的中国内地生是否能在中国内地找到这些道德价值的踪影,或在来香港之前已经经受过这类道德标准的洗礼,这些都能成为值得商榷的议题。

王(1993)认为,考虑到香港的经济发展体制和繁荣,个人压力已经成为促使个体不断进取的主要动力,这与社会经济发展带来更多的机遇不无关系。这为香港人在实现自身梦想的过程中做出艰苦卓绝的努力提供了很好的解释,也让我们理解了他们何以能够忍受长时间工作,牺牲自己的假期来换得更多的经济回报等现象。高贵的社会地位、报酬不菲的体面工作,这些价值定位超越了一切。绝大多数香港人可以忍受长时间的工作,即每周44小时是香港各大学教职人员额定的工作量,他们每周只能休息一天半(《大学员工手册2009年版》)。私营企业的员工通常每周要工作44小时以上。但是笔者认为,这些观点是否与中国内地的职业道德相抵触,是否给香港地区的中国内地生造成了困扰,这些问题需要深入调查,才能得出结论。

对于人们要进行的文化转变,即文化共融性和偏离性,已经成为当今全球化的热点研究问题。伴随着中国内地改革开放的进程,中国在各方面都在与世界接轨,并努力争取在多方面走在世界的前列,包括经济、体育、技术发展等。人们的文化生活也朝着国际化的方向发生着日新月异的变化。不可否认,全世界每一天每一步都朝着"全球化"这个潮流发展,世界好像一个"地球村",在这里生活着的数以百亿计的"球民",讲着不同的语言,带着不同的文化习俗,生活在这个村里的不同角落。

在博特来(2008)看来,世界全球化可分为四个主要方面,即"技术全球化、经济全球化、人口统计全球化和政治全球化"(2008,第4页)。但是文化是否也能全球化?用博特来(2008)的话说,就是"文化是那么的错综复杂和包罗万象,很难简单地用某些词语来表达其中人类现实生活中必不可少的丰富内涵"(第3页)。同时,文化又体现在人们生活起居、吃饭穿衣的各个方面,正如迪莫克和瓦尔特(2005)所指出的那样:"文化的内容体现在人们如何穿衣打扮,体现在饮食习惯、婚姻习俗、家庭生活、工作安排、宗教信仰、娱乐享受、艺术追求等各个方面"(第7页)。

对于文化的全球化,博特来认为有两个截然相反的方面需要我们注意:其一是文化多样性的全球化,其二是文化的标准化(2006,第11页)。

博特来主张在全球化的作用力下,来自不同地域人们的文化影响力会逐渐冲淡彼此的差异,他称这种现象为"文化淡化假设"。

  从教育学来看全球化的结果:当国家彼此隔绝时,国家/民族的差异更能发挥其在决定教育语境以及个人对这些语境反应过程中的作用。而处于全球化的情况下,国家和民族的差异在教育语境中的决定作用大大削弱了。

(博特来,2008,第14页)

笔者认为"文化全球化"一定会带有多样化和标准化两种特点,它既有世界共同文明的共性,也会有个别国家或地区文化的个性。例如在国际交往中,人们常使用英语作为世界沟通语言,同时人们也保留着自己国家或地区的语言以便于与本国或本地人交往,这主要是为了更容易地建立深一层的联系,更方便交流和跨越文化的鸿沟。中国内地生前往香港继续深造这一现象可以被视为教育全球化的一个实例。本研究试图发掘在全球化的视野下,中国内地生和香港学生的文化差异是否会遭到如博特来假设所述的淡化现象;同时,探索中国内地和香港不断增加的交流与沟通是否导致了两地文化差异的逐渐淡化。这一问题的揭示无疑会深化我们对教育全球化现象的认识。

第四节 适应措施及策略

  本研究的另一重大议题是中国内地生如何应对他们在香港地区学习和生活中面临的困难。波亚立沃(1982)提出了"适应"这一概念,指的就是为促进物种的生存,强调个体的斗争来提高其在社会物质环境下的生存率所进行的种种生理调试过程。科神鲍(1987)认为,适应代表了人类成功应对环境问题和需求的能力。上一节中描述了国内外现有的研究确定了中国内地生在海外和香港地区求学可能遇到的困难。若这些困难的确存在,那么,对如何应对这些困难,应采取什么样的适应策略等类似问题的探讨就显得同样重要。

  正如本章开篇所述,对于中国学生在海外和香港地区学习生活所面临的困难研究并没有深化到为解决这些困难采取的相关适应/调试策略/模式的研究。几十年来,虽然已经提出了在外求学学生应采取的适应/调试策略,但这些以例证形式出现的策略并不是以中国学生为核心的。鉴于这些一般化的策略/模式已经相当的成熟,且广泛为人接受,对于理解本研究课题中国内地生在香港的适应和调试具有一定的参照价值。因此,本节将对其中一些普遍的策略和模式进行介绍。包括:

第一,U形曲线模式;

第二,W形曲线模式;

第三,五阶段理论;

第四,文化适应模式。

由于这些模式缺乏适用于本课题研究对象的条件,本章结尾将自然过渡到第三章有关本研究方法论的内容。

2.4.1 U形曲线模式

U形曲线模式于20世纪50年代提出,根据学生样本的调查发展而来,目的是解释"文化冲击"的普遍现象。U形曲线是最常使用的模式之一(博来和孟德尔,1991;布伦纳,2003;皮尔等,2006),可以帮助我们理解当前研究对象的适应过程。

为了分析和解释国际旅居者的调整适应过程,黎斯嘉(1955)对200名旅居美国的挪威籍人士进行了适应过程的曲线描绘,由此提出了U形曲线(UCT)理论。根据这一理论,国际旅居者的适应和调整过程包括四个阶段:"蜜月期"、"觉醒期"或"文化冲击期"、"调整期"和"掌握期"。在最初阶段("蜜月期"),个人持乐观态度,对于求学地文化所呈现的新鲜事物、新奇的视野和见闻感到好奇和激动(博来和孟德尔,1991)。当新鲜感和激动的情绪趋于淡化,危机的阶段接踵而来,让在外求学学生们感到不适应,直至倍感孤独和郁闷。第二阶段是一个梦幻破灭和沮丧的时期("觉醒期"或"文化冲突期"),因为学生必须严肃地对待在新环境下学习、工作的境况并与新的群体朝夕相处。第二个阶段过后,就到了第三个阶段("调整期"),这一时期对于新的环境已经开始逐渐适应,也学会了如何按照求学地的文化准则与人相处,其行为符合社交规则,也更加融入本地人的圈子。最后一个阶段("掌握期")里,身处异域文化的人士具备了轻松应对环境的能力,且能够在新的文化背景下越来越得心应手地工作或学习(参见图2-3)。

U形曲线模式提出,人们就广泛使用它来分析阐释在异域文化环境中国际旅居者的调整和适应过程。但是,由于模式的核心是外派的经理人士,他们的工作和生活环境与国际学生有所不同。有些人也已经尝试使用该理论模式来研究在外求学学生的状况(如,陈,1994;孙和陈,

图 2-3 U 形曲线适应模式

（资料来源：适应的阶段，黎司嘉，1955）

1997）。此外，该模式表明调整和适应如果是系统、自然地发生的，那么在外求学学生不会觉得调试过程有多难，而且从一开始可能就会很顺理成章。但是这样的说法并不排除人类的动态行为有可能会打破这样的系统过程。最后还要指出的是，U 形曲线模式更像是一个阶段性或分期性的情况写真，缺乏理论模式的基本构造，即 U 型曲线并没有说明个体从一个阶段走向另一个阶段的原因，也没有对这一情况发生的形态进行恰如其分的解释。本研究将对该模式与香港地区内地生的适应状况进行比照，揭示该模式是否适应于本研究课题所描述的情况。

2.4.2　W 形曲线模式

国际旅居人士适应过程的 W 形曲线模式是对 U 形曲线模式的补充，可以帮助我们理解本研究对象在香港经历的调试过程。哈特（1999）根据顾拉洪（1963）的 W 形曲线理论提出本模式。该模式描述了人们初涉异域文化环境需要经历的四个适应的阶段（参见图 2-4）。

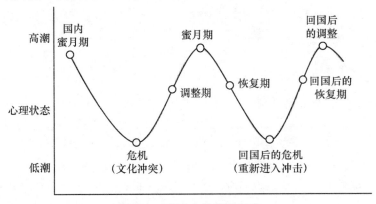

图 2-4　W 形曲线适应模式

（资料来源：哈特，1999）

薄利和大卫(1971)以及博来和孟德尔(1991)认为 W 形曲线模式是 U 形曲线模式的延伸。具体来说，W 形曲线本质上是将一个单纯的 U 形曲线扩展成为一个双重的 U 形曲线(UU 曲线)。薄利和大卫(1971)主张 W 形曲线是对身处异国他乡人士调试过程更加全面的描述，因为，他不仅包括了对他国文化的适应，还涉及从异国返回时对本国文化的再适应过程。根据这一模式的解释，一个人首次在异域接触异域文化时，会先经历适应的衰退期，然后不自觉地恢复其适应过程。返回到本土文化语境后，个人还要经历第二次的适应衰退和之后的恢复适应期。个人经历的适应衰退期的期限和程度取决于多种因素。因此，W 形曲线模式通过返回本土文化再调试过程的描述很好地弥补了 U 形曲线的不足。

W 形曲线和 U 形曲线模式相似，两者都是主要围绕外派经理人员展开，都存在有可能不适用于学生群体尤其是中国籍学生的可能性。另外，W 形曲线模式对调试过程的系统进程进行了描述，但却没能透视个人经历这些过程的原因，也未能就不同的环境和人际交往对这些阶段的更替和期限产生的影响进行说明。再者，若在外求学学生在毕业后打算继续留在求学国或地区工作或学习，则 W 形曲线的第二个 U 形阶段，即在外求学学生返回母国的再调试情况似乎与本研究的课题没有直接的关系。

2.4.3 "五阶段"理论模式

阿德勒(1975)提出的"五阶段"理论也可以帮助我们理解本研究对象经历的适应过程，包括：第一，接触阶段；第二，瓦解阶段；第三，复合阶段；第四，自治阶段；第五，独立阶段。继阿德勒之后，吉川(1988)提出跨文化的适应过程包括五个创造性的阶段，即接触、瓦解、复合、自治和双摆阶段。吉川还对双摆阶段的五种感知类型做了划分，即种族中心主义感知、同情感知、移情感知、镜面反射感知和超语境感知。在跨文化适应过程中，只有处于第五阶段才能通过对环境的包容、感性和回应而克服文化冲突(孙和陈，1997)。

从某种程度上来讲，"五阶段"理论为理解旅居他国或他地人员的调试过程提供了理解阶段性认知成熟的理论框架。其重点是研究来自发达国家的人员进入欠发达国家的情况。但是认知成熟阶段性理论不能切实反映当前研究课题中中国内地生在香港生活的现实情况，原因是这些学生年龄比较小，不能够到达所谓的认知成熟阶段(所有参加本研究的人员年龄均在 19 至 23 岁之间)。但是，我们可以通过进一步获悉身处香港的中国内地生适应过程的情况，来判定该理论是否适用。

2.4.4 文化适应模式

阿德勒(2002)最近又提出了一个新的模式——文化适应模式,对来自欠发达国家人员在发达国家生活学习进行调整适应的过程和策略进行了讨论,其研究对象的选定与本研究课题类似。中国内地生所在的内地经济相对来说没有香港地区发达,这一点可以将该理论和我们的研究议题很好地联系起来。

文化适应模式强调身处异国环境的人群努力采用和模仿东道国的文化准则,而不是一味地保留母国自身的文化和价值体系,这一行为的黄金定律就是"入乡随俗"(阿德勒,2002,第126页)。在特定情况下,对东道国文化和实践的融合非常有效。阿德勒将熟练掌握东道国语言这一现象引证为文化适应模式的典型情况。文化适应的方法可以使身处异国环境的人群能够继续自在地使用个人标准获得商业或学业上的成功。

虽然文化适应模式频频出现在跨文化研究的文献中,但是该领域真正的实证研究仍颇缺乏,更不用说针对处于香港环境下中国内地生的实证研究了。因此本领域的研究必须对中国内地生在香港学习生活碰到的困难有深刻的了解,并需要进一步认知解决这些问题的策略,唯有如此,新的研究才能推断出相关的理论模式。从解释主义范畴的角度来看,这些解决问题策略的成功与否只能从行为者本身的观点来切入分析,因此在调查之前不可能通过先验的假定和模式预设来开展研究进行求证,这也就为本研究开展的访谈提供了理论的依据。

2.4.5 中国内地生采取的适应策略

正如本章开篇所述,对于中国内地生在香港生活学习所采取的策略研究前所未有。很多该领域相关的文献都局限于上文讨论的一般模式的讨论上。

通过对留学美国的中国留学生适应过程的研究,陈(1994)发现他们通常需要三个阶段来达成适应:第一,感到惊奇——当中国留学生初涉异国的新环境,他们通常使用中国人的价值观来评估新的经历,总是对文化、环境的差异讶异不已;第二,逐渐理解——中国学生开始对不熟悉的经历进行了解;第三,逐渐懂得东道国的文化。陈的发现与U形曲线和五阶段理论的假设相符。但是就参与研究的留学生如何理解或回应这些困难等问题,没有进行深入的研究。

海外中国留学生的其他研究表明中国学生能够根据不同国家的学习

目标和学术期望调试自己,同时为了获得学业的成功保持艰苦奋斗的精神(孙和陈,1997;屠威和雷曼,2002)。中国留学生能够分别采用理解记忆法和肤浅的应试学习法,并互换两种学习形式,由而获得出色的学习成绩。他们都有较高的认知目标,能够很好地融入学习环境获得优异的成绩,在寻求适应的策略和支持的过程中寻求更广泛的帮助。但是与其他学者一样,这些研究同样也没能对学生自身的看法和策略进行细致的讨论。

在所有研究中,对于中国内地生在香港地区求学时所采取的策略和适应模式研究是一片空白,这可谓是学术研究的一大憾事。过去的研究和现有的文献的确对中国学生在外求学的经历做了一般通俗化的阐述,但对学生适应异域文化和情境过程的研究缺乏针对性,也很难根据已有的结论来推断之前的理论能否应用于香港地区中国内地生的情况。本课题试图对这一情况进行研究,希望能够推动当前的研究进程和理论发展。

第五节 毕业后的去留问题:香港高校中国内地生的新趋势

不管中国内地生来香港求学的初衷如何,他们毕业后在香港的去留问题都会对香港政府和高等教育机构的政策产生巨大影响。就新加坡地区中国留学生的研究而言,王(2006)发现中国留学生去留新加坡的意图和打算可以归为三种现象:第一,留在新加坡;第二,前往第三国;第三,回到中国。

李和博莱(2007)通过对香港和澳门地区中国内地生的研究进一步论证了这三种现象。根据他们的研究,约28%在香港的中国内地生期望毕业后前往其他国家学习或工作;约23%的研究对象明确表明他们毕业后将回到中国内地;出人意料的是仅有2.8%的学生表现出了留在香港的意愿;而45%的学生说明对于毕业后的去留问题还没有最终决定,且他们最终会选择对个人发展有更多更好机会的地方。李和博莱(2007)认为与就读于中国内地的学生和其他国家留学的学生相比,这些中国在港求学学生心目中的职业规划(即毕业后的去向问题)构成了香港地区中国内地学生最鲜明的特点(第17页)。

但是香港地区大学的官方报告和一般香港人的观点与李和博莱(2007)的研究结果有些出入。比如,根据本校(2006)的年度报告,有

90%的中国内地生打算留在香港继续深造或就业(详情见图2-5)。2007年共有792名中国内地生完成了他们的学业。林(2006)的报告也表明香港多数的内地生在毕业后都会继续留在香港工作或进一步升读研究生。

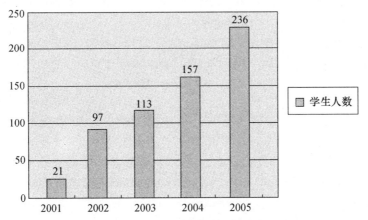

图2-5　2001年至2005年香港内地生毕业后留港人数统计
(资料来源:香港内地生联谊会,《南华早报》,2006年8月5日)

香港社会的主流观点也认为多数的中国内地生毕业后将留在香港,而不是离开。香港大学讲师耶特曼在2007年4月30日在其有关香港澳门问题的google博客上也说明了这一点。他说,近年来留在香港的中国内地生人数不断飙升,尤其是攻读与商科有关专业的毕业生更是如此。中国内地生来香港求学的原因主要包括:

第一,一些学生希望毕业后留在香港就业;

第二,一些学生来香港的主要目的是为了获得签证,学习的打算较少,更多的是为了就业;

第三,一些学生希望在香港获得更好的教育(耶特曼,2007)。

现有文献和主流媒体互相矛盾的报道和观点使得中国内地生毕业后的打算这一问题变得扑朔迷离。即使多数中国内地生毕业后希望留在香港深造或工作这样的论断为真,对于他们如何能够坚持留在香港而不是返回内地或前往海外的原因也无法一概而论。况且,就目前在香港严峻的就业形势下,针对很少有中国内地生能顺利留在香港这一情况(《南华早报》,2007年4月30日报道),内地生为何没有受到打击,并且踌躇满志,毅然决然地希望留下工作或继续求学的原因也是一个值得研究的问题。因此,本研究将继续探讨香港地区中国内地生的毕业规划和未来求职理想等问题。

第六节 总 结

围绕前文提出的四个研究议题,本章回顾讨论了之前学者对留学海外和求学香港学生研究的情况,剖析了他们的分析角度,从而揭示本研究的入题点和研究视角,让读者了解本研究课题的意义。

综上所述,本章阐述了中国内地生选择来香港地区或者海外求学的原因(议题一)。国内外研究的现状表明学生在外求学,尤其是中国内地生求学时遭遇的困难是一大研究热点。本章重点对与香港地区中国内地生研究,特别是与第二个研究议题相关的文献进行了讨论。这些困难可分为三个层次,各层次分别包含了几个方面:语言障碍和经济压力为个人层面困难;教学方法差异和教师对学生的冷漠态度是学校和教师层面的困难;不同的社会文化环境,对于中国内地生的排斥则为社会层面的困难。其中,对于留学海外的中国内地学生来讲,语言是最大的障碍。

过去几十年里,在外求学学生在异域文化环境下面临的困难和挑战是研究的重点。在外求学学生需要面临多重困难,中国内地生也不例外。过去的研究对这些困难进行了充分的界定和描述。然而,对于这些困难在外求学学生是否已经克服,如何克服等问题,已有的文献没有给出令人信服的解释。就目前已有的研究而言,学者都能够接受普遍的适应和调整模式。但是很少有针对中国在外求学学生的个案研究,更不用说是针对香港地区中国内地学生的研究了。就香港而言,中国内地学生的大量涌入是1999年以后开始的。对于中国内地生如何看待他们在香港——中国这一奇特而又特殊的地域——所面临的困难,如何解决这些困难(研究议题三),毕业后的规划如何(研究议题四)依然是学界研究未开垦的处女地。对这些问题的深刻理解,是本研究的主要目标。本课题的研究将填补同类研究的多项空白,对香港特区政府和高等教育机构相关政策的出台具有很好的借鉴意义。更重要的是,这些研究议题的解决能够极大地帮助香港地区的中国内地生解决他们的现实问题。

第三章

中国内地生来港求学的调查方法

第一节 引 言

本研究项目的主旨系探究内地生选择香港作为其接受高等教育地点的原因,从而阐释内地生在香港不同院校和社会文化语境下学习时进行的自我调节,及他们对毕业后进行未来规划的经历。

第一章描述了本研究课题的背景和问题。第二章对以下四个研究议题进行了相关的文献综述。本课题的主要四个研究议题是:

研究议题一　中国内地生选择来香港求学接受高等教育的原因是什么?

研究议题二　中国内地生在香港学习和生活中需要经历怎样的心路历程?

研究议题三　中国内地生为适应香港的学习和生活需要采取哪些应变措施?

研究议题四　中国内地生从香港高校毕业后有何理想和打算?

本章的核心是阐述解决研究议题所采用的研究方法。第二节将阐明本研究如何基于"解释主义"和"实证主义"的差异,进而使用解释学范畴的过程,由此说明本研究采用解释学范畴的原因。第三节引入并说明本研究采用"案例研究法"的原因。第四节说明采样的方法,包括确定样本的方法及研究参与者的选择标准。第五节介绍数据收集的方法,并将讨论与研究议题相关的采访提纲的设计、参与者和取样原理、采访的实用性和为保证其顺利进行所采取的措施,以及进行采访用的方法等。

第二节 教育研究与范畴选择

教育研究被定义为"对与成人及儿童教与学直接或间接关联的事物，进行系统的和经验主义的辩证探索"（彭倪和瓦特，1987，第3页）。莫蒂莫（2000）赞同教育研究的这一定义，并提出了教育研究的四大主要任务：第一，进行系统的观察和记录；第二，分析并得出启示；第三，公布研究结果；第四，努力提升教育的进程和效果。他对教育研究的任务进行了总结，并提出教育研究的主要目的是在进行教育政策和实践的变革过程中以证据而非奇闻轶事来立案（莫蒂莫，2000，第5页）。但是，对于如何达到这一目的，众说纷纭。对于何为教育研究的"证据"没有一致意见，研究者对于教育研究问题的观点都取决于自身认识论和本体论的立场。而这些立场可以说是代表了这样的研究范畴——贯穿教育研究的哲学方法。虽然人们普遍采用实证主义和解释主义两种截然不同的研究方法（宾治，2005；克雷韦，2007；高尔，高尔和波阁，2003；科恩等，2000；米勒和胡贝曼，1994），但教育研究中也存在几种不同的范畴（宾治，2005）。在接下来的一节中，笔者先对实证主义和解释主义的论辩进行说明，继而阐述本研究采用解释学范畴的原因。

3.2.1 实证主义和解释主义

实证主义认为自然科学为人类知识的范畴。实证主义者认为自然科学的方法论模式可以应用于社会科学（宾治，2005；科恩，1980）。这意味着社会科学家作为社会现实的观察者具备了特殊的立场，且社会科学家所做调查的最终产品应当与自然科学的研究成果有着相同的表现方式。社会科学家的分析通常按照规律或规律化的总结表述，且该类表述往往与自然现象相关联。实证主义将社会科学家作为研究对象的分析者或阐释者，主张科学能够为知识提供最清晰的理想状态（科恩等，2000，第8页）。实证主义采用"演绎推理"的方式，即理论事先通过假设的形式而设定，然后再通过相关的统计方法进行验证。这种传统的核心在于使用已经证明确实有效而可靠的研究方法，并根据这种研究方法产生普遍适用的结果。

实证主义方法的劣势在于"其在人类行为研究过程中的适用性，原因是人性内在的极具复杂性和社会现象的晦涩和无形性与自然世界的秩序和规律性存在巨大的差别"(科恩等,2000,第9页)。简言之,一些学者(克雷韦,2007;波格丹和碧蓝,2003;科恩等,2000;威克斯和弗里曼,1998;宾治,2005)认为实证主义的范畴很难表达教育机构现实的复杂性。人类的行为不可能用整齐划一的规律和规则框定。笔者认为在人类行为中产生科学联系,并可以推定因果关联的观点过于简单。实证主义首先是一种度量的观念:"用我的话说,实证主义即是一种测量的工具。"(阿博特,2001,第65页)

相反,解释主义的范畴较少从界定事实和规律的角度入手,而更倾向于解释社会世界的复杂性。解释主义并不一定认定必须是有"一种现实"。反之,是有多种现实,或者对现实的状况有多重的视角,而这些视角依个人的主观经验和所处情境而定。个人用不同的方式来感受现实,因此他们可能见证、经历相同的事物,却使用不同的解释方式(马连,1998)。个人如何解释周围的世界,对现象如何进行研究,要依多种因素而定,包括不同的心理因素和个人的亲身经历、经验和语境,"现实是在个人和社会世界的互动中铸造的"(马连,1998,第6页)。根据这一观点,教育研究者的角色是解释对现实的不同感知,并得出相应的道理。解释主义研究者力图使用在研究过程中出现的不同视角而得出研究的意义。

一些解释主义者(科恩和列文托,1990;德文坡等,1998)提出了认知主义视角,该视角与认识者,即拥有知识的个人,有着密切的联系。斯彭德(Spender,1996)根据自身的分类法区分了个人知识和集体知识,提出集体知识植根于文物、文化和身份,以及日常的程序中。还有些学者(博览和杜桂,2001;纳哈贝和哥沙尔,1998)认为知识是集体创造拥有的,人们可以通过持续的社会交互作用学习创造知识(野中和佩托卡,2006)。与实证主义者所采用的演绎法推理方式不同,解释主义者采用的推理方式不是演绎法,而是"归纳法"。用脱清(2006)的话来说就是:

> 归纳推理从其性质上来看更加开放、更具探索性,尤其是在一开始。演绎推理性质上更加狭窄,只关注检验或确定假设。大多数的社会研究往往同时牵涉归纳和演绎两种推理方式,虽然有些研究项目看起来更像是纯粹的归纳推理或演绎推理。

(脱清,2006,第1页)

图3-1表明了脱清(2006)所提出的归纳推理过程,笔者称之为"归纳推理四步法过程":

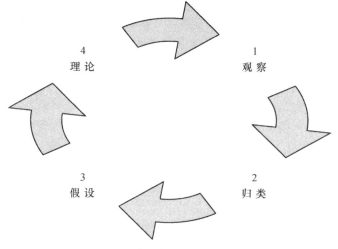

图 3-1　归纳推理四步法过程

归纳推理法由具体的现象推出广义的规律和理论。归纳推理法由具体的观察和方法出发,通过模式和规律性的探索,形成待检验的假设,最终发展出更具普遍意义的结论或理论。值得一提的是这些结论或理论也许只适用于一定范围内,尤其是社会科学领域。

另外,进行解释主义研究时,人们认定研究者并不是远离或与研究过程分离,而是研究过程不可分割的一部分。人们也有这样一种共识,即研究者带着自身的视角看待问题,就会对数据的研究产生影响。这一看法尤其适用于研究者从事与个人背景密切相关课题研究的情况(伏立克,2002)。

解释主义范畴的缺点主要存在于该类研究感知的相对性。科恩等(2000)表明正如实证主义理论会因为其宏观社会学的角度受到抨击,解释学理论及方法也会因为其狭隘的微观社会学视角受到人们的微词。此外,解释主义者因为缺乏研究方法的客观性而遭人非难(美思和佩陪,1995;科克和米勒,1986)。人们认定与解释主义范畴相关的数据收集和分析方式过于主观化,因而缺乏严谨性。所有这些都是值得考虑的重要问题,笔者将在本章逐一进行解释。

3.2.2　将研究定位于解释主义范畴是一个合理的选择

当前的研究课题与下列问题的界定相关:第一,内地生选择香港作为其进行高等教育地点的原因(研究议题一);第二,内地生到香港求学所经历的困难(研究议题二);第三,为了确保个人学业的成功,内地生适应新环境所采取的适应策略(研究议题三)。本研究还致力于研究内地生从香港高校毕业后的长期规划(研究议题四)。本研究的总体目标是更好地理解内地生在香港学习的过程中如何描述和理解自身的经历。这点在本项目的研究中非常重要,那就是笔者采取的研究方法能够允许内地生在研究中有自己的"声音"。笔者的目的是聆听学生的心声,继而以他们的视角来探究内地生在离开自己的家乡去香港学习生活的过程中进行的个人调试现象和经历。笔者的目的不在于建立可靠的统计学联系来解释研究的现象,也不是为了寻求科学的解释或可验证的假设,而是对学生的经历进行"深入描述",就像是学生自己本身陈述的一样。作为研究者,笔者的角色是从学生的角度进行理解。笔者的目的并非是为了检验某一理论或产生某一理论。基于这一点,本项目的研究定位于解释主义的范畴。

与科尔曼和布里格(2007)观点一致的研究者认为必须要将研究的设计和总体的范畴与相关的研究议题保持一致。尼斯贝和瓦特(1984)将案例研究设定为描述更普遍原则的一种方法:

> 某个案例能够反映整个限定体系的特性,如一个小孩、一个班级、一所学校或一个社区。它能够向我们提供真实情境下真实人物的独特示例,使读者能够更清晰地了解观点,这比直接向读者陈述抽象的理论或原则更加直接明了。诚然,案例研究还可以使读者了解某种观点与抽象的原则相结合的方法。
>
> (尼斯贝和瓦特,1984,第72页)

本研究采用的是案例研究法。笔者将在下一节讨论在教育研究中使用案例研究法的原因和策略。

第三节 采用"案例研究法"的原因

3.3.1 案例研究法的优点

案例研究法的核心特征是案例的范围界限性,用马连(1998)的话说就是"有范围限定的体统"(第27页)。这一观点尤其适用于涉及复杂关联的研究对象,而且对这一特定的现象,以往并没有可以达成理解、主张或理论性的研究先例(巴斯,1999)。案例研究法的主旨在于了解特定个人、机构、项目或事件的情况。其目的不一定是为了确定一个"典型",但有可能是为了了解某个局外人、非典型人物，以及不符合一般趋势的组织、事件或项目。脱清（2006）根据研究的总目标对案例的类型进行了归类。第一种是"描述型案例研究"，旨在展现对研究现象详细的描述。第二种是"解释型案例研究"，其中包括了丰富深厚的描述，用于概念的归类，或展现、支持和质疑数据收集前既有的理论假设。第三种是"评价型案例研究"，包括了描述、解释和判断。根据尹（1994）的观点，该种案例研究法是教育评估中一种理想的研究方式，因为它能够完成调查或实验方法无法完成的现实生活中存在的复杂干预因素和因果关联。第四种是"试点型案例研究"，它是一种数据收集前的终极准备过程。这种方法能够帮助调查者根据数据的内容和数据收集的程序，提炼和完善数据收集计划（尹，1994）。

使用案例研究法的优势之一就是可以用该方法对现实环境的效果进行观察。案例研究法承认现实语境是决定因果关系的有利因素。正如尼斯贝和瓦特（1984）指出的，一个整体比所有的局部加起来更重要。斯特曼（1999）认为：

> 案例研究的一个突出特征就在于，人类社会体系是一个完整的统一体，而不是一盘散沙的结合。案例研究正具备这种独特性和动态性，因此案例研究能够调查和显示特定形式下的不同事件、人际关系和其他语境中的复杂关系、动态发展和交织演变。
>
> （斯特曼，1999，第103页）

这就使案例研究尤其适合理论发展和建立，而不是对理论进行简单的检验。

案例研究法的不足之处在于研究者在对研究结果进行总结时要格外小心。案例研究法并不是根据统计学的有效性观点推而广之，相反，案例研究法的目的是对理论发展提供详细的理解。必须牢记案例法的目的及其相应的研究范围。顾霸和林肯（1981）提醒人们在案例研究中注意过分简化或夸大的倾向，由此可能造成错误的结论。另一点值得注意的是，对研究对象性质和身份进行保密的难处，例如对于接受研究的人员和组织的身份需要保密，因为这很有可能导致伦理的问题。当研究者与研究个案关联紧密时就会出现上述情况。本章下文将对这些问题进行展开讨论。

3.3.2 本研究采用案例研究法的原因

本研究项目的既定目标是对内地生在香港环境下的经历有大量而详

尽的描述。同时,本研究是以内地生的视角为基点,让读者倾听他们的"心声"。因此,本研究没有采用数字分析的方法,而是通过采纳大量的描述归类、设计模式,及类别概念的图表关系来发展理论(斯特劳斯和科尔宾,2008)。笔者认为通过对数据的深入描述发展而来的理论,才能使深入细致的案例研究成为解决本研究课题最恰当的研究方法(米勒和胡贝曼,1994)。

第四节 案例选择方法及采样过程

案例研究法的一个重要方面是案例本身的选择,这通常由项目的研究目的所决定。按照"立意抽样"的原则选择的案例,往往能够提供与研究的特殊目的对应的丰富信息(林肯和顾霸,1985)。"随机抽样"的方法不合适,原因是研究的目的不在于由样本推出放之四海而皆准的普遍规律。在某些情况下,有可能在收集和分析数据的同时确定样本。例如,可以根据以往几轮数据收集和分析的结果来选择特定或个别新的案例。依照这种采样方式,研究者在开始研究工作前并不知道不同案例之间的现象差异度如何,也不知道选择的关键标准和抽样的数量(林肯和顾霸,1985)。

3.4.1 采样范围的界定

此研究的采样范围局限于在本所大学就读的内地学生。这所大学是香港大学资助委员会下属一所学生及毕业生数量最多的大学。2008年共有14700名全日制及兼职学生,其中13800名学生为自费生(前言,本所大学公共关系办公室宣传册,2008年5月,第6页)。笔者选择这所大学为研究基地的原因在于希望了解内地生的大学经历,而这所大学正好可以提供多方面的资料,因为在这所大学里有众多的学生和内地生,他们就读于各个学科。同时笔者也相信这所大学的情况在香港高校中是有代表意义的。这所高校每年招收的内地生人数逐年增多。根据2008年的统计,近年在本所大学本科部注册的内地生人数共为2000人,他们就读于不同学系和学院。他们攻读的学位课程包括博士、硕士、学士,及副学士。但本研究只局限于第一年的本科生,其中包括自费和靠奖学金资助的内地生。根据2007—2008年度在本校攻读全日制高等教育学位的内地生情况表的记录(参见表3-1),可以发现商科类专业更受内地生的青睐:会计和金融系拥有242名内地生,占据内地生最热衷系部排行的榜首;其次是电子与信息工程系,有81名内地生;物流及全球供应链管理系(有77名内地生)和市场及管理系(57名内地生)作为商学院的一部分位居内地生最热衷系部的第三和第四位。具有讽刺意义的是,中文及双语学系仅拥有1名内地生,成了香港地区内地生人数垫底的专业。

表3-1 本校2007—2008年度攻读全日制高等教育学位的内地生情况表

系部/学院代码	系部/学院名称	内地生总人数
ABCT	应用生物及化学科技	35
AF	会计与金融	242
AP	应用物理学	17
APSS	应用社会科学	2
BRE	建筑与房地产	31
BSE	屋宇设备工程	11
CBS	中文及双语学	1
COMP	计算机学	33
CSE	土木及结构工程	31
EE	电机及电子工程	16
EIE	电子与信息工程	81
ENGL	英语	4
FCOM (FH)	人文学院	9
FENG	工程学院	28
HTI	酒店与旅游管理	19
ITC	纺织及制衣学	25
ISE	工业及系统工程	44
LGT	物流及全球供应链管理	77
LSGI	土地测量	10
ME	机械工程	15
MM	市场及管理	57
RS	康复科学	8
SD	设计学院	7
SHTM	酒店和旅游管理学院	42
SO	视光学院	5
系部/学院总数:25		学生总人数:850

2007—2008年度香港的内地生占所有大学招生人数的8%,根据2008年的香港大学教育资助委员会的政策,该比例将在接下来的两年内增加至15%。本所大学内地生的入学模式可以作为其他香港高等教育

机构的入学方式的典型,且与本书引言所述的香港高等教育院校中招生内地生人数增多的趋势相吻合。

3.4.2 采样方法

研究设计的关键问题就是选择接受采访的案例。在试点采访中本研究采用了"随机抽样法"。这就决定了受访者的选择取决于研究者与受访者的熟悉程度及开展采访的容易程度。通常该种抽样方式并不是理想的方法,因为有可能会对研究的可靠性和有效性产生影响。但是,为了开展试点采访,笔者认为随机抽样方便可行。要开展实质性研究,需结合"最大变异抽样"和高尔,高尔和波阁(2003)定义的"雪球抽样法",原因在于该研究对抽样方法的严格性和灵活性要求更高。"最大变异抽样"的目的是获得特定大学里内地生最大的变异范围。而本战略的目的是"最大限度地考虑其变化程度,以及从这些差异中找出可能出现的常规、主题、模式和结果"(高尔,高尔和波阁,2003,第179页)。而"雪球抽样法"允许研究者让熟悉内情的研究参与者推荐新的案例进行进一步的研究。对本研究而言,笔者使用了"雪球抽样法",让中文及双语学系普通话俱乐部的人员,及本系的普通话老师提供和推荐可采访者的名单,同时也向第一组受访者询问了其他可采访者的名单,以收集更多的研究个案。当这一过程不断重复进行,研究者可以发现较多熟悉内情的人和不断增多的推荐案例,这些都是研究的好例证(高尔,高尔和波阁,2003)。

3.4.3 试点采访

2006年1月笔者对四位参与者进行了试点采访。试点采访提纲(参见表3-2)是按照笔者就读英国教育学博士学位论文课题的大范围而设计,而学位论文课题也是在笔者进行文献综述的过程中获得的灵感。试点采访提纲的设计完全遵照本研究的相关研究议题进行。试点采访的目的有三层:

第一,确保提纲内的问题能够产生与研究议题相关的正确数据;

第二,确保提纲内的问题恰当——即受访者能够理解问题的内容;

第三,确定笔者初定的研究议题是可以进行研究的,即产生的相关数据能够构成值得研究的内容。

四位参加试点采访的学生分别就读于物流管理系、电子与信息工程系、应用生物及化学科技系等不同系别。他们来自于中国的不同省份,且

都以普通话为母语,但他们各自都有自己的方言。学生是从研究者不授课的班级中随机选择的,以此来避免受访者和访问者之间权利关系的伦理问题。

表 3-2 试点采访提纲

主题:有效地帮助内地生融入香港高校生活
1. 你能向我描述一下你来香港之前的人生经历吗?
2. 你为什么选择该所大学学习?
3. 在该大学学习,你觉得最大的困难是什么?
4. 根据你所述的情况,你认为内地生有必要有效地融入该校的生活吗?
5. 为了使学校更好地帮助内地生,你对学校有何建议?
6. 除了上述问题以外,你自己还有什么要补充的吗?
7. 学校能够采取什么样的措施帮助你尽快融入学校的生活?

试点采访由两部分组成:第一,实质性采访;第二,附加的后续采访,即"有关采访本身的采访"或试点采访的后续评估。试点采访后续评估(参见表3-3)为笔者提供了评价采访操作上的大体框架,来判断:第一,每次采访的长度是否合适;第二,受访者是否觉得问题难以理解,或者难以回答采访提纲中的问题;第三,采访过程中使用何种语言,英语还是普通话,能使受访者感觉可以自如地表达自己的意思;第四,采访过程中是否出现了采访提纲中没有出现的问题;第五,受访者是否对采访的过程有自身的看法。

表 3-3 试点采访后续评估

目的:评价采访操作及采访内容的合适度,以及应改善的地方
1. 在访问过程中,是否有让你难以理解的问题?
2. 在访问过程中,是否有让你难以回答的问题?
3. 如果采访用英语进行,你会乐于接受吗?
4. 访问的问题是否已经让你就在香港该所大学学习的有关问题,进行了充分的说明?
5. 是否有一些重要的问题没有列入访问的问题中?如果有,请说明。
6. 你对访问有任何需要说明的情况或意见吗?

经过实际操作,采访非常成功。由于受访者的人数不多,采访安排得非常顺利。试点采访后续评估揭示了某些采访提纲中存在一些小的不足,通过后续评估,增加了一些调整的建议:第一,原来安排的一个小时的采访时间不够长,所以在正式采访操作中每次采访的时间为一个半小时至两个小时,所有接受试点采访的受访者都指出他们需要更多的采访

时间来讨论一些细节问题;第二,就采访使用的语言,由于《试点采访提纲》是用英文起草的,有关研究的进展也应该用英文记录,因此不能断定学生到底喜欢使用何种采访语言。但是经过试点采访后续评估,很明显,所有的学生都表示希望用自己的母语——普通话——进行采访。鉴于此,笔者将在正式采访中使用普通话进行访问,但在每次采访中,首先还是会征求各位受采访者的个人意愿。所有参与者的回答都是同样的,用普通话进行采访,无一例外。

通过试点采访,笔者还发现有些议题尚未纳入研究课题,如:

第一,内地生毕业后的计划;

第二,内地生融入香港和香港教育机构的情况;

第三,语言学习上的困难及克服困难的方法等主导性问题。

内地生毕业后的计划这一问题比较突出,之前笔者没有考虑到,之后把它作为第四个研究议题纳入本研究项目中:"内地生从香港的高等教育机构毕业后有何打算?"内地生的社会融合及语言问题已经包含在其他三个研究议题中,构成了本研究项目正式采访提纲的内容。同时,另外一些有关文化方面的问题,笔者原以为较重要,但在与采访者交谈之后却发现不那么重要,如香港社会在大范围内对内地人的歧视态度等。随着1997年香港回归祖国及近年中国经济的飞跃发展,许多中国人也开始富裕起来,内地人来港用钱大方,香港人对内地人的歧视也逐渐减弱,因此这一论题不会占此研究的重要分量。歧视这一问题,当笔者通过提问的方式提出来时,受访者在采访过程中都表示这不应该构成一个很重要的议题。然而,笔者很难确定是因为香港的内地生已经完全无需面临歧视的问题,还是内地生此时没有信心提出这一问题。因此,《正式访问表》中并不包含歧视这一问题。这个问题只是在访问表的最后一部分作为一般性的问题列出。

3.4.4 正式研究采样

在正式研究中共有 19 名受访的学生,参与者的详细情况会在 3.4.5 部分中介绍,参与者的概述则在第五章阐述。关于正式研究的抽样,在大学普通话俱乐部中确定了两名内地生。内地生的姓名是按照中国内地统一使用的汉语拼音方式排列的,而香港对姓氏的拼写则采用另一套完全不同的翻译方法。例如,中国内地是这样拼写姓氏的,如"Li"李,"Xie"谢,"Zhang"张,但是香港却将同样的姓氏拼写为"Lee"李,"Tse"谢,"Cheung"张。

对首批的两名学生进行采访后,笔者要求他们推荐本校在读的其他中国内地学生,推荐的原则是必须与已经接受采访的学生在香港学习和生活有不同的经历。笔者的目的是为了随机地确认已经在本校不同系别学习的,来自中国内地不同省份的学生,并对其经历进行研究。这些学生的母语/方言是不同的。比如来自北京、上海、四川、广东和其他省份的学生说不同的方言,包括普通话、上海话、四川话和粤语等。

中国地大物博,人们的生活方式也是东西南北各有不同。比如北方人不喜欢香港湿热的气候;南方地区如广东省的人则能比较自如地适应香港的生活方式和语言;中西部省份的人,包括四川和湖南,喜欢辛辣食物,而香港的食物不具备这些特点;来自华东地区的人,如上海人比较喜欢吃甜食,而不喜欢辛辣食品。研究者的目的是为了确定来自中国内地不同地区的学生是否会因其原有生活习惯的不同而对在香港地区学习和生活采取不同的适应策略。

数据收集开始之时,样本的大小并未确定。笔者采用了"理论饱和度"的方法(施特劳斯和科尔宾,1990)进行采访,直到没有新数据出现为止。其目的是为了确认一定的反馈范围。一旦笔者认为反馈的范围已经固定,则无需对更多的回应者进行采访时(高尔,高尔和波阁,2003,第178—182页),数据收集工作则可以停止。

3.4.5 参与者概况

正式研究主要是对19名内地生进行采访,这19名学生分别就读于本所大学的不同系别。参与者分为三组:第一组包含7名本科生,他们在香港学习的时间不到一年,来港前在中国内地曾经读完预科课程。第二组包含8名学生,来香港就读本所大学的时间超过一年,是在香港读的预科。将这两组的学生进行比较,目的在于探讨时间的长短是否会影响内地生在香港地区学习和生活的适应情况。第三组包含4名学生,采访这组学生的时间是在较晚的阶段进行,鉴于之前对第一组及第二组的学生进行采访后,发现关于第一和第四个研究议题的描述所得到的信息不够充分,因此补充该组采访的主要目的是对这两个研究议题增加更多的信息,从而可以进行深入描述。这19名参与者按照表3-4、表3-5、表3-6的代码标记:

表 3-4　第一组参与者概况

（来香港时间不到一年）

代码	年龄	性别	籍贯	所在学院	就读学系	资助形式
I-ST1	21	男	广东	工程学院	电子与信息工程	自费
I-ST2	21	男	浙江	商学院	物流及全球供应链管理	自费
I-ST3	21	女	北京	应用科学院	应用生物及化学科技	自费
I-ST4	21	女	江苏	应用科学院	应用生物及化学科技	奖学金
I-ST5	21	男	江苏	商学院	市场与管理	奖学金
I-ST6	20	女	浙江	商学院	会计与金融	自费
I-ST7	23	男	江西	应用科学院	应用数学	自费

表 3-5　第二组参与者概况

（来香港时间超过一年）

代码	年龄	性别	籍贯	所在学院	就读学系	资助形式
II-ST1	21	女	北京	商学院	物流及全球供应链管理	自费
II-ST2	20	女	广州	应用科学院	应用生物及化学科技	自费
II-ST3	20	男	上海	商学院	会计与金融	奖学金
II-ST4	20	男	广东	土地及建筑学院	屋宇设备工程	自费
II-ST5	20	女	四川	工程学院	电机及电子工程	自费
II-ST6	21	男	上海	商学院	市场与管理	自费
II-ST7	21	女	江苏	商学院	会计与金融	自费
II-ST8	20	女	北京	商学院	物流及全球供应链管理	自费

表 3-6　第三组参与者概况

（只限研究议题一及研究议题四的材料收集，参与者来香港时间均超过一年）

代码	年龄	性别	籍贯	所在学院	就读学系	资助形式
III-ST1	21	女	南京	商学院	会计与金融	自费
III-ST2	20	女	辽宁	商学院	物流及全球供应链管理	自费
III-ST3	20	女	浙江	商学院	物流及全球供应链管理	自费
III-ST4	20	女	广州	商学院	物流及全球供应链管理	自费

表 3-4、表 3-5、表 3-6 包括以下七个不同的方面：

（1）代码；

（2）年龄；

(3) 性别；

(4) 籍贯（城市/省份）；

(5) 所在学院；

(6) 就读学系；

(7) 资助形式。

由于受访者的背景和经历各不相同，因此他们对于在新的文化环境下学习的感受和所采取的适应策略也会有所不同。参与者的年龄为19至23岁，分别就读于8个不同的院系。他们的不同点还可以表现在以下几方面：

(1) 如前文陈述的内容中所说，他们来自中国内地不同的省份和城市：

第一，4名参与者（I-ST1、II-ST2、II-ST4和III-ST4）来自广东省，能说流利的粤语；

第二，4名参与者（I-ST3、II-ST1、II-ST8和III-ST2）来自北京或中国北方；

第三，11名参与者（I-ST2、I-ST4、I-ST5、I-ST6、I-ST7、II-ST3、II-ST5、II-ST6、II-ST7、III-ST1和III-ST3）来自中国南方，其中2名来自上海，9名来自四川、浙江、湖南和江西。

(2) 就其经济来源划分：

第一，3名参与者（I-ST4、I-ST5和II-ST3）获得奖学金；

第二，16名为自费生。

(3) 来这所大学前，读完一年预科的地点不同：

第一，第一组的7名学生都在中国内地大学（如浙江大学、上海交通大学）读完预科；

第二，第二组的8名学生和第三组的4名学生都在香港高校完成预科课程。

在采访中，参与者表达了在香港新的文化和教育环境下学习的感受和不同的适应策略。这些因素，包括籍贯不同和语言背景不同；所在学院和系别不同；接受的经济资助类型有差异；他们在香港已经居住的时间长短不一，也许与他们在香港学习和生活的不同感受及所采取的不同适应策略息息相关。有关参与者更加详细的描述参阅第五章。

第五节 数据收集方法——半结构式采访

本研究项目使用的主要数据收集方法为"半结构式采访"。笔者与本所大学19名学生进行面对面的交谈,每次采访的时间为一个半小时到两个小时。半结构式采访涉及一系列问题,但这些问题不需要严格按照既定的顺序进行。由此参与者有一定的自由对各问题做出回应(约汉逊,1994)。通常情况下,采访者先提出一些问题,然后根据受采访者的回答引申导入一系列其他问题。采访提纲上应留有一定的空间让研究者做记录或将整个采访的过程进行录音。由于半结构式采访提纲能够允许回应者做出较长时间的自我表述,但同时又对整个采访做出一定的范围规定以免采访陷入漫无边际的闲聊,因此该方式很受教育研究者的青睐(约汉逊,1994,第44页)。

笔者的意图是根据由德雷弗(1995)定义的特点使用半结构式采访。半结构式采访具备下列特征:它能让研究者和参与者就某一事项的讨论进行正式的会面;采访者提出的主要问题构成了总体的框架;结构中包含了提示和提问的部分;受访者对谈论的内容、时间长短以及表达方式的选择有较大的自由;采访者可以在必要的时候加以控制(德雷弗,1995,第11页)。

使用采访的方式利弊皆有(宾治,2005;克雷韦,2007;高尔,高尔和波阁,2003;科恩等,2000;米勒和胡贝曼,1994)。科恩等(2000)提出研究式采访具备的优势包括:采访可以作为信息搜集的主要途径,并且和研究的对象建立直接的联系;采访可以用于验证假设或提出建议,或作为帮助确定变量和关联的阐释工具;采访方式也可以和其他方式结合使用(科恩等,2000,第268页)。

采访也许是定性数据收集最普遍使用的方法。使用采访作为一种研究方法有多种利弊(高尔,高尔和波阁,2003;宾治,2005;克雷韦,2007)。就其优势而言,基尔汉(2000)认为面对面的交流在只牵涉到少数人的研究情况下非常实用;研究者可以和参与者沟通;大多数问题都是开放式的,可以要求拓展回答内容,而意义的深度是核心,这样一来不会造成多数都有典型性回答的情况。本研究项目的基点是达到"深入描述",细节周密详尽,并按照全局的视角来考虑语境的影响。研究的目的包括发展模式和产生理论。因此,采访被认定为达到这项研究目的和回答研究议题的最佳方法(基尔汉,2000)。

面对面采访的劣势在下列情况下表现明显:当参与人数较多,或者参与人员分散时,研究和情境的一致性就可能难以保障(奥本海,1992,第65页)。面对面的采访很耗时间,进行采访往往要花掉数小时,尤其是在有众多受访者的情况下,而且采访的笔录也很耗时。在进行面对面采访的过程中找到理想的场所也是一大问题。有些场所可能不适合讨论敏感性话题,有些地方可能又过于吵闹而无法进行严肃的谈话。

3.5.1 与研究议题相关的采访提纲

所有的采访都是半结构式的,其框架都与研究议题紧密关联,环环相扣。采访提纲(表 3-7 和表 3-8)列出了所有受访者回答的主要问题,并根据受访者的回答,提出了相应的附加问题。

表 3-7 采访提纲一
(适用于第一组和第二组参与者)

第一部分:我想先提出一些一般性问题,以便我对你的背景有更多的了解。 1. 能详细地介绍一下你的背景吗?首先,请告诉我你在中国内地的生活情况。你的家乡在哪儿?父母的职业?你在学校学习什么专业? 2. 你为什么决定来香港?你入我校已经多久了?你为什么选择我校? 3. 你在来香港前,对在我校学习有什么期望?
第二部分:我想就你在我校的学习和生活提出一些问题(应该告知受访者答案必须要围绕教学经历展开)。 1. 你能向我介绍一下你在香港学习和生活的情况吗?就你在我校的学习情况而言,你现在的状况和你当初来香港之前的预期一样还是有所不同吗?如果你认为有差异,请说明。 2. 作为中国内地学生,你觉得在中国内地大学和香港的学校学习最大的区别是什么? 3. 你觉得在香港高校学习中,课堂上面临的最大困难是什么?就你目前面临的困难,你认为这些困难有意义还是没有意义呢? 4. 你能告诉我你是如何适应目前在香港的学习生活吗?对于你认定的中国内地和香港的大学学习的差异,你是否做出了改变来适应?你做出了何种改变来适应?这些变化对你来说重要吗?这些改变容易吗?你对自己做出这些改变感到自在吗? 5. 你能列举出学校为了帮助内地生适应香港的学习和生活而采取的具体措施吗?(请围绕教学问题展开)?如果学校采取了一些措施,你能具体说是什么吗?这些措施对你有帮助吗?为什么有帮助(没帮助)?还有其他什么措施学校可以采用来帮助内地生适应这里的学习和生活吗?请说明。
第三部分:我想问你一些关于你作为一名内地生在香港学校学习感受的问题。(应该告知受访者答案必须要围绕生活经历展开) 1. 请向我描述一下作为一名内地生在香港高校学习时的课余生活。你已经参加了什么类型的社团活动? 2. 你融入香港高校感到容易还是困难?请解释。这跟你预期的情况一样吗? 3. 你认为你已经适应这里了吗?在哪些方面适应了呢(要根据原来的回答提问)。 4. 你对目前在这所大学适应的状况满意(不满意)? 5. 你都采取了什么办法来帮助自己适应这里的生活?这些办法重要吗?这些办法行得通吗? 6. 你能列举出学校为了帮助内地生适应香港的生活而采取的具体措施吗?

续表

> 第四部分：我想问你一些关于你作为一名内地生在香港生活所感受的问题。
> 1. 你住在香港的哪个地区？是什么类型的住宅？
> 2. 你能向我简单介绍一下你在香港的生活情况吗？你经常参与什么样的课外活动？你在校外都做些什么？你经常和谁在一起，香港学生还是内地生，或是两者都有？
> 3. 香港的生活和你预期的一样吗？（是/否，请解释）
> 4. 你觉得在香港和内地生活主要的区别是什么？
> 5. 你觉得适应在香港地区的生活容易（困难）吗？最困难的事情是什么？为什么？
> 6. 你都采取了什么办法来帮助自己适应这里的生活？这些办法重要吗？这些办法行得通吗？
> 7. 你对自己目前的适应情况满意吗？你希望自己继续深入融合于香港社会，还是你对融合的程度已经满意了？（请说明）
> 8. 你能列举出学校为帮助内地生融合于香港社会而采取的具体措施吗？

> 第五部分：我想问你一些一般的问题。
> 1. 作为一名内地生，你在香港学习总的感受如何？
> 2. 作为一名内地生，你在香港遭受过歧视吗？
> 3. 请回顾一下自己初到香港并在本校学习的情况。你所遇到过的最重要的事情是什么？
> 4. 毕业后，你打算做什么？

表 3-8　采访提纲二

（仅适用于第三组参与者）

> 1. 我想问你一些有关你为什么离开中国来香港求学原因的问题。
> 2. 你能告诉我你选择香港求学的原因吗？请从社会、经济和教育三方面因素展开。
> 3. 你能告诉我你选择香港求学的原因吗？请从中国内部和世界的局势两方面展开。
> 4. 你从香港这所大学毕业后的计划是什么？

3.5.2　研究议题与采访提纲设计

为采访准备好访问表非常重要，原因如下：根据科恩等（2000）的观点，访问表是采访有效进行的指南，可以提供研究的重要证据，有效防止访问者在访问过程中遗漏问题或跑题（第275页）。访问表应该包含主要问题和可能的提问和提示，这就保证了访问过程的一致性。本研究项目的研究议题规定了访问的问题，且通过试点访问确认了这些问题的必要性。访问表中问题的顺序应该慎重对待，必须符合逻辑，才能确保访问的正常进行。作为一般原则，一般性的问题应该先提出来（科恩等，2000，

第 276—279 页)。表 3-9 清楚表明了本研究的采访提纲是怎样围绕四个研究议题而设计的：

表 3-9　试点采访提纲

项目	采访问题	目的和宗旨
1	请简单介绍一下你的背景。首先，请告诉我你在中国内地的生活情况。你的家乡在哪儿？父母的职业是什么？你在学校学习什么专业？	➢ 问题导入：访问开篇； ➢ 使受访者放松； ➢ 了解他们的文化、经济、家庭背景以及所在系别和学院的情况。
2	你为什么决定来香港？你入我校已经多久了？你为什么选择我校？	目标：研究议题一： ➢ 了解内地生选择香港作为接受高等教育地点的原因； ➢ 了解他们为什么选择这所大学。
3	请介绍一下你在香港学习和生活的经历，好吗？和你预期的情况一样还是不同？如果和预期的情况不同，请说明。	目标：研究议题二(第一部分)： ➢ 了解中国内地学生在香港的生活经历； ➢ 了解中国内地学生在香港的学习经历。
4	作为中国内地学生，你觉得在中国内地大学和香港的学校学习最大的区别是什么？	目标：研究议题二(第二部分)： ➢ 了解中国内地学生在香港和中国内地学习的区别； ➢ 尤其是从学校的文化和教学视角分析两地教与学的区别。
5	你能告诉我你是如何适应目前在香港学习的吗？你做出了何种改变来适应这些差异？这些变化对你来说重要吗？这些改变容易吗？你对自己做出这些改变自在吗？	目标：研究议题三(第一部分)： ➢ 了解内地生为了适应香港的新环境而采取的适应策略； ➢ 了解哪些适应策略有用，哪些策略没用，并确定哪些策略更容易采纳。
6	你能列举出学校为了帮助内地生适应香港的学习和生活而采取的具体措施吗？如果学校采取了措施，你能具体说是什么吗？这些措施对你有帮助吗？为什么有帮助(没帮助)？学校还可以采取其他什么措施来帮助内地生适应这里的学习和生活？请说明。	目标：研究议题三(第二部分)： ➢ 了解内地生对香港高等教育机构为满足内地生的需求而采取措施的看法； ➢ 从内地生的视角了解学校采取的这些措施是否有用； ➢ 了解内地生期望从香港的高等教育机构获得什么样的帮助。

续表

项目	采访问题	目的和宗旨
7	你都参加了什么课外活动？你经常和什么人在一起？你感觉自己已经适应这里了吗？你毕业后有什么打算？	目标：研究议题四： ➢ 了解内地生如何融入香港社会； ➢ 了解内地生毕业后的规划以及为实现这些计划所做的准备。

访问表（参见表3-7和表3-8）包括五个部分，以一般性的导入性话题开篇，使受访者能够自如地开始接受访问。这些问题的目的是为了了解受访者的自身文化、经济、家庭背景和他们选择就读学院和系部的一般信息。后续的问题必须紧紧围绕四个研究议题展开。因此，访问的第二部分应按照为什么内地生选择香港地区作为学习地点（研究议题一）这一问题进行。第三部分是为了获悉内地生在香港学习和生活经历的有关情况（研究议题二）。第四部分的中心是研究议题三，主要目的是确定在内地生看来香港高校如何满足内地生的需要，以及大学是否为内地生适应香港的学习生活提供了帮助。最后，访问表的第五部分解决内地生如何融入香港社会以及他们毕业后的规划问题（研究议题四）。表3-7和表3-8是采访提纲一和采访提纲二的内容。采访提纲一是为了获得第一组和第二组的采访信息。采访提纲二是为了获得第三组在后续进行的有关研究议题一和研究议题四的信息。

3.5.3 采访草案

在规划实施采访项目的过程中，笔者关注三个关键问题，以建立该研究项目的完整性和可靠性。第一个问题是一个实际问题，即所做的安排和步骤是否行之有效？第二个问题是采访是否能够产生笔者寻找的数据？最后一个问题是实施、分析和汇报采访所采取的措施是否让读者有信心来相信该研究的相关结果？为了找到这些问题的答案，笔者采取了多个步骤来确保采访的顺利进行：

第一，笔者严格遵循由英国教育研究协会规定的伦理准则（BERA，2004）；

第二，在采访开始前分发采访提纲；

第三，为进行采访笔者选择了适合的位置；

第四，笔者使用了参与者更喜欢的语言——普通话——来开展面对面的沟通。

　　下面就确保采访顺利进行的细节加以详述。首先,解决道德考虑的问题,笔者按部就班遵循英国教育研究协会修订的《教育研究伦理准则》(BERA,2004)。在采访一开始,笔者告诉参加者,所有与采访相关的内容都是高度机密,且不会使用参与者的姓名。相应的,所有参与者的姓名都由代码代替。笔者还获得了参与者授予的"知情权",并告诉他们在研究的任何时段他们都有从研究项目撤出的权利(BERA,2004)。关于道德考虑的细节内容参见下一章。

　　第二,正如上文所述,笔者准备了访问表。笔者还决定先将这些访问表分发给受访者,但是笔者提前说明了访问表仅是访问的框架,并不是最终的问题列表。笔者做出这样的决定是因为认定某些学生可能会对访问产生紧张情绪,提前给他们问题清单可能会减缓他们的紧张情绪。

　　第三,笔者还考虑要为访问确定最佳的场所。虽然这一问题似乎是件不起眼的小事,但是为了让受访者在访问的过程中感觉舒适,访问的环境非常重要。因此,笔者向参与者提供了以下备选地点:大学的自修教室、笔者的办公室或其他他们认为方便的地点。若参与者让笔者来选择,笔者会选择自己的办公室,原因如下:其一,出于实际考虑,在开学期间教室紧张,因私人用途预定大学的教室操作起来有困难;其二,这些学生都熟悉笔者的办公室,虽然笔者本人并不教授他们,办公室平时也常用来辅导学生;最后,笔者的办公室安静、方便,不会有人打扰。所有这些因素都可以为采访的顺利进行创造最佳的条件。虽然在笔者的办公室进行采访加强了笔者作为访问者的权利,但是鉴于在办公室进行访问有诸多其他的优势,因此笔者认定该方案可行。

　　第四,在计划采访的过程中,确定采访使用何种语言是很重要的因素。在使用多语言交流的多文化环境下,语言是尤其重要的问题,也是本研究项目关键的问题之一。虽然在这所大学的教学语言是英语,但是在采访开始前,笔者询问了每一位参与者他们在采访中希望使用的语言,大多数人都表示愿意使用普通话,因为普通话是访问者和受访者双方共同的母语。因此使用母语让双方在访问的过程中能够自如地表达自己的思想。此外笔者在试点采访方面也有经验,使用何种语言也是决定是否能够全盘了解学生经历的一个重要因素,因此笔者很清楚采访最好使用普通话。在试点采访后续评估中,中国内地学生自身给出了乐意使用普通话进行采访的原因。普通话是内地生的母语,因此使用普通话,他们能够更加自如地在采访的过程中表达自己的思想。

第六节 总 结

本章讨论了本研究采用定性案例研究方法来阐释中国内地生在香港高校的学习经历。笔者认为研究方法恰如其分地阐明了中国内地生在香港所经历的心路历程。尤其考虑到他们所面临问题的复杂及微妙程度，面对面的半结构式采访有助于对这些问题细节的了解。值得一提的是，对于不同学生大相径庭的经历，本研究也提供了多重视角和解释。这主要是由于使用了采访的方法，能够获得丰富的数据和资料。

第四章

适应香港高校学习与生活的可行性与真实性

第一节 引 言

与 19 位受访者进行面对面半结构式采访后,笔者对数据进行了收集和整理。本章主要阐述数据的分析过程。本章第二节描述数据分析的方法,包括译码、分类和立备忘录。本章第三节讨论数据的有效性/可靠性和可信度,保证研究开展的精确和品质。本章第四节说明本研究的结论不可视为放之四海而皆准的法则。本章第五节表明了研究者对本研究项目的定位。本章第六节说明了道德的考虑,详细描述了如何在研究的过程中经受了道德标准的考虑。

第二节 数据分析过程

数据分析的过程如下:首先将源数据进行整理,界定概念,以此建立理论的基石(科尔宾和施特劳斯,2008)。然后将与同一现象关联的概念进行组合,形成初级分类和/或次级分类。对于数据的概念界定和分类主要通过开放性译码过程进行。本节开篇对开放性译码进行了介绍。

4.2.1 开放性译码过程

伏立克认为译码是对现象、案例、概念不断进行比较,及对文本中出现的问题进行明确表达的过程(2002)。开放性译码就是把所观察或访问的资料逐字、逐行分解;在撰写、整理备忘录及写作时,则是一种回归的工作。分类是指对观念进行总结,进而形成一般概念的过程。同时,分类的作用也在于将许多杂小的概念组编成总体概念,并就一般概念与总体概念进行比较,以形成不同类别与概念之间的关系界定。就当前的研究而言,在编码记录和备忘录中记述了印象、关联、问题、观点等方面的内容(下文有更详细的描述)。根据伏立克的观点(伏立克,2002),所有这些构成了对编码的补充说明和解释。

开放性译码包含了数据的细分、命名和标记。通过仔细核对标记可以进行数据异同的比较。科尔宾和施特劳斯(2008)认为"开放性译码是将数据进行整理,对概念进行描绘,对源数据进行分门别类的过程"(第195页)。开放性译码可以帮助人们理解数据中体现的现象。本研究要确定核心的研究议题,由此揭示从收集的数据里是否可能推出某种理论,从而对抽象的数据进行分类和推导新的理论。概念的分类围绕本研究多维度的视角展开。在这一过程中,笔者秉承对目前研究现象的既定假设表示质疑的原则,开展深入调查,以挖掘新发现(科尔宾和施特劳斯,2008,第95—103页)。

4.2.2 译码分析示例

表 4-1 列出了对于 I-ST1 号参与者进行采访时所使用的开放性译码实例,其中采访的笔录和使用的编码形成了对照。

表 4-1 数据分析和开放性译码实例
(与 I-ST1 号参与者的采访记录)

摘自与 I-ST1 号参与者的采访记录: 磁带一 采访日期:2006年1月20日 时间:下午 1∶30—3∶00 地点:TU 408 访问者:CX 受访者:I-ST1 录音带时间区间:0∶05—0∶20	编码号同左侧的记录相吻合
记录	编码
我之前在广州生活得很好。我的父亲就职于政府企业。我的母亲是小学教师。 我在浙江大学学习了一年的基础课程,为我在香港这所大学的学习做好了准备。 我来香港的原因是因为我同时申请了中国内地大学和香港的大学。我的成绩高于重点大学分数线。通过申请多所学校,我希望能够有更多选择的机会。 其次,香港地区的薪水更高,在这儿就业机会更多。	1)受访者感觉自己在内地的生活幸福美满。 2)对香港的生活和学习有一点了解。 3)很方便同时申请中国内地和香港地区的大学,拥有更多的选择。 4)香港的经济发达。 5)这所大学提供了教育机会。

续表

记录	编码
我申请了四所香港的大学,只有这所大学录取了我。 香港和中国内地的大学教育方法不同。 在这儿,课程用英语讲授,可以提高我的英语水平。 这儿的教育更好。大学很强调集体精神。很多活动都要求集体合作、小组完成。我们与其他同学共事,共同查阅文献、写报告。 在香港,我们需要每周提交一些作业。所以每一学期从头到尾我们都必须非常努力。	6)教育方法不同。 7)语言问题。 8)香港的教育更好。 9)集体作业和小组活动。 10)学生需要努力。 11)要求学生不断努力、坚持不懈。

4.2.3 概念分类

接下来,对编码和相关的研究议题进行比对分类,如表4-1所示。根据科尔宾和施特劳斯的开放性译码理论(2008),本研究制定了100项编码。与这些编码相对应,所做的概念分类也比上一阶段的概念更加抽象。伏立克(2002)认为编码必须要显著标志概念的内容,且能够帮助记忆概念所指的范畴。为了做到这一点,笔者将所有与研究议题关联的编码进行了标记。

译码的目的是为了细分、理解文本的内容,由此归类成为概念,再将概念按序分放。开放性译码的结果通常为与文本关联的一系列编码和概念。编码、概念和备忘录(在分析过程中所做的批注)的内容都是为了帮助回答研究的问题,而研究议题的解决则是研究项目的终极目的,如表4-2所示:

表4-2 编码和概念分类

编码	概念类别	
	第Ⅰ组	
● 受访者感觉自己在内地的生活幸福美满 ● 对香港的生活和学习有一点了解 ● 香港的教育更好 ● 要求学生不断努力、坚持不懈 ● 地点离家非常近,短距离 ● 对于来自广东省的同学来说,在香港和在广州没有多大区别 ● 很方便同时申请中国内地和香港地区的大学,拥有更多的选择	回答第一个研究议题的目的: 海外求学和选择来香港接受高等教育的原因	—对内地的感觉 —选择香港 —香港和中国内地的区别

续表

		第 II 组	
● 教育方法不同 ● 语言问题 ● 集体作业和小组活动在香港很重要，但在中国内地则不然 ● 香港消费高。对于普通家庭来说每年十万港元是不小的负担		回答第二个研究议题的目的： 在香港学习生活的经历	—语言障碍 —经济困难 —学习和教育方法的区别
		第 III 组	
● 设立良好的作息时间 ● 向高年级的中国内地生寻求帮助 ● 在信用卡单据上查询花费 ● 需要努力学习 ● 强调集体作业和小组活动		回答第三个研究议题的目的： 在香港学习生活的适应策略	—对新学习/教育方法的适应政策 —对在香港地区生活的适应
		第 IV 组	
● 香港拥有经济发达的优势 ● 中国内地大学的教育内容太容易 ● 对中国内地的教育方法不满 ● 在内地大学读书不需要一个学期从头至尾不停地努力，只要在考试前准备一下就行 ● 对香港的期望 ● 更好的教育 ● 毕业后的锦绣前程		回答第四个研究议题的目的 中国内地生的未来规划	—毕业后的规划 —与其他同学的相处、融入香港 —为未来打算

4.2.4 备忘录示例

备忘录为前文所述的数据分析过程提供了保障。备忘录即笔者在分析文本过程中所做的记录。在这里，笔者援引了米勒和胡贝曼（1994）的术语：

> 设立备忘录的主要目的是为了理解概念。备忘录不仅是为了记录数据，更重要的是为了将各种各样的数据组合起来形成可识别的数据团，用以揭示这些数据为某个普遍观念的表现形式。备忘录可以很好地补充编码，对个人、研究方法和实质性分析提供很好的关联解释。因此备忘录是目前研究所采取的最实用、最有力的解释工具。

（米勒和胡贝曼，1994，第 72 页）

研究人员在分析数据时一旦有灵感或联想时，就可以在记录纸上进行记录，并在检查记录或备忘录的过程中发展观点、得出结论。下面为读者呈现备忘录的实例，包括编码记录和理论备忘录。笔者在分析

对 II-ST4 号参与者访问的记录时写下这份备忘录。该名受访者（男生）来香港已经一年多。表 4-3 列出了受访者的观点以及研究者所做的记录。

表 4-3　开放性数据调查的备忘实例——记录摘要与备忘录
（基于对 II-ST4 号受访者的访问记录）

编号	记录摘要	备忘录
1	教学方法不同。我在中国内地上的高中，在香港读的大学。课堂的安排很类似。我来这儿以后，才发现香港的学校里，上课出勤只占成绩的一小部分，大部分作业都是通过小组联合完成的。我们上专业课时，听课的人不仅是本专业学生，还有很多其他专业的学生旁听。小组讨论很重要。这和中国内地很不同，在内地考试和出勤是很重要的。	1) 该男生描述了在中国内地和香港地区教育的不同。但是我们不能确认这种不同是否是出于高中教育和大学教育本身的不同，而非中国内地和香港的地区差异。 2) 在这儿，上课出勤不是很重要，但是在中国内地，上课和考试很重要。 3) 小组活动和小组讨论一样都很重要。
2	我来香港之前，曾听我父亲的朋友谈论过香港的教育，但是我是来香港后才发现中国内地和香港的教育竟然有这么大的区别。	1) 很多事情只有亲身经历过才能有所发现。 2) 第二个研究议题提得很好，其目的是为了揭示中国内地生在香港的经历。
3	在香港，合作非常重要。在中国内地的大学里，学生只要自己去图书馆自习就能取得很好的成绩；但在这里，这是不可能的。在香港的学校，我们需要与其他同学合作。各行其是在这儿完全行不通。集体活动是总成绩的主要组成部分。口头报告和讨论也很重要。	1) 中国内地和香港高校的学习方法也不同。在香港，合作学习非常重要；但在中国内地，学生只要单独学习就可以。但从个性来看，中国内地学生喜欢集体活动，而香港的学生喜欢自己单干。这一点似乎有些矛盾。 2) 在香港的大学学习，口头报告的技巧很重要。因此，在课堂上语言表达技巧是关键，尤其是英语。

备忘录的目的是为了澄清观点，联系编码记录与其他数据的信息，对当前已有的编码和从其他受访者收集的信息进行区分，在不同的案例环境下对数据和编码数据进行对照（米勒和胡贝曼，1994，第 74 页）。本研究采用演绎法阐释中国内地生在香港学习生活的经历，因此，备忘录是最基本的要素。正如米勒和胡贝曼所说的：

在采用演绎法进行研究的时候,备忘录是关键。但是备忘录的重要性远不止于此。在开始建构研究的初步框架时,备忘录也是举足轻重的。没有了备忘录,你无法断定框架是否已经准备充分,也无法对之进行修正。

(米勒和胡贝曼,1994,第 74 页)

在获得编译数据后,将信息进行汇总形成具体的观念。在笔录上写上备忘和脚注,然后再将编码分类,得出不同的概念组。通过仔细比较了解各因素的关联和要体现的主要思想。通过对各个案例的剖析可以找出所有案例普遍存在的问题。这就说明,用科尔宾和施特劳斯(1990)的话来说,开放性译码即是"对数据进行切割、检查、比较、观念化和分类组合的过程"(第 61 页)。

这一过程促成了理论框架的建立,从而有助于发展理论,并最终解决研究的问题。如表 4-4 所示,问题的类别包括:第一,学习中的语言问题;第二,生活中的语言问题;第三,在香港生活的经历。这些问题的分类最终引导我们找出第二个研究议题(议题二)的答案,即中国内地生在香港的学习经历。关于这一问题的详述,将在第五章展开。

表 4-4　记录、编码、备忘录、概念分类、确定主题的实例

记录摘要	编码	备忘录	概念分类	主题
1. I-ST1:我觉得英语最难。	1. 英语很难。2. 英语和粤语都很难。3. 粤语很难。	1. 有些学生只提到了英语,有些学生只提到了粤语。2. 他们在英语和粤语上都有困难?哪种语言造成的问题更多?3. 这些语言都在哪些地方造成了问题?	1. 学习中的语言问题2. 生活中的语言问题3. 在香港生活的经历	第二个研究议题(议题二):描述中国内地生来香港后学习和生活的经历。
2. II-ST1:如果我们能克服语言障碍,我们就能适应在香港的生活。				
3. I-ST5:我出门时,听不懂粤语,也很难跟当地人沟通。				

71

第三节 研究的可信性分析

有效性和可靠性是教育研究定性分析的核心。然而,定性和定量研究者对于研究的有效性和可靠性有不同的定义(宾治,2005;克雷韦,2007;高尔,高尔和波阁,2003;科恩等,2000)。定量研究者对于可靠性的依赖程度更高。可靠性是指研究过程的可重复性,即能够在多次研究中得到大致相同结论的可能性。有效性是指研究的结果能够精确地反应研究者意图寻找问题的答案。多数的定性分析研究者(林肯和顾霸,1985;科恩等,2000)认定,鉴于定性研究是基于对现实不同的假设,建立在对于世界的不同观点和研究范式基础上的,因此研究者需要对有效性和可靠性有不同的概念界定方式。实证主义者认为现实可以客观地为人所知,但是定性研究者不赞同这一观点。定性研究者认为个人能够创造自己主观的现实。研究者可以与参与者访问、互动,但在互相影响的过程中研究者占据了核心地位。

林肯和顾霸是定性研究者,他们于 1985 年提出判断定性研究优劣的四大标准,并明确地提出了替代传统以定量分析为中心的衡量标准。顾霸(1981)还主张为定性研究提出具体的操作建议以增强其测试的可靠性,同时倡导改变定量研究使用的术语。顾霸建议使用"可信赖性"来代替之前的"内部有效性",用"可转移性"代替之前的"外部有效性",用"有依据性"代替之前的"可靠性",用"实事求是性"代替之前的"客观性"(顾霸,1981,第 75—92 页)。

在本研究项目中,笔者通过对研究过程各阶段的严格控制和透明化来达到上述标准。从样本的选择到试点采访提纲的设计直到数据分析所采用的系统方法,研究的严密性得以保持。研究过程的透明化是本项目的一大重点。笔者对于各研究阶段分别需要完成什么任务了如指掌,并对研究过程备有清晰的"审核线索追踪"图表供参阅。林肯和顾霸(1985)提出了审核是确定研究是否在可靠性和一致性上达标的重要途径。表 4-5 列出了审核线索追踪的框架,在这里使用了林肯和顾霸提出的结构(1985,第 382—384 页)。

表 4-5　审核线索追踪实例：概念类别、文件类型、证据和实例

审核线索分类	文件类型	证据	完成任务
源数据： 完成于 2006 年 10 月 20 日	A. 录音带 B. 采访中的手写注释 C. 计算机软件的文稿纪录	a. 与一个参与者进行面对面的交谈； b. 访问表以受访者简单的背景介绍开篇，如： 1. 姓名 2. 系别 3. 在香港逗留的时间 4. 来自中国内地哪个省份(地区) 5. 在香港学习有奖学金还是父母提供经济资助	第一个采访对象是电机系（EE）的学生： 标记为 I-ST1； 日期和时间： 2006 年 10 月 20 日， 下午 2：30—4：10 时间总计：1 小时 40 分钟 地点：GHXXX.
数据简化和分析： 完成于 2006 年 10 月 21—30 日	采访很成功。学生提出了一些问题，如： 1. 语言问题 2. 个人担心 3. 选择来香港深造的原因	a. 在记录纸上手写的笔记，上面受访者的标记为 I-ST1； b. 将手写的笔记存入纸质文档； c. 将记录存入计算机，文档编号为：记录 I-ST1。	A. 在采访中做记录； B. 采访后当晚将采访记录的内容输入电脑； C. 确定值得研究的问题：在香港面临什么困难？大学如何帮助内地生解决这些困难？
数据重构： 完成于 2006 年 11 月	由采访的笔录确定研究议题的分类和主题。 A. 中国内地生选择来香港接受高等教育的原因； B. 他们在香港的经历如何？	与 I-ST1 号受访者采访所界定的观念包括： a. 香港的教育好； b. 香港拥有良好的经济环境； c. 为什么不留在中国内地？ d. 为什么不选择去其他地区留学而是来香港？	确定的问题类别： A. 香港和中国内地的区别； B. 学习的困难； C. 在香港生活的困难； 这些类别的问题构成了第一个研究议题。

续表

审核线索分类	文件类型	证据	完成任务
过程记录： 完成于 2006 年 12 月	决定使用案例研究法来开展研究，解决这一问题； 通过其他的采访获得更多的问题； 共有 19 名受访者，访问的时间每场持续一个半小时至两个小时。	检查四大要求："可信性"、"可行性"、"牢固性"和"统一性"； 通过成员检验、三角测量反应、交叉对比的方法检验可靠性。	参考文献： 施特劳斯和科尔宾，1990 林肯和顾霸，1985 米勒和胡贝曼，1994
意图和部署： 2006 年 10 月	抽样方法： 根据 Gall，Gall 和 Borg 的观点选择： 滚雪球抽样法； 随机抽样； 最大变异抽样。	书面文件； 参考书目； 自评和评价。	林肯和顾霸，1985 高尔，高尔和波阁，2003 施特劳斯和科尔宾，1990
工具演变： 2006 年 10 月—2007 年 10 月	数据分析工具：用开篇组织所有的编码和分类。 用不同的编码标记： 第 I-ST1 号参与者的学习和教育过程：LTI-ST1.	草稿； 反馈笔记； 修改研究议题； 将所有的编码和类别写在卡片上以便检索和组织。	增加的议题一"中国内地学生选择来香港接受高等教育的原因？"

审核线索提供了研究过程严密精确的证据，使读者能够理解研究的程序和数据，从而确保搜集证据的确凿无误（林肯和顾霸，1985；哈尔彭，1983）。笔者认为所有这些步骤保证了本研究的可信性，而可信性是定性研究至关重要的要素。下面，由笔者阐释研究过程的严密性，主要是通过系统和按部就班的方法开展调查和采访，从而满足林肯和顾霸提出的研究过程四大要求：可信性、可行性、牢固性和统一性（林肯和顾霸，1985，第 301—320 页）。

第一，可信性。笔者将数据收集的年限延长至两年（2006—2008），对来自中国内地不同地区就读于本校不同系列的学生进行了仔细的样本筛选。参加采访的学生在香港学习居住的年限不同：一组学生在香港逗留的时间不到一年，其他的多于一年。通过逗留年限的区分，笔者期望解释他们各自在香港学习生活的经历和适应策略的异同。

第二，可行性。本研究的目的不是为了推广理论的应用，而是对语境、时间、地点和问题进行深入描述,使读者能够比较本校和香港其他高校或其他地方环境之间的差异。一系列的备忘录为数据、观念、编码和概念分类提供了理论见解和分析策略,但是不应据此推出广泛应用的定理。

第三,牢固性。审核线索可以对处于不同分析阶段的数据进行追踪,并系统地展示数据记录、储存和检索的方法(林肯和顾霸,1985,第319页)。对所有的采访过程都进行了录音,音频的数据储存在磁带上,笔录内容存在纸质文档和计算机上。

第四,统一性。研究数据有着坚实的事实根据,全部数据来自对19名中国内地生进行面对面单独的半结构式采访。通过分析收集的数据形成观念和概念分类,最终得到研究议题的答案,详情请参阅第4.2.3节的内容。

对于另外两组采访,笔者使用了交叉对比的方法,给其他中国内地生看了笔录,就笔者对于采访数据分析的正确性征求了他们的意见。通过这种方式,笔者不断重复上述过程,从而获得研究最高的可靠性。

第四节　适用对象及范围

本研究的目的不在于提供普通性的理论,而是希望读者根据自身情况作出相应理解及判断。林肯和顾霸(1995)认为"只有一条原则可以推而广之,那就是全然没有放之四海而皆准的道理"(第110页)。研究者认为每个案例都是独一无二的,因此每个案例都应该在具体的语境下探讨,唯有如此才能完全理解其复杂的现象(宾治,2005,第154页)。因此本研究的结果不宜于普及和推广,本研究议题的结论也不是为了大范围应用。

然而,研究者相信由数据产生的理论概念具有转移性:即在香港其他高等学府工作的人员可能与笔者研究的结果有关联。笔者的研究结论也可以帮助他们更好地理解自身的经历。沃尔科(1995)认为虽然每个案例都具有唯一性,但我们都可以从案例的研究中有所觉悟。如此说来,笔者权且将理论推广的责任交给读者,以期能够帮助更多的人。因此,读者或案例的使用者就有责任判定究竟本研究的结论是否适用于自身的情况。研究者的义务就是对参与者的经历、所处环境和语境进行深入描述,以便读者将自身的情况与案例所描述的情况进行对照(迪莫克和奥多诺霍,1996)。

第五节　研究者在本研究中的定位

笔者是一名高校语言教师,就职于参与者就读的同一所大学。因此,研究者与参与者之间可能存在利益冲突。为了最大限度地减少这种潜在的冲突情况,笔者决定不对自己授课班级的学生进行采访。笔者还采取了前文所述的措施使受访者放松,以降低他们在接受教员的访问中所经历的不适感。受访者会在访问的过程中回答一些有关个人经历的问题,但笔者认为自身的立场不会对他们造成困扰。虽然,笔者与研究所处的环境紧密相关,但是笔者对参与者的内情并不熟悉。这样看来,笔者的立场可以认定为是研究的一项优势。笔者本人来自于中国内地,在英语国家有过留学的经历。因而在某些方面,笔者与本研究中部分中国内地生有着相近的经历。这可以帮助笔者更好地理解参与者的心态,由此可以使他们在采访的过程中进入最自然的状态。作为一名研究员,笔者可以很好地利用自身的学识背景,同时又不会在采访的过程中将自己的观点强加给参与者。要做到这一点,对访问者来说并不容易。但是笔者自信能把握分寸,访问也是相当成功的。

4.5.1　内部研究员的利弊

研究员在自身机构内部开展研究利弊皆有。沙(2004)认为"处在特定圈子内部的人员因为精通相关社交的模式,所以在研究中能够更好地接触并了解研究对象"(第556页)。但是,哈默利(1993)主张"对于无论是圈内人还是圈外人来说,其立场在研究的过程中没有明显的优势"(第219页)。默瑟(2007)认为"研究人员与作为研究对象的个人拥有相同的性别、种族或性取向这一事实本身不能丰富研究的数据"(第5页)。笔者认为作为内部研究员开展本研究项目的优势体现在以下几个方面:第一,方便接触参与者,获得相关信息;第二,由于研究人员和参与者之间的亲和关系,且彼此拥有更多的共同参照体系,因而对收集数据进行解释时可以挖掘更深层的内涵(默瑟,2007,第13页);第三,由于研究员对语境熟悉,了解情境和事件微妙和多样的联系,因而可以更好地理解社会环境;第四,可以避免产生文化冲击带来的迷惘和焦虑感(浩凯,1993,第204页)。

内部研究的劣势在于:第一,内部研究员对有关情况的熟悉很有可能导致想当然的情况,使研究者的视野不够开阔,从而轻易泛化自己的观点

(默瑟,2007,第6页);第二,有些"显而易见"的问题没有提及;第三,忽略某些"非典型观点"的重要性;第四,没能提及敏感的话题;第五,疏忽解释研究者和参与者共有的经历,没能质疑既有的假设或说明表面上认同的标准等,这些情况都可能导致收集的数据不够全面(默瑟,2007,第6页)。

4.5.2 研究者在本研究中的定位

笔者认为自己能够充分利用自己作为内部研究员在研究中所拥有的优势。首先,笔者也曾是一名中国内地生,出生在北京,曾在加拿大和美国留学和工作,后来在香港成为一名大学普通话语言教师。比起外部的研究员或其他从未有过类似经历的人员,这些经历使笔者能够更好地理解中国内地生。其次,作为一名与19名参与者同处一所学校的普通话教师,笔者能够通过与参与者面对面的交谈产生深入描述的数据。相比外部的研究员或其他不懂普通话、粤语、英语或不了解中国的人文和工作情境的人员,笔者与参与者之间有更多的共识。对于中国内地生学习粤语和英语所面临的困难,对于他们在香港学习生活所需要采取的适应策略,以及他们如何适应香港社会、如何与香港本地学生相处等问题,笔者与参与者之间有更多的共同语言。

另一方面,笔者为了避免内部研究的劣势也采取了一系列的措施。首先,笔者没有选择自己近年授课班级的学生作为研究的采样样本。其次,作为一名内部研究员,笔者面临诸如知情者偏见、采访互惠和研究伦理等难题(默瑟,2007,第13页)。为了最大限度地消除偏见,笔者避免对研究议题做出自己的主观评价或立场,在采访的过程中避免谈及个人经历。相反,笔者给予受访者充分的空间畅谈,向他们保证了所有提供的信息都会高度保密,只作研究之用,不会向其他任何学生或教师提及。第三,为了时刻提醒自己的研究议题,以防止遗忘、忽略或一己之见等情况,笔者通常以一个开放的问题结尾:"你还有要补充说明的吗?"这样一来,有些受访者提出了一些在访问表上没有涉及却是相当重要的问题,如香港和中国内地不一样,没有独生子女的政策。这个问题就说明了那些希望拥有大家庭的人员会非常欣赏香港具备"一国两制"的优势。

第六节　道　德　考　虑

必须按照诚实、尊重参与者的原则开展研究,这是本研究的一个出发

点。笔者通过采取下列措施来确保研究符合道德的标准：首先，将研究的目的告知所有的受访者，并对他们进行了一对一的采访。其次，采访录音时获得了受访者的首肯，并向他们解释了采取这一做法的原因便是保证记录的真实性和可靠性。第三，向受访者保证他们参加本研究这一事实及他们所提供的信息采取严格的保密措施。在采访记录纸上使用编码代替真实的姓名，所有的录音和记录都以匿名进行。最后，还向受访者申明了他们有随时终止采访或拒绝回答任何问题的权利。

笔者采用下列方法来保证对所有参加研究人员提供的信息采取严格的保密措施，且受访者均为研究的志愿参与者，采访的所有步骤都获得了参与者事先的许可。

第一，就研究者对参与者的责任问题，英国教育研究协会修订的《教育研究伦理准则》（2004）认定："研究的参与人员作为观察、问讯、实验或测试的对象，可以表现为积极或消极两种状态"（第5页）。在本研究中，参与者是研究所处语境的一部分，但也展现了相对独立的个案情况。正如前文所述，作为一名大学教师，也是一名探究中国内地生在香港地区学习和调试现象的研究人员，笔者将自己在近年内所教的学生排除在本研究对象的范围之外。

第二，就自愿原则和参与者的知情权问题（BERA，2004，第6页），研究者向所有参与人员透露了参与者自愿参与的原则和与采访过程相关的有关细节。因此，参与者有在任何时间退出研究的权利，且无须向研究者陈述理由。研究者也确保在研究的过程中，参与者能够轻松自如地完成采访，而不受任何压力。

第三，就参与者提供信息的使用问题，笔者向所有参与者说明了研究的主旨。因此参与者能够获悉他们对研究项目开展的重要性：他们的参与是本研究的根本前提，从而揭示中国内地生在香港求学的真实经历和适应过程。所有参与者都获得了这样的保证：他们提供的信息仅供本研究项目使用，不会向其他第三方透露，也不会影响他们目前在香港的学习和生活。

第四，就信息的保密和参与者的匿名原则问题，笔者确保秉承尊重自愿的原则，按照英国教育研究协会修订的《教育研究伦理准则》（2004）的规定对待受访者。对所有有关参与者的数据信息高度保密，所有参与者均按匿名原则以代码进行识别。这样做的原因是考虑到采访内容涉及了一些敏感的话题，没有充分的隐私权保护，不可能获得参与者诚实的回答。

第七节 总 结

　　上述情况凸显了有效的采访进度表和周密的数据分析过程是十分必要的。笔者旨在采取严谨的研究方法，谨慎地对待采样、采访和数据分析等各个步骤，进而将研究的过程全方位展现给读者。过程、数据和推理的真实可信是本研究最重要的特点。

　　但是，正如几位研究者指出的，由于访问的过程中可能出现的风险（伏立克，2002；宾治，2005；高尔，高尔和波阁，2003；科恩等，2000；米勒和胡贝曼，1994），必须对采访进行精心策划。在实际操作的过程中，必须要将所有组织的细节安排到位，以确保采访的顺利进行。笔者认为若采访的组织不善，研究者会给受访者不够专业的印象，这可能会直接影响收集数据的质量。

第五章

中国内地生选择海外求学及来港深造的真实动机

第一节 引 言

本书的首要目的是阐明中国内地生选择来香港求学接受高等教育的原因。其次是要深入了解中国内地生在香港学习和生活所经历的心路历程。再次,本书还可以为我们揭示中国内地生为了顺利适应在香港的求学生活所采用的策略。同时,在调查的过程中,笔者还探究了中国内地生在学业完成后为自己将来所做的打算。

通过第一个研究议题,包括具体问题一和具体问题二,本章力图为跨文化比较研究的理论传统植入新意。

第一个研究议题:

中国内地生选择来香港求学接受高等教育的原因是什么?

围绕第一个研究议题,笔者提出了下列两个具体的问题。

具体问题一:中国内地学生选择海外求学而没有留在内地升学的真正原因是什么?

具体问题二:中国内地学生选择来香港求学而不去别国留学的根本原因是什么?

本书中重点研究的四个研究议题,具体分为七个具体问题的解答,将分为四个章回进行。第五章陈述与第一个研究议题相关的数据分析和结果,包括第一和第二个具体问题。第六章描述与第二个研究议题相关的数据分析和结果,包括第三和第四个具体问题。第七章描述与第三个研究议题和第四个研究议题相关的数据分析和结果,包括第五、第六个具体问题及第七个具体问题,如表5-1所示:

第五章 中国内地生选择海外求学及来港深造的真实动机

表 5-1 章节与研究议题结构分布表

章节	主题	研究议题	具体问题
第五章	中国内地生选择海外求学及来港深造的真实动机	研究议题一	具体问题一
			具体问题二
第六章	中国内地生在香港生活及学习的心路历程	研究议题二	具体问题三
			具体问题四
第七章	适应香港高校的应变措施	研究议题三	具体问题五
			具体问题六
	香港高校毕业后的前途理想	研究议题四	具体问题七

第五章以简单介绍所有参与研究人员开篇，然后对第一个研究议题做出陈述，向读者展示数据的收集和分析结果。这一章还揭示了促成中国内地生来香港求学的各种因素和示例，同时对他们在香港的学习和生活经历进行多方面的剖析。

第二节 受访者概述

在本项目调查中，在香港某高等院校（简称"本所大学"）中选取了 19 名中国内地生进行研究。这些参与者来自中国内地各省，就读于本所大学的不同系别和学院，在香港逗留的时间也不尽相同。为了便于调查，本研究将他们分成三组，表 5-2 罗列了三个小组的分组形式，表 5-3、表 5-4 和表 5-5 是各参加人员的简介。

表 5-2 三组受访者的分组形式

第一组	包括 7 名受访者，在香港逗留的时间少于一年。
第二组	包括 8 名受访者，在香港逗留的时间超过一年。
第三组	包括 4 名受访者。本部分是在研究后期进行采访调查的，目的是为了补充第一及第四个研究议题，包括具体问题一、二和七的信息和数据收集。
	三组共 19 位受访者。

表 5-3 第一组受访者简介
（来香港时间不到一年）

I-ST1	男，21 岁，来自广州，粤语流利，自费来港求学，就读于工程学院电子信息工程系。其父就职于政府企业，其母是小学教师。为了去香港学习做好准备，在中国内地的大学已经完成一年的基础（预科）课程。

续表

I-ST2	男,21岁,来自浙江,自费来港求学,就读于商学院物流系。其父为大学教师,之前去过美国访问。在浙江大学已经完成一年的基础(预科)课程。
I-ST3	女,21岁,来自北京,自费来港求学,就读于应用科学院生物系。其父就职于北京某公司,其母自主经营公司。在浙江大学已经完成一年的基础(预科)课程。
I-ST4	女,21岁,来自江苏,获得奖学金,就读于应用科学院生物系。其父是退伍军人。双亲之前在酒店工作,目前都在家待业。全家靠社保基金生活,每月获得生活补贴。
I-ST5	男,21岁,来自江苏,获得四年奖学金,在商学院营销管理系攻读双学位。双亲都是会计师。在浙江大学已经完成一年的基础(预科)课程。
I-ST6	女,20岁,来自浙江,自费来港求学,就读于商学院会计金融系。双亲都是会计师。在浙江大学已经完成一年的基础(预科)课程。
I-ST7	男,23岁,来自江西,自费来港求学,就读于应用科学院应用数学系。其父是中学教师,其母是会计师。在中国内地已经完成一年的基础(预科)课程。

表 5-4 第二组受访者简介
(来香港时间超过一年)

II-ST1	女,21岁,来自北京,自费来港求学,就读于商学院物流系。其父就职于进出口贸易公司,其母是医生。在香港已经完成一年的基础(预科)课程。
II-ST2	女,20岁,来自广州,自费来港求学,就读于应用科学院生物系。双亲就职于建筑公司。其父是公司主管。在中国内地,生活环境优越,家庭收入不菲。在香港已经完成一年的基础(预科)课程。
II-ST3	男,20岁,来自上海,获得连续三年每年10万港币的奖学金,就读于商学院。在香港已经完成一年的基础(预科)课程。
II-ST4	男,19岁,来自广东,能说流利的粤语,自费来港求学,就读于工程学院建筑和房地产系。生长在深圳,深受香港文化的影响。父母是双职工。在香港已经完成一年的基础(预科)课程。
II-ST5	女,19岁,来自四川,自费来港求学,就读于工程学院电子工程系。其父是研究员,就职于四川物理学院,母亲是工程师。在香港已经完成一年的基础(预科)课程。
II-ST6	男,21岁,来自上海,自费来港求学,就读于商学院营销和管理系。在香港已经完成一年的基础(预科)课程。由于第一年的各科总成绩积分点(GPA,见图5-6所示)不符合商学院的要求,目前正在重读第一年的基础(预科)课程。母亲刚从美国回来。

续表

II-ST7	女,21岁,来自江苏,自费来港求学,就读于商学院会计系。其父是银行的行政人员,母亲是医院的护士。在香港已经完成了一年的基础(预科)课程。
II-ST8	女,20岁,来自浙江,自费来港求学,就读于商学院物流系。其父是中学教师,其母是小学教师。在香港已经完成了一年的基础(预科)课程。

表 5-5　第三组受访者简介

(只为收集更多有关第一及第四个研究议题的信息而设)

III-ST1	女,21岁,来自江苏省南京市,自费来港求学,就读于商学院的金融会计系。2007年9月来香港。其父是干部,其母是会计师。在香港已经完成了一年的基础(预科)课程。
III-ST2	女,20岁,来自吉林省,自费来港求学,2007年9月来香港,就读于商学院物流系,主修全球供应链管理。其父在香港工作,商务人士,其母是干部。在香港已经完成了一年的基础(预科)课程。
III-ST3	女,20岁,来自中国浙江,自费来港求学。2007年9月来香港,就读于物流系全球供应链管理专业。父母都是干部。在香港已经完成一年的基础(预科)课程。
III-ST4	女,20岁,来自广东,会讲流利的粤语,自费来港求学。2007年9月来香港,就读于物流系全球供应链管理专业。双亲都是干部。在香港已经完成一年的基础(预科)课程。

表 5-6　本所大学 GPA 学期成绩积分点简介

A+	4.5
A	4
B+	3.5
B	3
C+	2.5
C	2
D+	1.5
D	1

GPA:学期成绩积分点,GRADE POINT AVERAGE。每学期记 GPA 的科目最后的成绩会以 A、B、C、D 或者 A+、B+、C+、D+甚至 F 给出。一个学期 GPA 就是各课分数的平均分。比如全学期的各门功课都为 B+,那最后 GPA 就是 3.5。如果各门功课全部 A+,GPA 还是 4,因为满分是 4,不过单科拿 4.5 有助于提高整体成绩。比如:某一科的成绩是 4.5,另一科是 3.5,那平均下来则为 4。

(资料来源:香港本所大学教务处)

对第一组及第二组受访者进行调查的目的是讨论在港逗留时间是否会对学生采用的适应策略造成影响。在撰写本书的过程中,笔者发现对前两组学生调查所收集的信息不足以回答第一、四个研究议题,包括具体问题一、二和七。因此,就产生了第三组的调查,补充对具体问题一、二和七的信息。对每位参与者的访谈时间均在一到一个半小时之间。

所有的受访者都有对应的个人代码。例如,第一组的第一位学生标记为I-ST1,第二组的第一位学生标记为II-ST1。学生的概况在本书第三章有所描述,所有参与者按照高尔,高尔和波阁(2003)定义的综合目的抽样法选择,包括随机抽样法、最大差异抽样法和雪球抽样法。

参加本项目研究的学生来自中国的不同省市。学生籍贯所在地的方言不同,家庭背景也不一。但是所有的受访者(除一人之外)都是家中的独生子女。家庭的经济承受能力有差别,有些同学有奖学金,有些同学完全靠自费来港求学。每年在香港学费、生活费等总花费平均达10万元港币。根据本所大学《学生手册》(2008)的规定,开销包括6万港币的学费,住宿费1万港币,一般的生活费3万港币。

学生和家庭对在香港求学的经济承受能力是中国内地生能否适应香港学习、生活的核心问题。因此,本项目所调查的重要目的就是要衡量学生的经济状况在他们适应香港求学生活中到底占有多大的比重。调查结果表明:获得四年奖学金的同学可能要比那些自费来港求学的学生经济条件宽裕些。但是对获得奖学金的同学来说,可能学习的压力更大。因为如果他们不能取得优异的学习成绩,他们就有可能失去获得奖学金的资格。依靠家庭负担自己学费、住宿费的同学情况有所不同。若家庭收入颇丰,或者家庭存款较多,这些学生会觉得在香港的生活比较容易,相对压力也会小很多。若家庭每年支出10万港币有困难,学生可能需要承受巨大的经济压力。值得一提的是,几乎所有参加访谈的学生都住在学校提供的学生宿舍里。香港地区中国内地生的不同特点可以帮助我们了解他们选择香港的原因,深切感受他们在新环境下学习生活的经历。

本项目还将研究中国内地生的母语是否在其适应香港生活的过程中发挥作用。如果学生来自广东省,且能说流利的粤语,那么他们可能要比来自中国内地其他地方的学生更容易适应香港的生活?表5-7为19名参加研究人员的类别分布:

表 5-7 参加研究的人员类别分布

项目	类型	分类	人数	
1	性别	男生	7	
		女生	12	
2	语言背景	粤语流利	4	
		不懂粤语	15	
3	经济状况	奖学金	3	
		自费来港求学	16	
			13 名学生家庭经济状况优越	3 名学生家庭贫困
4	所学专业	就读于工程学院的电子工程系、电子信息工程系与建筑和房地产工程系	3	
		就读于应用科学系的数学系和生物系	4	
		就读于商学院的物流系、市场营销和管理系与会计金融系	12	
5	籍贯	来自中国南方,包括上海、四川省、江苏省、江西省和浙江省等	11	
		来自中国北方,包括东北、北京市等	4	
		来自广东省的广州市和深圳市等	4	

19 名参加研究人员的类别分布为:第一,性别:共有 7 名男生,12 名女生。第二,语言背景:4 名学生来自于广东省,能说粤语;其他 15 名学生不会说粤语。第三,经济状况:3 名学生有奖学金;16 名学生自费来港求学,依靠家庭支付学费和生活费。在这 16 名学生中,有 3 名学生家庭贫困,父母已经退休或下岗;其余 13 名学生家庭经济状况优越,父母工作报酬很高,有些父母还经营自己的公司。第四,所学专业:有 3 名学生就读于工程学院的电子工程系、电子信息工程系与建筑和房地产工程系;4 名学生就读于应用科学系的数学系和生物系;12 名学生就读于商学院的物流系、市场营销和管理系与会计金融系。第五,籍贯:11 名学生来自中国南方,包括上海、四川省、江苏省、江西省和浙江省;有 4 名学生来自中国北方,包括北京市;还有 4 名学生来自广东省的广州市和深圳市。参加研究人员的类别分布之广泛目的在于尽可能地采纳及收集更全面的第一手资料,以达到此研究最大的可靠成果。

第三节　中国内地生选择去香港或海外求学而不是留在内地深造的真实原因

近年从内地申请去香港读大学的学生越来越多。去香港读大学费用较高,4 年所有的学费、生活费需要 40 多万,为什么这么多家长乐于送子女去香港读书？本研究发现中国内地生选择去香港或海外求学与中国和世界的社会和经济发展有关。学生在做出最终的决定前,他们已经对留在内地学习和到香港或海外求学的优势进行过比较。这样的决策过程是理智和正确的。根据对 19 名学生访谈的数据进行分析得知,他们选择到香港或海外求学主要涉及社会、经济和教育原因。

每一类的原因都包含影响中国内地生背井离乡到香港或海外求学的推拉因素。推力因素是指促使学生离开中国内地特定的环境条件。拉力因素是指吸引学生到香港或海外求学的因素,包括美国、英国、欧洲各国等地高等教育的优势。

5.3.1　社会原因

5.3.1.1　推力因素

不能考入中国一流的大学,如北京大学、清华大学或浙江大学等,是许多参加调查学生(III-ST2、I-ST5、II-ST1 和 II-ST5)到香港求学的原因。这几名学生都说,如果他们被中国顶级的大学录取的话,他们可能不会到香港求学。II-ST1 号受访者说:

> 如果我被像清华、北大这样的中国名牌大学录取,我可能就不会到香港求学了。但是我的分数不够,达不到这两所大学的分数线。
> [II-ST1]

另一名受访者也说:

> 要是我能上浙江大学,我可能就不会来这儿。我想去浙大读书的理由有:我很喜欢浙大,学校的建筑很不错,而且离家也很近。
> [II-ST5]

III-ST1 和 III-ST4 两位受访者的情况却刚好相反。III-ST1 曾被北京大学心理学专业录取,但是她不喜欢这个专业,所以就来到了香港。

III-ST4 曾被广州的中山大学录取,但是她还是决定来香港学习商业,因为有了香港地区商学院的文凭,她毕业后的就业前景一片光明。

中国内地的独生子女政策也有可能是中国学生不愿意留在内地的原因。因为有些学生希望自己将来可以有多个孩子。II-ST4 号受访者就属于这种情况。他的父母有两个孩子,所以他希望自己将来也有个大家庭。其他国家没有计划生育、独生子女政策的限制(香港地区也没有计划生育政策),因此离开内地是一个很不错的选择。

II-ST4 号受访者说:

> 我将来想要两个孩子。中国内地有独生子女政策,想生第二胎是非法的。但我们家有两个孩子,我有个姐姐。我觉得一个家庭就应该有两个孩子。[II-ST4]

由此可见,离开中国内地去香港或海外求学也牵涉到一些更长远的原因,包括成家立业后希望能有更多孩子的问题。

5.3.1.2 拉力因素

体验西方文化也是到香港或海外求学的一大魅力。比如,II-ST4 受访者就是被英国的生活方式、英国文化和西式建筑所吸引。跨文化的比较、东西方文化的交汇等,都使他渴望有机会离开内地:

> 我要体验中西方文化的交流。从小我就喜欢建筑,我学了六年的建筑制图。我也喜欢英伦文化,喜欢英国人的生活方式、审美观和建筑艺术。[II-ST4]

对于 III-ST1 受访者来说,离开内地是她儿时的梦想。2006 年全国高考她取得了 690 分的高分,北京大学录取了她,但她决定来香港。

> 我就读于南京的国际学校,出国就是我的梦想。我被北京大学的心理学专业录取,但是我意识到我所学的知识可能让我将来涉足国际市场的机会很少。这就是我打算赴香港求学的原因。[III-ST1]

5.3.2 经济原因

5.3.2.1 推力因素

通过访问,笔者发现中国内地生选择到香港或海外求学主要是受经济因素的推动。像 II-ST8 和 I-ST1 这样的受访者都认为内地的大学毕业生找工作难度大,竞争激烈,"大学毕业即失业"的概率很高:

在中国内地,普通大学的毕业生的就业前景非常不乐观。如果在内地读大学,毕业后很可能找不到合适的工作。[II-ST8]

III-ST1 和 III-ST3 受访者认为,如果他们只在中国内地接受本科教育,他们毕业后直接就职于中国境内国际大公司的机会不大。他们担心在大公司根本不可能和从外国留学回来的其他中国毕业生竞争,也不可能获得较高的报酬。III-ST3 受访者说:

我来香港求学是要为自己的将来做好准备。我希望毕业后能够回到中国,就职于上海的跨国公司。香港的环境可以培养我的自立能力。[III-ST3]

5.3.2.2 拉力因素

III-ST1 和 III-ST2 受访者认为在其他发达国家接受高等教育,毕业后获得高薪工作的机会更大。

我认为,有了在香港学习的背景和学历,我能获得高薪水的工作。因此,虽然在香港学习花费大,但是我能很快赚回来。我认为来香港求学是一种有效的教育投资。[III-ST1]

III-ST1 和 III-ST2 受访者认为中国作为一个发展中国家,需要各种人才,尤其需要那些留学海外学成归国或求学香港回到内地的人员。唯有如此,才能为中国内地和整个中华地区的发展作出贡献。

如果我有在香港学习的背景,我希望毕业后能够回到中国内地,就职于某家跨国公司。地点可能会选上海。到时候,我有了学成归来的素质,也有了跨国公司的工作经历,就可以在我的家乡上海稳定下来。[III-ST2]

5.3.3 教育原因

5.3.3.1 推力因素

很多参加调查的学生(包括 I-ST1、I-ST2、II-ST2、II-ST3、II-ST6、III-ST1 和 III-ST2)表明他们选择求学香港深造最主要是出于教育因素的考虑。他们不太喜欢内地的教学方法和教育体制。I-ST1、I-ST2、II-ST2、II-ST3 和 II-ST6 受访者认为中国教育不能和国际接轨,而香港的教育能紧跟世界的潮流。正如 II-ST2 受访者指出:

如果我在中国内地学习这个领域(生物)的知识,国际上不可能承认,但是我在香港学习的知识却能在全球得到认可。[II-ST2]

II-ST5 受访者对文学具有浓厚的兴趣,打算在美国的麻省理工学院或新加坡国立大学学习,因此离开中国内地是她实现梦想的第一步。

5.3.3.2　拉力因素

有些学科只能在国外学习,比如学习动物学的 II-ST2 受访者,学习全球供应链管理的 III-ST2、III-ST3 和 III-ST4 受访者就是这样的情况。II-ST2 受访者告诉笔者她想要从事动物保护的相关事业,并在毕业后找到一份与动物保护相关的工作。其他国家这一学科非常发达,但是中国内地和香港这一学科尚待发展:

> 我在浙江学了一年的基础(预科)课程,但在浙江学习的课程简单,考试也没有任何难度。整个学习的氛围过于轻松。我学了化学、数学、动物学等课程,但这些课程对我在香港的学习帮助不是很大。如有可能,我觉得动物学研究才是我的兴趣所在。我希望在香港或国外继续深造,但是毕业后我不想回到中国。我希望从事动物保护,特别是大型动物的保护工作。在这里,没有动物学的相关课程。我希望找到一份与动物保护相关的工作。[II-ST2]
>
> 选择去香港读大学主要有以下几点:首先,香港高校的教学注重实践,注重独立思考和分析问题、解决问题的能力,而不是单纯地强调书本知识,例如在工学院,我们有很多机会接触国际上其他大学的知名教授和香港工业界各类有影响的人士。在读书期间我们可以写一些很实用的专业策划书及做一些高科技的专业设计;其次,香港高校具有国际化的视野,我们学校的实习计划遍布欧洲、北美、澳大利亚等地,我们系所有学生在读书期间都可以获得交流实习的机会;当然也有人去内地或留在香港实习。最后,香港全英文的教学环境,使我们这个中西合璧的地方,既能够接受国际化的教育,又不会在生活习惯、价值取向上,与当地学生有像在其他国家(如美国)那样大的差异,所以来香港读书是我当然的选择。[I-ST1]

从上述描述中可以看出,中国内地生想要到香港或海外求学不仅与中国国内的局势有关,也和香港或国外优越的条件有关。这些原因包括社会、教育和经济三方面的因素。第四节将就中国内地生为什么选择香港而不是到其他国家或地区求学展开讨论。

第四节　选择香港深造的实际目的

中国内地生选择香港而不是到其他国家或地区求学的原因有很多。虽然中国内地生有诸多求学院校的选择,但是香港的学校比国外院校有更多优势。中国教育部将各类院校分门别类,有一批重点本科院校和普通本科院校等。高考后,一批院校可以划定一本录取分数线,先行录取学生。超过重点线的学生可以申请入读中国内地和香港的大学,I-ST1、I-ST2和II-ST1受访者就属于这种情况。因此,同时申请中国内地和香港的学校让这些学生有了更多更好的选择(I-ST1、I-ST2、II-ST5、II-ST6和II-ST7)。有下例为证:

> 我来香港的原因是因为我可以同时申请中国内地和香港的院校,我的分数超过一批重点院校的分数线。我两边都可以申请,这样我就有更多选择余地。当时我申请了香港的四所大学,只有这所大学录取了我。[I-ST1]

> 当时,我和我们班许多同学都申请了香港的院校。我可以同时申请内地和香港的学校。我也有机会去香港。通过香港这个跳板,我日后可以到其他国家,比如英国、美国和加拿大等国留学。[II-ST7]

根据访问的数据,我们发现选择来香港求学有个人因素,也有环境的因素。可以归类为以下三种:社会、经济和教育因素。下文将对这些因素做更详尽的阐述。

5.4.1　社会因素

I-ST1、I-ST2、I-ST7、II-ST1、II-ST2、II-ST6和II-ST7受访者都认为在香港学习有很多中国内地的学校不具备的优势。香港的双语环境(中文和英语);中西方文化的交汇(I-ST2、I-ST7受访者);香港是出国的跳板(I-ST1、II-ST2和II-ST7受访者);香港有靠近中国内地的地域优势(I-ST1和II-ST6受访者)等。

I-ST1、II-ST4和II-ST2受访者来自中国广东省,靠近香港,生活方式相似。因此适应香港的求学生活更容易些(I-ST1和I-ST2受访者)。II-ST4受访者也认为香港具有靠近家乡的地域优势:

我可以经常回家和家人团聚。和他们谈谈我在香港的情况,这让我很放松。我的父母不希望我离家太远。这就是他们要求我来香港上学的原因。我的家人看到我回家总是很高兴。[II-ST4]

I-ST5 受访者认为他来香港主要是出于环境的原因:

我喜欢香港的环境。香港人的文化和生活方式与中国内地不同。[I-ST5]

III-ST3 受访者认为选择来香港求学就是为了有更多的机会和家人团聚:

我爸爸在香港工作,所以我来香港念书就相当于是和爸爸团聚。[III-ST3]

I-ST7 受访者说跟内地城市相比,香港人一般比较友好,香港的街道都很干净。在香港生活更安全,人们也不用担心半夜单独走在大街上会遭遇什么不测。在内地对夜间独行则不可能这么放心。

5.4.2 经济因素

经济因素影响着很多中国内地学生的求学选择。经济因素包括教育资金和将来就业的机会。对于收入不错的家庭来说香港学校的学费还是可以承受的(I-ST2):

我的家人收入不错,可以供我在香港念书。[I-ST2]

II-ST6 受访者也同意这种看法,他说:

读市场营销专业的学费很高。我喜欢在这儿攻读市场营销专业,因为香港的这个专业要比内地的好。这就是我对香港求学最期待的地方。香港商科的专业一向要比内地的好。第二个原因是我来香港念书,就可以离家近点。[II-ST6]

I-ST7 受访者认为来港念书的原因是去香港求学的费用比欧洲、美国等的要低。其他很多学生也持同样的看法:

我来香港求学的原因包括:我就读的这所大学有很好的声誉;香港作为东西方文明交融的城市有很好的背景;这儿的学费没有美

国和欧洲的贵;香港的院校在整个大中华地区有很好的口碑。[I-ST7]

II-ST1、I-ST1 和 II-ST2 受访者在来港前对其求学和未来有明确的规划。I-ST6 受访者说明她被内地某大学的英语专业录取,但是她不想学英语,所以她来到香港学习金融。I-ST7、II-ST3 和 II-ST8 受访者来港求学主要是为了日后可以在香港就业。许多受访者(包括 I-ST1、II-ST1、II-ST8 和 III-ST3)认为,与中国内地相比,香港会给毕业生提供更好的就业机会和未来。他们将未来的机遇视作来港求学最主要的原因:

> 我想在这儿工作。如果这不可能,我可以回到内地。我的父母也希望我能在这里圆满完成学业,然后留港就业。[II-ST8]

另外两大经济因素是香港高校为成绩优异的学生提供奖学金,而中国内地学生毕业后可以在香港找到高薪体面的工作:

> 我来香港求学,有三个原因:第一,学校提供奖学金。第二,香港的课程用英语讲授。第三,选专业时,我选择了金融,因为香港的金融业很发达,个人发展机遇很好。[II-ST3]

在所有接受访问的学生中,有三名(I-ST4、I-ST5 和 II-ST3)拥有每年 10 万港币共 3 年或 4 年的奖学金。奖学金是这 3 名学生来港求学的最主要原因:

> 我有连续三年每年 10 万港币的奖学金。学校会从奖学金中扣除每年 4 万港币的学费,并扣除住宿费,剩余的够我的日常开销。[I-ST4]

父母和家庭在子女选择赴港求学的过程中扮演重要的角色。II-ST2、II-ST4、II-ST6、II-ST8、III-ST1 和 III-ST2 受访者都表明他们的父母会承担他们赴港求学的费用,他们的支持在决定赴港求学的过程中不可或缺:

> 我的父母一次性将所有的费用都给了我,所以我必须谨慎合理地使用这些经费。在这儿我每年需要花费 10 万港币,包括住宿费、学费和生活费。这些完全靠我的家人承担。我的家人不准我学习动物学。他们希望我学习生物学、经济学或其他学科。经济上,我依赖

我的家人。虽然我们之间有代沟,但是我在作出决定的时候必须要考虑他们的建议。[II-ST2]

II-ST4受访者来自深圳,离香港很近。他经常回家看望他的家人,但他还是觉得香港和内地有很大的区别:

> 我父母认为香港和内地差别不大,但是我觉得文化差异还是很明显的。[II-ST4]

和其他地方相比,香港有很多优势。有些受访者(I-ST6、II-ST7和II-ST8)打算毕业后留在香港工作。一些受访者(I-ST5、II-ST1、II-ST5和II-ST7)打算利用香港作为跳板,毕业后到其他国家深造,如美国、加拿大或欧洲:

> 我来这所大学是出于无奈。高考后,我就被这所学校录取了。我打算学业完成后,就在这里找工作。在学校我可以交到一些朋友。我对香港没有太高的期望。只是希望有朝一日我能够通过香港再到其他国家深造。[I-ST5]

5.4.3 教育因素

I-ST3、I-ST4、I-ST7、II-ST1、II-ST2和II-ST8受访者都认为香港的高等学府在中国内地有很好的声望。香港某些学科的教育,如商科专业比内地的要好。像I-ST2、II-ST1这样的商科学生都认为在香港可以接受更好的教育,让他们体验新事物,结交新老师:

> 我来香港前,就期望能够在国际知名的大学里认识更多的老师和朋友,尤其是那些商界的精英和专家。[I-ST2]

根据I-ST2和I-ST3受访者的说法,香港院校派出教员到中国内地宣传自己的学校,招收学生这样的做法也鼓励了中国内地学生选择来港求学:

> 我为什么要来香港?因为我喜欢生物学,我喜欢去美国或英国发展。这一学科的发展速度惊人,知识也在不断更新。今年本校第一年在中国内地招生,对我来说来这里也是接受纯英文知识教育的好机会。我以后准备转去别国,这样的机会实在难得。[I-ST3]

参加调查的学生认为香港的教育方法比内地更先进。正如 I-ST4 受访者所说：

> 与香港相比，内地是落后的。中国内地的老师不可能使用香港教师这样先进的教学理念和方法。在内地，许多英文教材都是老师先自己阅读，然后通过中文传授给学生的。[I-ST4]

根据 II-ST1 受访者的观点，香港的大学教育比中国内地的大学教育更先进。在香港求学可以为毕业后创造更多深造和就业的机会：

> 我来香港是因为香港的大学教育是纯英文的，其课程设置和教学理念与国际市场直接接轨。我认为毕业后我的前程似锦。我期望通过三年的香港求学生涯，我的英语可以更上一层楼，便于我日后在国外的职业发展。[II-ST1]

在香港的大学就读，就有更多机会聆听具有国际声誉的讲师和教授亲自教导。但中国内地的大学情况却有所不同。商科专业 II-ST6 受访者说明了这种情况，物流学 I-ST2 受访者和生物学 I-ST3 受访者也有同感。II-ST6 受访者认为香港的营销专业要比内地的同等专业更佳：

> 我喜欢这儿的市场营销专业。课程设置比内地的科学。教材实用，课堂教学质量也更高。[II-ST6]

第五节 总 结

本章前几节从内地和香港的经济和社会环境等不同方面阐述了中国内地生选择来港求学的原因。根据调查的结果显示，对中国内地生来讲，香港的大学教育有很多优势：第一，能为个人的长远发展提供更好的机遇；第二，香港的求学费用不算太高；第三，香港是一座东西方文化交融之城；第四，香港的院校有更多更优质的教育资源；第五，全英文的教育方式能够有效提高学生的语言水平并为他们走向世界提供了充分的准备；第六，香港还拥有靠近内地的地域优势，方便留学生在校读书期间回乡探望自己的家人。

第六章

中国内地生在香港生活与学习的心路历程

第一节 引 言

第一组和第二组的15名受访者都表明他们在香港学习与生活的过程中经历了一定的困难,尤其是学业上。这些困难可以分为三个层面:社会、学校和教育差异。本章第二节将从社会层面阐述中国内地生在港生活所遇到的困难。本章第三节主要从学校生活这个层面进行陈述。本章第四节主要从教育差异这一层面详述中国内地生在港学习方面遇到的困难。本章第五节为总结。本章的重点在于讨论第二个研究议题,包括具体问题三及具体问题四。

第二个研究议题:
中国内地生在香港学习和生活需要经历怎样的心路历程?
第二个研究议题的解释需要从下列两个具体问题着手:
具体问题三:中国内地学生在香港的生活经历如何?
具体问题四:中国内地学生在香港的学习经历如何?

第二节 生活经历——社会层面

6.2.1 文化差异

有10位受访者认为香港和中国内地存在巨大的文化差异。每一位受访者都对这些差异以及文化差异如何影响他们的求学生活各持己见。II-ST4受访者认为香港是一座生活节奏很快的城市,中国内地人很难适

应这样的节奏。II-ST4 受访者这样说:

> 我们来到香港,顿感迷惘。与香港本地的学生相比,我们完全没有优势:我们的英语不会比香港的学生好,我们的家庭经济背景也没有香港学生优越,我们的成绩也没有比他们更优异,内地的学生感觉学习也很吃力。在内地,学生们对商业或会计了解不多,更谈不上相关的从业经历了。[II-ST4]

在香港,人们说多种语言,这与内地城市普通话一统天下的局面完全不同。香港是一座国际城市,这里,人们使用粤语、普通话、英语和其他国际语言。香港人的英语口语流利,同时使用中文和英语进行写作。根据 II-ST4 受访者的看法,香港人和中国内地人在香港的社会地位完全不同:

> 香港的大环境与内地不同:香港人和内地人的地位是支配与被支配的关系。在中国内地,我们大家都是国家的主人,我们发挥主力军的作用。而在香港,我们是客人,我们的作用很不起眼。[II-ST4]

文化差异导致了中国内地生很难融入香港的文化。大多数参与者(I-ST1、I-ST2、I-ST3、I-ST4、I-ST7、II-ST1、II-ST3、II-ST4、II-ST5 和 II-ST6)认为香港学生与内地学生有极大的文化差异。这些文化差异造成了他们之间沟通的障碍。大多数内地学生表达了他们与香港学生沟通的困难。

> 事实上,我更喜欢和内地学生在一起。我们经常一同外出,我们有更多的共同点。与香港学生的沟通都是很肤浅的,文化差异的存在不可能让我们深入了解彼此。[I-ST1]

有四名参加研究的人员(I-ST1、I-ST7、II-ST5 和 II-ST4)不满意他们融入香港社会的情况。他们与本地的学生沟通不多,与香港的外界社会接触机会太少,也没有足够的时间和金钱外出结交朋友,未能充分参加校园活动。这些都是他们对现状不满意的原因。这几名学生都表达了他们愿意更深层次地融入香港社会的渴望,尤其是对那些打算毕业后留在香港就业生活的学生来说更是如此。II-ST5 受访者说:

> 我对下列几种情况不太满意:我和香港本地学生接触不多。我无法了解学校外部的香港社会。如果我有更多的机会了解香港这个社会,这会对我未来的发展很有利。但是我没有时间。我觉得我目前的状态很消极,而且也没法积极起来。这可能跟我的个性有关。

[II-ST5]

　　我的社交圈子很小,这也是一大难题。一开始,我只和中国内地生交往,尤其在预科这一年。有时候,我感觉很无聊,功课不紧张,但是也没有很多的课外活动。我只能待在寝室,对着我的电脑上网或发呆。[II-ST5]

6.2.2 双重语言障碍

　　对于那些籍贯不在广东的内地其他省市同学来说,粤语也是一大语言障碍。虽然普通话和粤语都是中国人的语言,但是它们的共同点仅在于书写方式(何况繁体和简体还不相同)。对于只会其中一种语言的人来说,两种语言的口头交流根本无法进行。第一组和第二组共 15 名受访者中有 7 名学生,因为只会说普通话,粤语也成了他们除英语以外的另一种语言障碍。而语言障碍就是他们的最主要的问题。在香港的大学里,所有的课程都以英语讲授,但是同学之间的沟通以粤语进行。这种情况就会导致中国内地生上课理解、课后生活的双重困难。同时他们也无法参与课外的学生活动。不止一名受访者表明:

　　如果我们能克服语言的障碍,我们在香港求学的适应过程会容易很多。有些香港人也讲普通话,但是校内这样的人不多见。如果出去,我可能只讲普通话就行了。但是在学习的过程中,英语就成了最大的问题。[II-ST1]

　　我出去时,根本听不懂粤语,我也没法和人沟通。[I-ST5]

　　甚至连街上的标志阅读起来都成了难题,因为香港对英语街道名称的翻译方式与中国内地不同。有时候街道名称和它们的中文意思一点关联都没有。比如,Ken Road 中文翻译成"坚道"。香港学生已经适应了这种翻译方法,但是中国内地的学生上街时往往会找不到街道,方向混淆。

　　在接受调查的学生中有 11 名(I-ST2、I-ST3、I-ST4、I-ST5、I-ST6、I-ST7;II-ST1、II-ST3、II-ST5、II-ST6 和 II-ST7)受访者回应语言是他们融入当地社会最大的障碍。而且有时候内地生与香港学生使用英语沟通,情况也会让人感到无奈。II-ST3 受访者说:

　　一开始我们很难和人沟通,因为语言不通。我们的英语不够好,因此说起来也很不流畅。当我们使用普通话时,他们也听不懂。我们对粤语一窍不通,听不懂也不会说。但是我们也不想用英文交流。

[II-ST3]

不说粤语的中国内地生不得不同时使用两种他们陌生的语言：生活中的粤语和学习中的英语。一般来讲，香港的学生听不懂普通话，而内地的学生也听不懂粤语。所以他们只能用英语沟通。当你看到中国内地和香港的学生用英语沟通时会觉得有些尴尬，因为毕竟他们都是中国人。

I-ST3、I-ST5、I-ST6、II-ST1、II-ST3、II-ST5、II-ST6 和 II-ST8 受访者进一步说明了如果他们希望毕业后留在香港发展，他们必须多与香港的学生沟通，参加更多的校园活动，从而更好地融入香港社会。很多人认为多和香港学生在一起就可以提高他们的粤语水平，也可以使他们获得更多的社会经验：

> 是否能够融入香港社会和我的前途息息相关。如果我要留在香港，我希望能成为这个社会的一部分。如果我去其他国家，现在的情况应该还不错，我也可能不需要在这一方面再加油。但是我对将来如何发展，还没有做明确的打算。[I-ST3]

II-ST5 受访者也表达了同样的顾虑：

> 要是我毕业后继续留在香港，我会尽量更多地融入当地社会。我想要结识更多的朋友，这样他们就可以告诉我更多关于香港的情况，这也能帮助我提高粤语水平。[II-ST5]

II-ST7 受访者指出与香港学生多接触有诸多好处：

> 香港的学生会带我去香港的各个地方。他们会告诉我更多香港人的生活方式、购物的地点等等。他们还会给我很多帮助。[II-ST7]

6.2.3 经济压力

与内地相比，香港的消费水平较高，这使许多中国内地的学生都饱受经济压力，同时也直接影响他们的社交生活。经济条件的限制，使他们无法承受过多的额外开销。

> 如果我在这儿有工作，问题都不大。但是我还要依靠父母，是他们花钱供我念书。因此我要精打细算，生活和学习的费用都不能含糊，用钱也更加谨慎。在中国很少有人能拿奖学金，我现在获得了香

港学校的半额奖学金,但奖学金还不够支付学费。我每年需要花费四万港币学习五门课程。当然,我来这儿之前,这些钱已经准备好了,但是我觉得我必须要取得很好的成绩才能不辜负这么大的花费。[I-ST7]

根据 I-ST7 受访者提供的信息,可以得知只有少数的中国内地学生获得了全额奖学金,有一部分人获得半额奖学金,可能仅够支付学费。多数内地生自费来港求学,家境还都算比较富裕。对于绝大多数中国家庭来说,每年 10 万港币的开销实在是很大的负担,因此家人对学生的期望也就更大了。

6.2.4 社会歧视

有四名受访者(I-ST2、II-ST1、II-ST4 和 II-ST6)感觉到他们受到了香港人的歧视或排斥。虽然这种排斥很微妙,但是他们认为教员对待香港本地和内地学生的方式有所不同。

> 表面上看来,中国内地生不可能会被看不起,因为他们的学习成绩优异。但是一般情况下香港人对内地人或多或少都有些歧视,因为内地人与香港人不同,而且似乎还有些不太礼貌。[II-ST1]

> 香港人对中国内地生有歧视。有一次,我就深刻感受到了这种歧视。上课的时候,老师问了大家这样一个问题:"大家知道哪个国家制造的汽车最便宜么?"一些学生回答:"中国。他们的汽车只能跑一百米,然后马上就有可能熄火。"老师回答说:"事实上是韩国制造的汽车最便宜。"[I-ST2]

II-ST4 受访者也认为的确存在对内地生的歧视,只是有时候表现得不明显罢了。他说,香港人的一些措辞就能表现出他们对内地的歧视:

> 比如上课的时候,教师所举的案例和用词就很奇怪。"其实大多数中国内地生还都是来自教养很好的家庭的。"一次课上,我们讨论中国城乡的税收问题。老师列举了一些征税的例子,说"中国人结婚要交税,甚至将猪送去屠宰也要征税。"[II-ST4]

II-ST6 认为教员对待香港和内地学生的态度不同:

> 我觉得教员对香港本地的学生很友善,但对我们内地生的态度比较冷淡。这一点从他们的态度就可以看出来。有时候我们问老师

一些问题,教师只是淡淡地回应,因为这是他们的职责。但是他们回答香港学生的问题时,态度就大不相同了。[II-ST6]

另一方面,有 9 名学生(I-ST3、I-ST5、I-ST6、I-ST7、II-ST2、II-ST3、II-ST5、II-ST7 和 II-ST8)不同意这一观点。他们认为从来没有感觉到所谓的歧视或排斥。I-ST3 受访者认为歧视是香港社会的一种风气,而不一定是大学内部产生的。但是,中国内地生认为他们的确处于劣势,因为有些活动是只对香港学生开放的,如志愿者工作或一些社会上安排的活动。当他们申请参加这些活动时,他们会被无理由地拒绝。在很多大学的社团里,内地生的比例很小。I-ST3 受访者说:

> 大学里有很多课程只对香港学生开放,如志愿者工作及其他学校或社会安排的活动。我们来香港是为了体验不同的社会经历,我们想要参加各种各样的活动。我本人也想参加志愿者服务。我申请了许多职位,但是所有的申请无一例外地遭到了拒绝。这一点真让人意外。[I-ST3]

第三节 生活经历——学校层面

6.3.1 不同的思维方式和兴趣

I-ST7、II-ST1、II-ST3、II-ST6 和 II-ST8 受访者都认为香港人和内地人有不同的态度、价值观和兴趣爱好。II-ST6 认为香港人目光短浅,急功近利:

> 香港学生只追求吃喝,接受高等教育的目的就是为了找工作、赚钱。而内地生的人生目标不同,因为他们想要创业,为自己创造美好的未来。[II-ST6]

> 香港和内地学生有很多差异,包括他们的人生态度、学习目的和生活安排。当然文化差异也很明显。这对某些学生来说可能会引起问题,我还是能够接受这一点的。香港和内地学生的思维方式不同,珍视的东西、生活的态度都不同,因此沟通起来难免有困难。[I-ST2]

语言和文化价值观的差别会给内地学生和香港学生之间建立友谊带

第六章 中国内地生在香港生活与学习的心路历程

来挑战。II-ST5 受访者说：

> 我来香港的第一年情况还算顺利,但是最大的问题就是和同学的交往。我认识一些同学,他们经常坐飞机回内地看望他们的男(女)朋友。我们不喜欢和香港学生谈恋爱,因为我们对他们没有感觉。男生的质量不高,只能当普通朋友,不适合谈恋爱。[II-ST5]

在中国内地学生与香港学生谈恋爱这方面尚存在着相当的障碍,原因之一在于香港学生基本上在高中或大学一年级阶段就已经建立了自己的社交圈子,这使得中国内地生很难进入这些早已存在的社交圈子。

根据访谈收集的数据表明,许多香港学生对金钱的观念与内地生不同。在学习的过程中,香港学生可以自由工作,而中国内地生(2009 年以前)学习期间却不能在香港工作。因此,香港学生对自己的金钱有操控权,他们的花钱习惯与内地学生也不相同,内地生多数依靠父母或奖学金生活。

对金钱的不同态度也成了继语言障碍之后第二个使得中国内地生很难和香港学生深交的原因。II-ST2 受访者说：

> 经济压力很有可能成为一个问题,因为香港学生花钱比内地生更大方。我在这儿每年的花费大约为 8 万～9 万港币,其中包括 4 万港币的学费,3 万港币的生活费和 1.2 万港币的住宿费。这对我来说是一笔不小的开支。[II-ST2]

中国内地生意识到香港学生对生活和人生的态度与他们的不同,这种意识使他们没能更融洽地相处。

> 香港人很实际。内地人很浪漫。我们寻求文化的刺激。我们来这儿之后也在一点点改变。香港人的浪漫建立在金钱之上。我觉得我应该保持自己的优势,不能放弃自己的爱好。[II-ST4]

> 最大的文化差异体现在:香港学生对当前的流行趋势很敏感,但他们对文学和文化兴趣不大。他们更关注自己的发型和衣着。他们不喜欢阅读,因此内涵不够。有很多汉字香港的学生压根儿不会写,他们几乎不会写出几句像样的中文句子。他们非常肤浅。从文化的角度来看,内地生和香港的学生简直有天壤之别。[II-ST5]

中国内地生彼此多相处,他们感受的压力就会少一些。毕竟他们使用同样的语言,拥有同样的金钱观、兴趣和价值体系。I-ST7 受访者这样说道：

> 我经常和内地生一起出去玩,因为香港学生和我们语言不通。一般的交流还好,但是很难深入交往。[I-ST7]

6.3.2 不同的个性

有四名参加者(I-ST3、I-ST6、II-ST3 和 II-ST8)表明香港学生截然不同的个性让他们很难成为朋友。一大差异就在于香港的女生非常独立(I-ST3)。这在她们与男友约会时分摊开销这一事实上显而易见。I-ST3 受访者说:

> 一般情况下,内地生都会和内地生交朋友。内地男生和香港女生谈恋爱不合适。一般来讲,中国内地的大学生大二开始才会谈朋友。香港男生比较友好,也欣赏内地女生。但是双方个性的差异使得香港和内地学生很难交往。[I-ST3]

II-ST3 受访者也有同感。他列出了香港和中国内地学生的诸多差异还表现在内地人的实事求是与香港人的浮夸和轻易许诺等方面:

> 这里的个别人很肤浅。他们轻易许诺,但从来不付诸实施。他们总是说要提高自己的英语和普通话水平,但是从不努力练习。他们拥有丰富的想象力,但是实际行动不多见。他们胸无大志,不思进取,因此学习兴趣也不浓。[II-ST3]

6.3.3 不同的时间管理方式

有八名参加者(I-ST1、I-ST4、I-ST6、II-ST1、II-ST5、II-ST6、II-ST7 和 II-ST8)明确表示香港学生和内地学生的作息习惯不同,这使中国内地学生和香港学生很难共住同一寝室。

> 我们不能接受香港学生的生活习惯,他们晚睡晚起。香港学生做兼职,内地学生很难做兼职工作,不是政府不允许,而是在许多方面,如学习成绩、语言、经济等方面,内地学生的压力已经很大。香港学生不在寝室内学习,这和我们完全不同。如果内地生和香港学生共居一室,双方都会觉得不方便。[I-ST6]

> 受学生宿舍里其他人的影响,我们一般在半夜两到三点才入睡。如果我们早上有课,就不得不早起上课。如果我们没课,就会睡懒觉。我在内地的时候,所有的学生都必须早睡早起,内地的作息表很

科学。[II-ST1]

香港与内地的大学时间安排很不同。中国内地生一般从学期开始到期末都会忙于学习,而香港学生经常是临时抱佛脚,考试前才会复习功课。中国内地生认为自己比香港学生更加努力:

> 中国内地生学习效率高。如果我们与香港学生合作,本来可以一个小时内完成的功课,和他们一起做最起码要拖很长的时间。[II-ST6]

II-ST5 受访者同意这一观点,并说明:

> 我去购物时,只和内地生一同前往。我在做小组作业或项目时,如果老师把我和香港学生分成一组,就不得不和他们一起共事。我不喜欢和他们一起玩乐,因为我去年的学习总成绩还没有达到学校的要求。香港学生总是在玩,而且他们的学习习惯也很糟糕。[II-ST5]

I-ST4 受访者认同香港人的时间观念较差。他们的时间都已经安排得满满的,他们走路特别快,但还是经常迟到,尤其是开会或上课。他们晚上熬夜学习,第二天总是很累。

6.3.4 适应新生活环境的困难

中国内地生最初来到香港时,大多数人适应新环境都有困难。其中包括思乡情绪和孤独感、水土不服和生活习惯不同等。来自电子工程系的 II-ST5 受访者在他的陈述中总结了下面一些困难:

> 一开始我觉得这里的伙食费非常贵,现在好多了。我不再琢磨这些问题了。我很乐观,认为这些不成问题。有些同学可能一开始不适应,但是现在情况还不错。第一学年我们有 150 名中国内地生,现在有一些人已经返回内地了。有些人是因为成绩不好,有些人是因为离乡背井受不了,还有一些人是因为和同学相处不好。我们每周有很多课,我们系是全校课业负担排名第二的学系。[II-ST5]

有三名参加者(I-ST3、II-ST4 和 II-ST5)受访者认为孤独感是在香港生活最大的挑战。大多数学生都是第一次离家,他们担心自己可能不能很好地自立。有些学生说明了他们对家乡的思念:

> 一开始,我就像个孩子似的,经常哭。那时候,我的室友还不在这里,我的情况就比较惨。后来室友搬来和我一起住,还来了更多的学生,我们经常一起出去,结识了更多的人。[I-ST3]

> 我很想家,我从来没有离家这么久。我现在每两个星期回家一次。[II-ST4]

> 我觉得很难适应这里的生活,我英文不好。这里的生活对我来说也是蛮难适应的。一开始我根本无所适从,渐渐地我慢慢适应了新的环境。我也很想家,从来没有离开家在外面待过。我现在每两周回家一次,每逢节假日我也会回家。[II-ST5]

其他的12名受访者没有提及孤独或想家的问题。在此不能确定他们没有提及的原因。究竟是因为他们没有感受到这种情绪,还是因为他们不愿意谈论这样的话题,我们不得而知。

来自中国北方的三名受访者(I-ST3、I-ST7 和 II-ST7)表达了他们对香港气候和食物的不适应,经常会导致身体不舒服:

> 这儿的天气又闷又湿,我经常会出皮疹。我不喜欢这儿的食物。现在总算是适应了。[I-ST3]

I-ST7 和 II-ST7 受访者认为适应香港的伙食真的很难:

> 我觉得中国内地生遭遇的最大问题就是这里的伙食。我们不喜欢这里的食物。我们吃不好,所有的东西都是一个味道。[I-ST7]

> 有些学生不能习惯这里的食物,蔬菜太少。北方来的学生也不喜欢这儿的口味。菜式不够丰富,味道太淡。长期以来,影响了我们的健康。我们很容易生病,总是觉得疲惫不堪。我们上课提不起精神,这直接影响了我们的学习。[II-ST7]

> 我在这儿吃的东西没营养,分量很大,但质量不高。菜价又很贵,所以我努力吃完所有的菜,避免浪费。[II-ST8]

> 学生宿舍餐厅的饭菜真的很难吃,但是多数内地生都在这里用餐。饭菜不好,但是价格还算便宜。大家都是内地生,不会自己做饭。学生宿舍餐厅要比大学餐厅的情况糟很多。我们没有多少选择余地。一餐几乎要20港元,有些菜的价格要16港元。中国内地每餐只要两三块钱就够了。[II-ST3]

来自广东省的三名受访者(I-ST1、II-ST2 和 II-ST4)因为香港和自己家乡的生活习惯差不多,所以这方面没有太大问题。但是对于其他受访者来说香港的生活真的和内地很不一样。

6.3.5 自立和自律

中国内地生所经历的一大适应过程就是要培养自己自立和自律。第一次离开父母温暖的怀抱,第一次需要自己照顾自己。以下是来自 II-ST5、II-ST3 和 II-ST4 的回答,可以帮助我们理解他们面对困难所采取的适应策略:

> 以前我的父母给我做饭,帮我洗衣,管理我的银行账户,为我支付电话费。现在我必须要自律,所有事情都要自己打理。[II-ST5]

> 自律很重要。很容易因为买一些我们不喜欢或不需要的东西而浪费金钱。这给了我很大的压力。我需要控制好时间。学习时要了解如何查找信息,自己消化所学的知识,自主安排我们需要做什么事情。训练自己的自控和自律能力,这其实还是有些难度的。[II-ST3]

> 我现在觉得自己变通多了,不像以前总是很悲观。现在我自理的能力提高了。我的安排不是一成不变的。有时候我会在上午八点半开始学习,有时候我会给自己放一天假,偶尔我会在下午上课。结果是我的生物钟固定了。我的日程安排不是固定不变的,因为也有很多其他的事情要做。在中国内地,我的生活安排比较规律。[II-ST4]

以上描述了中国内地生经历的社会和学校层面的困难。香港和内地文化及环境差异是最明显的困难。调查结果表明,生活经历会影响教育的方方面面。但是教育方面也会有特殊的难处。下一节笔者将继续探讨中国内地生在学业上所经受的挑战。

第四节 中国内地生在香港的教育经历

本节描述中国内地生在香港的学习经历,核心是他们在教与学方面的困扰和感悟。根据已经收集到的数据,有关学习的难题可以分为五类:学习压力、不同的学习方式、英语语言障碍、合作技巧和不同的教与学方式。

6.4.1 学习压力

三名受访者(I-ST1、I-ST2 和 II-ST8)描述了他们在学习过程中所承受的压力。II-ST8 受访者是一名商科专业的学生,她认为香港的学习比她想象的要难。她甚至觉得自己中学阶段的学习不够充分,为大学阶段的学习准备不足,因此她要比香港学生感受到更多更长时间刻苦学习的压力。语言问题进一步加剧了她的紧张情绪:

> 中国内地学生很腼腆,不会直言不讳地说出自己的想法。课堂上他们不提问,也不回答问题。在辅导时,因为怕自己的问题没有深度,内地生几乎不问问题。我们首先需要克服自己的心理障碍。内地生可能每周要花费 30 个小时来温习和理解课堂的内容,但是香港的学生阅读不多,只会在考试前去图书馆临阵磨枪。[II-ST8]

II-ST8 受访者是一名商科专业的学生,她认为压力的主要来源是中国内地的学生处于劣势地位:

> 与香港学生相比,中国内地生处于劣势地位。我们在中国内地高中所学的知识对我们在香港的大学学习没有多大帮助。但是香港学生在上大学前已经做好了充分的准备,因为他们在高中就开始学习有关商务的课程。香港学生在商业知识方面有很好的背景。但是中国内地的学生不了解商务,比如他们对诸如证券、公司品牌和某些公司的战略都知之甚少。这类的知识对中国内地生来说还算是新鲜事物。[II-ST8]

I-ST1 受访者也认为最大的压力是学业:

> 总的来讲,我觉得在这儿学习压力很大。主要是学业的压力,每周我都必须提交报告、设计计划或家庭作业。[I-ST1]

如果学生成绩不理想,他们有可能会被勒令退学。I-ST2 受访者说:

> 有些学生的 GPA 不够好,平均低于 2.0,他们就会被劝退。这是学校的规定。《学生手册》明确规定,如果学生的平均绩点低于 2.0,那么就会注销学生的学籍。[I-ST2]

应用生物系的学生(I-ST3、I-ST4 和 II-ST2)认为该系的教师要求更高,因此加大了他们的压力。明显的一个因素就是学生必须要尽快学会如何使用先进的设备和仪器，而这是对学习有直接影响的。

> 有很多家庭作业要做。从期中一直到期末，我们都很忙。香港的本科学制为三年，而内地是四年。这里的设备都非常先进。我的一些朋友告诉我内地的大学生活很轻松。[I-ST4]

II-ST2 受访者认为生物系的学习需要学生非常刻苦努力：

> 一开学，老师的教学进度就很快。我不得不记下很多笔记，并且时刻注意我要在课后补习哪些内容。因为我忙于记笔记，我对课堂上所讲的英文就更加难以理解了。[II-ST2]

6.4.2 不同的学习方式

中国内地生传统的学习方法和香港学生的学习方法不同，这也给中国内地生适应学习生活带来了一定的难度。自学在香港非常普遍，而在中国内地，学习过程设置严密，老师很大程度上引导学生学习。中国内地学校的学生聚居在一起，他们需要不断参加各种考试，课业繁重，考核标准很高。香港学生的学习更加自主，这种方式对习惯了有固定的课表和教师安排学习任务的中国内地生来说需要一段时间来适应。自主安排时间也是一个问题。几名受访者对香港和内地不同的教育体系进行了讨论：

> 香港的学校，每学期都很短。有很多家庭作业。从期中到期末我们都很忙。这里的学制为三年，而内地学校的学制为四年。[I-ST4]

> 我们有权自主选择专业和课程，设定自己的上课时间表。中国内地的课程设置是学校固定的，我们的选择权有限。中国内地的高中和大学不一样，教师是非常负责的。[I-ST5]

学习方式的不同涉及语言障碍和不同合作技巧的要求。这些问题在下文仍有涉及。

6.4.3 英语语言障碍

在许多受访者（I-ST1、I-ST3、I-ST4、II-ST1、II-ST3、II-ST4 和 II-ST7）眼里，英语是学习生活中最难克服的障碍。英语语言障碍体现在学习的不同方面：

> 我需要与老师和同学沟通时，就觉得英语特别难。[II-ST4]

一开始,我的英语听力不好。香港籍的教师能教我们英语,如果我们有困难,他们可以为我们用粤语解释。但是外籍教师只能用英语讲,我们听不懂,只能回家自己查字典翻书去理解了。[I-ST1]

英语最难了。我一开始在英语的听说读写四种技巧上都有问题。[II-ST2]

II-ST1受访者认为他们系,即商学院物流系的学习格外辛苦。她觉得其他的香港学生有更好的英语技巧:

最难的部分是我和香港学生的差异。我们都就读于商学院。香港学生的英语更好。我在内地学习的时候自我感觉还不错,但是与香港学生比较,我觉得他们的英语更好。[II-ST1]

6.4.4 合作技巧

II-ST4、I-ST1、I-ST5和II-ST1受访者认为学习和合作是香港地区学习很重要的一部分。在内地则不然,内地的学生独立学习。这些受访者都感受到了团队作业在香港教育中的地位。在小组内进行更多的沟通意味着香港和内地的学生都要提高自己的语言技巧。

在这里,合作是非常重要的。内地的大学,学生只要去图书馆自习就能得到很高的分数,但在香港这几乎是不可能的。我们需要和其他学生团结协作。如果我们各行其是,就什么都做不了。小组作业是我们成绩很重要的组成部分。当然演讲和讨论也非常重要。[II-ST4]

这里的教育更好。学校强调团队作业。许多任务都必须集体完成。我们与其他同学共事,一起查阅文献,然后撰写报告。[I-ST1]

6.4.5 不同的教与学方式

所有第一、二组的15名受访者认为香港和内地的教育方法不同。他们认为香港的教材更实用。香港学校期望学生能够自己利用课余时间阅读完教材,然后对教师上课的内容进行评价和思考。学生需要花时间在图书馆查阅文献学习。中国内地每门课只有一本教材,要求学生掌握这本教材,完成所有的练习,参加考试就能通过这门课程。教育方法的不同还体现在以下几方面:英语教学、是否重视记忆、授课方式不同。下面就这几个方面分别进行阐述。

重视记忆是香港许多学生和老师采用的教育方法。但是很多受访者(I-ST4、I-ST6、II-ST6和II-ST3)认为他们不喜欢机械记忆:

为了考试,我们需要默记知识点,也许根本不用理解。但要学习科学和工程学,我在记住要点之前必须理解其缘由。现在我觉得记忆真的很机械化了。这些问题很重要,因为它会直接影响我的学业。[II-ST3]

学习商务要求广泛的阅读和很好的记忆力。我不喜欢默记。[I-ST6]

我们要做商务企划,我不喜欢默记,但是我还是可以拿到高分的。我觉得实践非常重要。学生需要大量记忆,90%的知识点都是靠记忆的。[II-ST6]

三名受访者(I-ST1、I-ST2 和 I-ST7)谈到了香港和中国内地授课方式的区别。在他们看来,香港的教师敬业而友好,而内地的老师则显得有些高不可攀。他们觉得香港的教师平易近人、谦虚谨慎、乐于帮助学生。香港的某些教师还具备惊人的授课技巧和专业知识,在各自的领域享有国际声誉。

老师很好,有很高的教学造诣和专业知识。他们热情友好、乐于助人。我们和老师能沟通得很好。这里的教学质量要比内地好。老师的水准也比内地的高。[I-ST1]

中国内地的大学强调理论研究。有时候教师不注重教学。他们使用上课的时间聊一些私人的问题。他们不喜欢教书,因为对教师的评价是基于他们研究成果的发表。学生对于老师来说并不重要。但在香港,老师讲课的内容非常实际,尤其是商科专业,传授的知识非常实用。他们不仅教书,还训练学生解决问题的能力以及和不同人群打交道的技巧。[I-ST2]

但是,有一个受访者指出了与香港教师沟通的负面经历:

我来这儿之前,有老师告诉我说香港的老师来自全球各地。到了这儿以后,我很失望。他们的口音很重,英语也不好。[II-ST6]

II-ST6 受访者认为师生关系在香港扮演着很重要的角色:

我以前认为我们的成绩就是我们学习状况的体现。事实上,情况不仅如此。有时候还要看师生之间的关系如何。不是所有的老师都很公正的。如果学生和老师的关系很好,他/她就可以得到高分。[II-ST6]

II-ST6受访者还发现学生是否有理想的实习机会完全要看师生之间的关系。那些备受老师青睐的学生可以要求在美国、欧洲或其他国家实习,而那些老师不怎么喜欢的学生则没有选择余地,只能到中国内地或留在香港地区实习。II-ST6受访者是所有参加者中唯一一名对来香港求学失望的学生。他认为在香港求学有太多负面的学习和生活的经历。笔者不能确定II-ST6受访者这样的情绪是否普遍存在,或者仅是他个人的原因(因自己学习成绩不好,不得不留级,重修一年预科基础课)才产生这样的负面想法。尽管偶尔会有些不满意和失望,但其他14名学生对自己在香港的学习和生活经历总体上的感觉还是很愉快的。

第五节 总 结

访谈的数据表明了中国内地生在香港学习和生活需要面临的挑战。这些挑战可以分为四类:经济压力、语言障碍、教育与学习方法差异和文化障碍的存在。经济压力对于自费求学的学生来说尤其突出。而那些拥有奖学金的学生不仅要承受经济压力,还要以优异的成绩来保持获得奖学金的资格。此外,中国内地生也希望能在香港获得兼职的机会,因为香港的消费水平很高,打工可以帮助他们更好地融入社会,为毕业后的就业提早做准备。当然,这一点香港政府已经作了改进,新的关于内地生的政策规定内地生也可以在读书期间做兼职工作,及在暑期做暑期工,如第一章中所述。但是,由于工作场所和香港全社会普遍存在的语言障碍,往往使中国内地生处于劣势地位。香港是一座国际化城市,因此学生如果能够熟练使用英语、普通话和粤语三种语言,各种就业机会较多,薪水也较高,这样的语言技巧终身受用。

香港与内地的文化差异非常明显。学生不得不面临观念、态度、关系、传统、风俗,甚至教与学文化的不同之处。中国内地的学生具备较多样的文化背景,文化体系有很复杂的细分。身在香港,中国内地生经常会有身处他乡之感。此外,他们还感受到了学业的压力。另外,由于经济来源有限,语言水平不够高,内地生在生活、学习中的障碍也不少。但他们仍然希望能尽快跨越语言障碍克服在港学习的各种困难。与此同时,因为缺乏资源,中国内地生与当地人建立社交圈子的条件和能力有限。因此,他们不得不承受与香港本土文化差异的孤独感。

第七章

适应香港高校的应变措施及毕业后的前途理想

第一节 引　言

正如前两章所述,中国内地学生在香港遇到的困难主要有:文化差异、双重语言障碍、经济压力、社会歧视、异样的思维方式、爱好及个性差别、不同的时间安排、适应新环境的困难等。第一组和第二组的受访者都拥有共同的应对策略,但是在某些问题上他们的意见有分歧。第二组的受访者表明在来港后的第一年里,他们将所有的时间和精力都投入学习,因为学习压力是他们主要的压力来源。但是从第二年开始,他们各自的表现和问题开始逐渐不同。根据 II-ST2、II-ST3、II-ST4、II-ST7 和 II-ST8 受访者的观点,他们从第二年开始花较多的时间进行社交活动。

本章涵盖了第三及第四个研究议题,包括第五、第六及第七个具体问题,如下所示:

第三个研究议题:

中国内地生为适应香港的学习和生活需要采取哪些应变措施?

　　具体问题五:中国内地生为适应香港的生活采取了哪些策略?
　　具体问题六:中国内地生为适应香港的学习采取了哪些策略?

本章还将涵盖第四个研究议题及第七个具体问题,具体如下:

第四个研究议题:

中国内地生从香港高校毕业后有何理想和打算?

　　具体问题七:香港的中国内地学生为毕业后做了怎样的打算?

本章的目的在于,首先揭示中国内地学生为了顺利适应在香港的学

111

习和生活采取的策略；其次了解中国内地学生毕业后的规划。经过调查研究发现，虽然第一组受访者（在香港逗留的时间不到一年）和第二组受访者（在香港逗留的时间超过一年）在香港遇到的困难类似，但是他们采取的策略因各自在香港逗留时间的长短有所区别。

本章首先阐述中国内地学生为适应香港地区的生活所采取的策略（第二节）；再解释中国内地学生为适应香港的学习而采取的策略（第三节）；然后，第四节注重讨论中国内地学生毕业后的规划，分析他们毕业后可能选择的出路；第五节指出多数人愿意选择毕业后留在香港的原因及留港的优势；最后，第六节表明如果内地生选择毕业后留港，他们应该怎样规划自己的未来，以及为了做好毕业规划应采取哪些对策。

第二节　内地生为适应香港的生活所采取的策略

内地生在香港求学第一年和第二年面对的环境及心境不同，导致他们为适应香港的生活和学习采取了不同的策略。第一年内地生要集中精力学习语言，努力使自己尽快适应香港学习和生活的需要，这一点至关重要。到了第二年，学生学到了更多有关语言和文化的知识，他们与香港的学生发展私人交往、建立友谊增强了信心。他们参加的社团组织范围更广泛，参与大学社团的活动也更多。这使他们有更多的机会参加社交活动，向香港的学生学习如何面对新的环境，培养不同的学习技巧和习惯。因此，第二年对中国内地生来说比较轻松。

求学香港，需要适应香港高校内外环境，采取应变措施。包括"三关"：经济关、语言关、心理关。第一是经济关，要根据家庭经济承受能力，考虑到在香港花费比内地高校要高得多，每年的费用是10万至12万港元左右。学生还应该根据自己各方面的情况，如成绩、能力、专业兴趣、个性以及家庭经济状况等，理性地选择修读的专业及课程，因所学的专业不同，所交的学费可能有所不同，如经济等专业，各学校情况不同。第二是语言关，香港高校普遍要求考生高考成绩达到考生所在地的本科一批高校录取线，而且除与中国文化语言有关的课程，香港高校一般用英语教学，考生的英语写作和口语能力需要特别好，这样才能适应港校的学习环境。第三是心理关，在香港，人们对内地生的评价普遍是：勤奋、基础扎实、内敛，但不会玩、不太善于展示自己。而香港恰恰是需要个人表达的社会，内地生在融入香港社会这方面确实要有个过程，而性格内向的学生适应期则会更长。

为了成功应对这些困难,中国内地学生采取的策略如下:通过学习粤语克服沟通障碍、与香港学生加强沟通、提高自理的能力、参加不同的社团活动、推广校园普通话的使用和中国的传统文化。下面将对这些问题分别进行陈述。

7.2.1 通过学习粤语克服沟通障碍

第一组和第二组的参加者都认为与香港本地学生沟通的主要障碍是语言不通,虽然也有其他的因素使得双方的沟通渠道不畅,如不同的价值观念和时间管理体系。香港的学生不会说普通话,而中国内地学生不会说粤语。I-ST4和I-ST5受访者指出如果内地生能说粤语,则香港和内地学生的差异将会大大减小。I-ST4受访者建议中国内地生应该在来港前购买粤语学习磁带或磁盘,帮助自己学习粤语,为香港的学习生活做好准备。I-ST5受访者建议中国内地生使用互联网来学习粤语,结交更多的香港学生朋友:

> 为了提高我的粤语能力,我做出了多方面的努力。我是来港以后才开始学习粤语的。现在中国内地生都在香港完成一年的基础课程,但是他们通常与中国内地生在一起,不常和香港学生接触,因此他们的粤语进步很慢。他们应该花更多的时间和香港的学生在一起,结交更多的本地朋友。[I-ST5]

I-ST5受访者建议在预科这一年,中国内地学生应该学习诸如粤语和中国文化这样的课程。第一组和第二组都有一些学生会说一点粤语,例如I-ST4和I-ST5;另外有三名粤语母语使用者,即I-ST1、II-ST2和II-ST4。所有参加项目研究的学生都认为在香港求学的中国内地生会说粤语是一大优势:

> 如果你能说粤语,香港学生就会乐于接受你。现在我可以和他们用粤语沟通一些日常生活的细节。去年我还不会说粤语,我的香港同学努力用普通话和我交流。我们现在能够彼此理解了。[I-ST4]

但是,语言对于第二组的受访者来说仍是主要的障碍。II-ST3和II-ST8受访者认为讲粤语是结交香港朋友最好的方法:

> 学习粤语能够帮助你适应这里的环境。讲粤语能帮你找到很多

新朋友。香港人不喜欢那些不愿意讲粤语的人,他们看不起那些拒绝讲粤语的人。对那些愿意讲粤语的同学,香港学生的态度更友好。因此,在香港求学的中国内地生必须要适应环境,关注其他人的想法,这一点至关重要。(II-ST3)

II-ST3、II-ST8 和第一组中强调粤语重要性的受访者观点一致。除了前述的优势外,粤语还可以帮助中国内地生在香港就职。II-ST3 受访者在找工作的过程中深刻地感受到粤语的重要性。

7.2.2 与香港的学生加强沟通

I-ST1、I-ST3 和 I-ST7 受访者建议和香港学生打成一片有助于中国内地生适应香港的生活。这样做不仅能提高中国内地生的社交和沟通技巧,还有利于他们的学业:

> 我经常和香港学生讨论,问他们一些学习上的问题。我会努力去学校和他们进行小组学习,这对我帮助很大。一方面我想要锻炼我的社交和沟通技巧,另一方面这样做也可以帮助我的学习。这比上课听老师讲可能更有效,感觉也完全不一样,真是受益颇多。[I-ST1]

有三名参加者(I-ST1、I-ST3 和 I-ST7)感觉到一开始很难融入香港学生的社交圈子,大家相互不熟悉。但是幸运的是香港学生很热情,半年后,中国内地生和香港学生就能相处得很好了。I-ST3 指出,一开始中国内地学生和香港学生只能通过英语沟通,后来内地生提高了自己的粤语听说能力,香港学生也学习了必修的普通话课程,这样一来,双方的沟通更容易了:

> 首先,我需要克服我的心理障碍。我本来不喜欢说粤语,他们就鼓励我说粤语。不久之后,他们也能说普通话了。我觉得粤语是我和香港人沟通时最主要的障碍。通过这种互相促进的方式我们能融入他们的圈子。[I-ST3]

受访者还建议中国内地生应该尽可能多地参加学校举办的活动,多和香港学生接触。I-ST3 指出参加社团活动的重要性:

> 开始接触时,香港学生一般会邀请中国内地生参加他们的活动或外出聚会,如果中国内地生拒绝了邀请,则他们很难再邀请中国内

地生参加什么活动。他们可能会认为中国内地生不喜欢和他们在一起,而中国内地生也许从此就失去了融入香港社交圈子的宝贵机会。[I-ST3]

I-ST1受访者说他曾经竭尽所能抓紧一切机会和香港学生打成一片。每周打一次或两次篮球、排球都是上好的机会。他还参加了学校的排球联盟。I-ST7受访者也认为任何与香港学生接触的机会都不应该拒绝。在学生宿舍里有很多活动和聚会,这些都是认识朋友很好的机会。I-ST5受访者解释说他一开始不懂粤语,但是参加了一些活动后,他的粤语也提高了:

> 我在做项目和小组作业时,总是尽量和香港学生在一起。我努力和不同组别的香港学生合作。如果我总是和一个小组的香港学生在一起,就不可能很好地融入香港同学的圈子。[I-ST5]

I-ST1、I-ST3、I-ST5、I-ST7、II-ST5和II-ST8受访者都认为,和香港学生多相处不仅能帮助他们适应香港的生活和学习,还有助于他们提高自己的粤语水平。II-ST5受访者这样描述她第二年的经历:

> 我常和内地与香港的同学在一起,但是感觉是不一样的。现在我和香港同学相处时,也会觉得很放松,很开心。有时候我们晚上出去,有时候下课他们邀请我出去玩,我会很乐意加入他们。[II-ST5]

II-ST7受访者认为像她室友这样的香港学生可以教给她很多学习方法,帮她指出课堂的重点,因为他们都很擅长复习考试。II-ST7受访者这样解释:

> 香港同学帮我申请香港身份证。一开始,我不会说粤语和英语,也不知道香港的街名,我经常会迷路。香港的同学就会和我一起去。他们还会带我香港的很多地方,介绍我购物的场所。[II-ST7]

有几名参加者(II-ST1、II-ST3和II-ST5)解释了他们与香港学生和内地学生在一起的不同经历。II-ST5受访者解释说她经常和内地同学一起购物,和香港同学一起做其他事情。II-ST1受访者认为她是根据活动的内容来选择到底是和内地学生还是与香港学生一起共事。她指出香港和内地的文化差异有时候会让她觉得与香港同学一起玩耍很难:

> 比如,香港同学很注重金钱。他们对很多事物的看法都和我不

一样。香港是一个商业社会,我有时候很不习惯这种氛围。我也不喜欢听到他们的一些评论。内地学生在一起时,除了钱这类的话题,我们可以谈论其他的事情。我们可以谈谈旅游和学习。[II-ST1]

即使这些参加者(I-ST1、I-ST3、I-ST5、I-ST7、II-ST5、II-ST7 和 II-ST8)吐露了他们从香港学生那儿获得了很多的帮助,但其他一些参加者认为语言障碍、不同的观念、兴趣爱好和价值体系等因素使他们大部分时间都和内地的学生在一起。通常除了周末和其他节假日外,中国内地学生很少和香港学生在一起。

7.2.3 提高自理能力

就适应新环境的问题,一些参加者(如 I-ST3、I-ST4 和 I-ST7 等)表明照顾好自己这一点非常重要。他们说在家有父母照顾,告诉他们要吃什么、穿什么,提醒他们怎么样安排时间和理财,但是在香港他们就需要自立。这也是一个挑战,需要时间来适应。I-ST3 受访者说每次她回家再返校时,还是需要一点时间来适应香港的生活:

> 每天我还需要服用一些我妈妈给我从家里准备的药片来帮我适应香港的食宿和气候,我还得多加小心自己的身体。[I-ST3]

对于 I-ST3、I-ST4 和 I-ST7 受访者来说,在香港安顿下来没有想象中那么容易。他们在新环境中要碰到一些诸如孤独感、气候、食物、时间作息和不同节假日等方面的困扰。要他们完全适应香港的生活还是需要一段时间的。

中国内地学生要想在香港获得成功,就必须培养自己的自律和自立能力。II-ST3、II-ST4 和 II-ST7 受访者描述了多种培养自理能力的方法:

> 我可以参加各种活动。一开始我对这里一点都不了解,现在我可以参与很多活动,而且也不耽误学习,这是我的一大进步。在内地,我的父母很关注我,也把我给宠坏了,我不需要担心任何事。现在迫于诸多因素的压力,我必须自食其力。我觉得我在这一方面取得了很大的进步,我对自己很满意。[I-ST7]

II-ST5 受访者也同意自立和自律对中国内地学生很重要:

> 在这里(香港)自律是很重要的一种素质。因为你很容易花钱买

一些不喜欢或不需要的东西,这绝对是一种浪费。这也给了我很大的内在压力。我们需要安排好时间。学习的时候,我们要自己找资料,自己消化所学的东西,还需要自己安排该做什么事情。老师不会告诉我下一步该做什么。训练自己的自控和自律能力也是很困难的。[II-ST5]

香港的消费很高,理财是很有必要的一种技能。II-ST5 受访者就这一方面为自己设定了一些规则:

每次花钱时我都会把账单和账户结单收好,这样我就知道我到底用了多少钱。购物时要保持绝对的理智。我经常在买东西的时候很喜欢,但是事后就不会再去用了。我不使用信用卡。必须要从经历中有所心得。[II-ST5]

II-ST4 受访者说明时间管理技巧非常重要,因为香港的课表不固定。有时候早上八点半开始上课,有时候他们下午才会有课,有时候可能一整天都没有一节课。国内的学校,课表是固定的,大学的生活非常规律:

中国内地大学里安排好的课表可能使学习的效率不高。在这里,我们自主安排时间,我们了解自己要做什么,所以我们就能挤出时间去图书馆。我觉得现在时间安排很灵活。[II-ST4]

很多内地生第一年适应起来有些困难,因为第一年是基础年,一般也只认识几个一起来香港的内地生,社交圈子很小。但第二年开始在各系就可以认识一些高年级的其他内地生,或来自其他国家到港学习的外国学生,以及更多的本地学生,这样认识的人多了,社交圈子扩大了,生活也变得轻松很多。因为有些系部,如旅游、护理之类的学系近年来才开始招收内地生,所以对于早来的内地生而言,第二年认识的学生会多一些。

7.2.4 参与不同的活动

有四名参与者(I-ST1、I-ST2、II-ST1 和 II-ST3)认为香港的学校为帮助中国内地生适应新环境提供了很多支持。学生事务处(SAO)、各系部和学生宿舍都组织了很多活动。I-ST1 和 II-ST3 受访者提到"高桌晚宴",这是学生宿舍里举行的所有入住学生和其他嘉宾都能参与的一项晚宴活动。这种场合为学生结识老师和香港商界人士提供了宝贵的机会:

学生在此可以学到很多课堂上学不到的东西。还有一些活动，如兄弟联谊会、英语演讲协会、体育协会、文学协会等等，内容也很丰富。校内有30多个学生社团。这些社团不仅帮助内地学生更好地与香港学生相处，也可以让来自全球各地的留学生互相了解。[II-ST3]

I-ST1受访者建议"高桌晚宴"是一个与香港学生和其他学生交朋友的好时机。人们普遍认为这种活动很有用。还有一些其他的活动安排帮助学生适应新环境。II-ST3受访者推荐了学校组织的青云路计划，以及青年领导才能培训项目。根据先到先得的原则，这些项目对所有学生开放。但是内地学生了解这些项目都是通过同学极力推荐的。还有兄弟联谊会，可以帮助中国内地和香港的学生进行文化和语言的交流。

II-ST1受访者也同样认为青年领导才能培训计划（LCSP）很有意思。I-ST2受访者认为LCSP对提高自己的领导才能，了解与人打交道的技巧和建立互助体系非常有用：

LCSP会员毕业生可以加入大学的LCSP校友会，该校友会旨在促进会间的互助，加强领导技能的培训，服务于社区。这类项目在中国内地还不普遍。[I-ST2]

有八名参与者（I-ST1、I-ST2、II-ST1、II-ST2、II-ST3、II-ST4、II-ST7和II-ST8）提到了利用大学组织活动和服务的优势：

大学提供了很多服务。现在大学在这一方面取得了较大的进步。香港有很多组织可以帮助我们。我们如果有需要，可以申请帮助。工作人员都很热情友好。[II-ST4]

II-ST7受访者非常感谢学校为中国内地生特别提供的一些课程，如英语和粤语培训的课程：

学校为我们开设了一些课程，如第一学期有英语和粤语课程。学校给我们最大的帮助就是提供机会让我们和本地的同学相处。校方对中国内地生和香港学生一视同仁。我们可以一起参加活动。我还听说有一个兄弟联谊会让中国内地生和香港学生结对互助，这样的项目很好。[II-ST7]

II-ST7受访者认为参加志愿者服务也是帮助内地生了解香港、认识朋友的好方法。内地的大学没有为学生开放的志愿者服务项目,但是香港的大学很鼓励这一点。总之,第二组的受访者学会了利用大学组织的活动和提供的服务来帮助自己融入香港社会,也认为学校提供的语言课程益处多多。除了上述的八名受访者(I-ST1、I-ST2、II-ST1、II-ST2、II-ST3、II-ST4、II-ST7 和 II-ST8)以外,其他的受访者没有提到他们是否在课余时间一起和香港学生参加课外活动。

7.2.5 推广校园普通话的使用和中国传统文化

II-ST2 受访者提到普通话俱乐部是提高校园普通话、加强与香港学生沟通很好的平台。普通话俱乐部对所有学生开放,整个学期不中断。俱乐部有远足郊游、国语电影、普通话周和其他相关的活动。II-ST2 是普通话俱乐部 2006—2007 年度的主席,她对该俱乐部做了这样的评价:

> 普通话俱乐部的宗旨是在校园推广普通话,为香港的学生和内地学生一起练习普通话提供机会。[II-ST2]

II-ST8 受访者也赞同推广普通话是很好的一项措施:

> 推广校园普通话的使用是跨越文化沟壑的有效方式。大学要鼓励学生说普通话,这一点很重要。类似于其他语言促进项目的活动,比如像鼓励讲英语的"大嘴巴"英语角活动也应该在推广普通话的过程中开展起来。[II-ST8]

I-ST2、I-ST3 和 I-ST5 受访者也同意普通话俱乐部是使更多的中国内地生与香港学生彼此了解的好平台:

> 虽然这是一个普通话的协会,但是多数会员是喜欢学习、练习普通话的香港学生。这个项目鼓励更多香港和内地学生互相沟通,同时提高双方的粤语和普通话水平。[I-ST2]

II-ST4 受访者是"中国内地学生会"的主席。该协会的宗旨是促进校园的中国文化、组织各种与中国相关的活动,如组织许多香港学生喜欢的中式烹饪课来加强中国内地和香港学生的沟通。该协会有 800 名会员,大部分是中国内地学生。II-ST4 受访者指出:

> 我正在努力推广校园普通话,我需要和校长、学生会办公室、学术交流和合作办公室等人员和部门沟通,以获得更多的支持。[II-ST4]

两组的受访者都认为推广校园普通话和中国传统文化有助于加强中国内地和香港学生的沟通和交流。

第三节 中国内地学生为适应香港的学习采取的策略

本项目的调查数据结果显示,中国内地学生在香港的教育经历包含了以下困难:学习压力、学习方法差异、英语语言障碍、沟通技巧不同和教育方法不同。为了成功处理和面对这些问题,中国内地生采取的措施包括以下几个方面:克服英语语言障碍、与香港学生打成一片、寻找高效率的学习方法,以及有效利用大学提供的帮助。

7.3.1 克服英语语言障碍

第一组和第二组的参加者都认为英语是他们最大的障碍,因此克服英语障碍是帮助他们学习、尽快适应香港学习环境的第一步。根据三名参与者(I-ST1、I-ST4 和 I-ST6)提供的信息,学生对如何克服英语障碍有各自的方法。I-ST4 认为学校相关事务办公室一向很关注中国内地生的情况,为他们提供了很多学习英语的建议。她克服英语障碍的方法是这样的:

> 首先,我每天阅读英语,总是查字典。重复多次以后,单词不再陌生,我慢慢就记住了。[I-ST4]

I-ST1 学生也谈及了当时她如何克服英语这一语言障碍:

> 我全神贯注,仔细听讲。第一堂课,老师讲得很快,我根本没有听懂。一开始,我要课后不断复习,查字典。现在情况好多了。[I-ST1]

I-ST6 受访者认为提高英语水平的方法就是尽可能多和同学练习口语:

> 中国内地生应把握机会,常与其他同学沟通。一般外国留学生在这里只生活半年,他们都很乐意与人沟通。[I-ST6]

全校有来自世界各地 500 名外籍学生,通常这些外籍学生很乐意了解其他国家的文化,愿意和不同国家的人交往,这也是他们来亚洲留学的一个目的,不仅可以深造,还可以开阔视野。

7.3.2 与香港学生打成一片

参与者(I-ST1、I-ST4、I-ST7、II-ST1、II-ST5 和 II-ST8)认为与香港学生的相处至关重要。一方面可以提高中国内地生的粤语水平和社交技巧,另一方面也可帮助中国内地学生融入香港社会。如果这些学生打算毕业后留在香港,这些技巧就更加必不可少。从学习的角度来讲,参与者认为香港学生团队作业技巧更加娴熟,中国内地生认为这可能是因为香港学生受到这方面的训练更多。因此,中国内地生可以从香港学生那里学习协作的技巧。I-ST4 受访者说无论何时遇到何种学习困难,她都可以请求香港学生帮她用中文解释不懂的英文内容:

> 香港同学不仅可以告诉我英语单词的意思,还可以帮我用中文解释。我们系所有的中国内地生都有学习上的困难。[I-ST4]

I-ST7 受访者说他做很多的阅读练习,但是有时候他也要请求成绩优异的同学帮助:

> 有很多问题我需要他们的帮助,因为他们学得比我好,在这个领域里他们以前学的知识就比我多。[I-ST7]

参与者(I-ST1、I-ST4、I-ST7、II-ST5、II-ST7 和 I-ST8)赞同与香港同学相处有诸多学习上的好处,因为香港学生可以告诉他们好的学习方法,帮助他们指出上课的重点,以及如何更好地准备考试,等等。

7.3.3 寻找高效率的学习方法

中国内地生在第一年取得了一定的进步,而这项研究发现他们第二年使用的学习方法效率更高。他们的学习策略包括:向榜样学习、寻找高效率的学习方法、利用学校提供的支持等三个方面。

第一组的参加者(I-ST1、I-ST2、I-ST3 和 I-ST6),以及第二组的参加者(II-ST2、II-ST3 和 II-ST8)谈论了他们为适应新环境所采取的特殊方法:

> 考前的充分准备肯定可以帮助我们在香港学校的考试中取得更好的成绩。我考试准备得越充分,学习效果越明显,我的 GPA 排名也就越靠前。这种方法让我的平均绩点比第一学期高出了许多。

[I-ST2]

参与者都觉得香港学生可以作为他们提高自己学习效率的好榜样:

> 在香港我和本地的同学住在一起,我学到了很多。我的室友告诉我很多信息。市场营销课上她有很好的方法。她找出了教师授课内容的重点,并且按照笔记进行考前复习。其他学生对考试也各有法宝,他们找到了有效的学习方法,包括记住课堂的要点、按照老师的建议复习考试等,这些办法都有助于我取得学业上的成功。[II-ST8]

II-ST3 受访者也使用类似的办法:

> 我经常学习其他人的学习方法,取长补短。就我个人而言,我没有做出太多的自身改变来帮助我适应这里,我只是把老师课堂上讲的内容记下来,感觉有点像在"填鸭"。[II-ST3]

"填鸭"式的教育方法和英语教学中的"以勺喂食"方法类似,用来描述中国教育传统中枯燥的教育方法。学生的学习完全是建立在记忆而不是理解的基础之上。老师只是引导学生学习教材的内容,学生只要记住课堂上的内容,无需理解教材或弄懂如何应用老师上课的知识点。

第二组的参加者(II-ST2、II-ST4、II-ST7 和 II-ST8)认为高效率的学习方法是提高学习成绩的关键。这些方法包括:仔细听讲、记下难懂的英文单词、每天不断记忆、按照教师提供的建议复习知识准备考试。只有 II-ST2、II-ST4、II-ST7 和 II-ST8 谈及了个人的学习方法,举例如下:

> 我首先会预习整本教材,这可以更好地让我理解老师的授课内容,因为老师不仅仅是给出重点,而且还会推荐大量的参考书。这一原则在其他课程上也是通用的。[III-ST8]

> 上课时,我努力记好笔记。如果我听不懂老师讲的内容,我就会写下老师所说的话语或一些字音,课后我会查字典或问其他同学,直到弄明白为止。[II-ST2]

7.3.4 有效利用大学提供的帮助

两组受访的同学绝大多数都表明了中国内地生想要适应香港的学习环境不仅需要学生自己的努力,还需要学校为帮助学生提供的支持。他们都认为学校已经推出了一些措施帮助中国内地生,比如为所有的中国

第七章 适应香港高校的应变措施及毕业后的前途理想

内地生提供宿舍，开设英语和粤语的课程，设立兄弟联谊会等。中国内地生认为有些措施非常有效，但是有些措施有待提高。比如，II-ST1认为许多中国内地生在节假日时要去深圳买便宜的回家机票，因为这样比直接在香港买便宜得多。如果学校能够安排一个机构专门帮助内地生购买机票，这会给中国内地生带来很大的方便。在香港的各大公司这种做法非常普遍，也难怪学生对拥有数千名内地生的大学缺乏这样的服务感到不解。

还有些参加者（如I-ST7和II-ST8）认为学校没有作出很大的努力来帮助中国内地生适应在香港的学习和生活。但他们认同学校能有所作为的情况也很少。II-ST8受访者认为适应新环境是因人而异的事，学生的个性决定了他/她能否尽快顺利地融入新环境。如果学生乐观上进、容易相处，那么他/她就能很容易地融入香港，调试的过程也要简单很多。她自己就可以作为一个例证。

II-ST1和II-ST4受访者认为学校提供了帮助学生的设施和政策，因此内地生就应该好好把握：

> 除了个人努力外，中国内地生需要学校外在的支持。大学提供了一些帮助，免费开设了英语课程，如英语增润课程、英语辅导课程等。[II-ST4]

总之，受访者在适应香港的学习和生活过程中面临了许多的困难，他们采用了多种应对的措施。事实证明，这些措施对他们保持良好的学习成绩起到了不可替代的作用。在面临语言这个最大的障碍时，他们努力融入新的文化环境，尽量争取机会和香港学生相处，学习他们的优点，帮助自己适应在港的学习生活，他们还充分利用了学校提供的各种项目和活动来更好地打理自己的学习和生活。

内地生来香港求学都不可避免地会遇到一个适应过程，但每个人的适应过程不尽相同。如果心理准备充足、期望值小一些、外部环境好一些、个人性格和调节适应能力强一些，那么这个学生的适应过程就会大大缩短，从必然走向自然，获取个人学习、生活、社交的更大空间。如果心理准备不足、期望值较大、外部环境不好、个人性格过于内向、调节适应能力不强，那么这个学生的适应过程就会大大延长，产生烦恼，把个人的学习、生活、社交空间大大缩小，影响学业，甚至酿成悲剧。本书试图分析内地生求学香港的经历，找到他们心理适应的一般规律，帮助内地生和校方有关人员加深对适应过程的理解，采取更加有效的应变措施。

第四节 中国内地生毕业后的规划和打算

本节将涵盖第四个研究议题及第七个具体问题,回答第四个研究议题:

中国内地生从香港高校毕业后有何理想和打算?

具体问题七:香港的中国内地学生为毕业后做了怎样的打算?

根据与 19 名学生面对面访谈收集的信息,笔者发现中国内地学生做了三种毕业后的规划:第一,返回内地;第二,转去别国;第三,留在香港。

7.4.1 返回内地

有三名受访者(II-ST6、II-ST7 和 II-ST8)表明他们毕业后不想回到内地,至少不是在香港毕业后马上返回内地。这三名学生希望自己在香港工作或居住时间超过七年,获得香港永久居留权或香港特别行政区护照以后再回到内地。唯有如此,在将来,即使是回内地工作,因"一国两制"对香港人的特殊政策,他们在某些方面也不会受到内地政策的限制,如计划生育政策等。许多参加本项目的学生都打算留在香港:

> 我想尽量留在香港的公司工作。虽然最终我还是会回到深圳,但是我在这里有更多更好的机会。我的家人都在这里。毕业后,我不知道我是继续深造还是马上工作,我想要得到香港的永久居住权,当然这需要我在香港工作的时间超过七年。我还有可能出国读书。[II-ST6]

II-ST7 和 II-ST8 受访者有类似的规划,II-ST8 补充说:

> 毕业后,我希望自己能成为香港的永久居民,但是我不会一辈子待在这里。等我有了香港的永久居住权,有了一定的香港工作经验后,我会回到我的家乡。那时候我要出国也会很方便。我觉得在香港生活会很无聊。[II-ST8]

7.4.2 转去别国

中国内地学生选择来港求学的一大原因是香港可以作为跳板,让他们出国。根据四名参加者（II-ST2、II-ST5、III-ST1 和 III-ST4）提供的信息，一旦中国内地学生在香港完成学业，最有可能的就是转去到美国或英国等国继续攻读硕士或博士学位。这些内地生的父母对他们的决定影响很大。来看一看 II-ST2 和 II-ST5 的打算：

> 如果我打算在我选择的专业上继续深入，我必须要读研究生。如果我能得到硕士学位攻读机会，我会继续去读的，当然这还要看我的父母是否会帮我交学费。[II-ST2]

> 我的父母认为来香港会让我出国更容易些。我最终的目的是去美国麻省理工学院或新加坡国立大学这样的院校留学。[II-ST5]

II-ST1 受访者代表本校参加了美国某大学的交换生项目，时间为一学期（六个月），她很高兴自己有这样的经历。她在美国认识了几个新朋友，锻炼了自己的英语口语。通过美国的学习经历，她意识到中国和西方国家的差异，她对自己日常使用英语交流信心倍增。因此去美国读书也成为她的梦想，毕业后如果她能被美国的学校录取，她会继续去那里攻读研究生学位：

> 我作为交换生去年在美国学习了一学期。我非常幸运能有那样的经历。我认识了新朋友，如果有机会，我盼望着能再与他们相见。我的前任男朋友在美国学习。我不知道他是否还会等我，但是我希望自己能去美国念书。即使我能去美国，但申请的学校和他的学校在同一州的机会也很渺茫，美国太大了。因此，对于这段感情，我是不抱什么希望的。[III-ST1]

根据 III-ST1 受访者的信息，她毕业后的规划与她选择来香港的理由紧密关联。她是在南京的一所国际学校读的高中，从小她就梦想着能去美国读书。在她看来，来香港只是她去美国读书的一个过渡。

7.4.3 留在香港

除了返回内地或出国，留在香港继续念书或工作成了中国内地生毕业后的另一种规划。这三种备选方案中，留在香港是参加访谈的人员选择最多的一项。在这 19 名受访者中有 13 名同学表明他们更愿意留在香港学习或工作。他们分别是：第一组的 7 名学生（I-ST1、I-ST2、I-ST3、I-ST4、I-ST5、I-ST6 和 I-ST7），第二组的 3 名学生（II-ST1、II-ST3 和 II-ST6），以及第三组的 2 名学生（III-ST2 和 III-ST3）。在下节中，作者

将重点分析留港的特殊优势和准备留港的预备工作。

第五节 毕业后留在香港的特殊优势

根据 I-ST2、I-ST3、I-ST4、II-ST6、II-ST7 和 II-ST8 的说法,毕业后留在香港会给中国内地生带来很多优势。II-ST6、II-ST7 和 II-ST8 这几名受访者认为他们希望毕业后能在香港工作几年。这可以让他们在旅居香港七年后获得香港的永久居住权,还可以获得香港地区的工作经历。届时他们究竟会不会回到内地要取决于中国内地的局势:

> 三年后我毕业,我希望能在香港工作三年,同时攻读非全日制的硕士学位。这样一来,我在香港就有七年的旅居生活,到时候我就能获得香港的永久居住权。然后我会去美国攻读 MBA。我的最终目标是回到上海。七八年以后,回到内地比待在香港要好。[II-ST6]

> 我毕业后的打算是这样的:如果我能继续深造,我会念书;或者在香港找一份工作,获得更多的工作经验和香港的永久居住权,最后回到中国内地施展才干。[II-ST7]

如果中国内地生打算毕业后留在香港,他们无非是为了继续读书或工作。有五名参加者(I-ST2、I-ST3、I-ST4、I-ST6 和 II-ST3)表明他们想留在香港找一份工作或攻读研究生学位:

> 我经常会想着毕业后的打算。我不想再念书了。我只想找一份体面的工作。我的学习成绩不是很理想,所以我不想再读研究生了。我希望学士学位能让我在香港找到一份好工作。[I-ST2]

> 毕业后我想先工作几年,然后读研究生。在香港待七年后,我就可以获得香港的永久居住权。我的父母希望我能去美国创业。[I-ST3]

> 中国内地有太多本科生了。年景不好,很多人都失业。我想留在香港,无论是为了学习,还是为了就业,这都是一个很好的选择。[I-ST4]

获得香港的永久居住权是留在香港的主要理由。受访者也谈到了一些其他的好处,这些优势对他们人生的影响长达数年。I-ST2、I-ST3、I-ST6、I-ST7、II-ST3 和 II-ST4 等受访者除了提到获得香港居民的身份以外,还提及了其他的利处。比如,I-ST2 和 I-ST3 认为相比内地的城市,香港更适宜人们居住。人们不需要漂亮的学位才能在这里找工作。中国内地的本科生想就业很难。多数香港的学生不想读研究生,只想工作,这种氛围中国内地生很容易接受。I-ST2 和 I-ST3 受访者说,香港的失业率更低,中国内地的学生在香港有更好的就业机会,与同类毕业生竞争也不如中国内地激烈。在香港工作的优势还包括人们能够更容易地找到一份高薪体面的工作。参加访谈的学生还认为香港是一座国际化城市,这里有更多的机会与各种各样的人打交道,视野自然也更开阔。第一组的很多受访者都赞同 I-ST2 受访者陈述的理由:

> 香港很好,人们不需要高学历才能就业。中国内地的本科生很难找到工作。多数香港学生不读研究生,他们只想工作。这样我们的机会也很多。香港工作的优势包括:找工作难度不大、薪水很高、管理体制很好、职业发展前景好。[I-ST2]

> 留在香港好处多多:香港的工作环境独特,会在我的工作履历上留下辉煌的印记。香港是国际化的城市,我可以和更多的人接触,见多识广。[I-ST3]

第二组成员留在香港的理由与第一组类似。下面将一些第二组的受访者提供的理由做一汇总:

> 我可以留在香港,找一份工作。有了四年的学习经历外加三年的工作经历,届时我就可以获得香港的永久居住权。我想生两个孩子。中国内地有独生子女政策,如果我回去,我就没法合法地要第二个孩子。[II-ST4]

> 留在这里的优势有:香港社会体制完善,每个公司都有一套自己的管理方法。这里有许多大公司,机遇很多。中国内地的就业市场竞争太激烈。北大、清华的毕业生比我们更有竞争力。[II-ST3]

对于 I-ST1、II-ST2、II-ST4 和 III-ST4 受访者来说,留在香港的一个理由是没有语言障碍。这四名学生来自于中国广东省,他们的母语就是粤语,因此在这里根本没有语言障碍。广东的生活方式和香港也很相似。香港作为中国的一个特别行政区域,有其自身独特的优势和政策体制,这些优势广东省不具备。这在前文已经有详述,在此不再赘述。

从就业的角度来看,许多香港的公司需要有中国内地和香港高等教育背景的毕业生,这些毕业生可以代表他们公司前往内地工作。这种现

象也为中国内地生在香港就业提供了得天独厚的优势——在香港就业，在内地工作。这对内地的学生来讲无疑是一个双重优惠——回到内地与家人团聚，同时享受香港公司的高薪待遇。III-ST3 受访者说：

> 我知道许多香港公司都在上海开了分部或办事处，他们需要内地出身、在香港接受高等教育的称职员工，他们要求既会说英语，还会说粤语和普通话。这些员工熟悉内地的环境，也了解香港的体制。如果我想毕业后就职于上海的某家大公司，我被聘用的胜算就会大很多。[III-ST3]

第六节　未来的规划与策略

第一组的某些受访者（I-ST2、I-ST4 和 I-ST7）认为如果他们毕业后能留在香港，那么他们希望能更加深入地融入香港社会。I-ST2、I-ST3、I-ST4、I-ST6、I-ST7、II-ST3 和 II-ST4 等受访者也意识到如果他们能留在香港，在当地积累的人脉很重要。这就要求他们充分地融入当地社会：

> 我想更好地适应这里。如果我要在香港工作，我需要有自己的人际关系网。如果我要自主创业，我也需要内地的关系。因此，我要和香港的学生多联系，多和他们相处，虽然这有些难。中国内地学生应该和香港的社会多接触一些。他们不仅需要一个好文凭，也要知道如何在香港开辟自己的职业道路。[I-ST2]

至于中国内地生留在香港是要深造还是工作，大多数参加项目的学生（I-ST3 和 II-ST5 除外）表明他们要融入当地的文化，多和香港人接触，把握一切机会提高自己的语言技巧。

总之，虽然各位参加访问的学生都一致同意留在香港获得香港的永久居住权是最好的选择，但是留在香港还有许多其他的好处，包括拓展职业生涯等。多数受访者认为香港能提供更多更好的学习和工作机遇，但是内地学生离开自己的家乡或永远离开自己的家人并不是他们出外求学的初衷。

第七节 总　　结

　　第五章至第七章描述了受访者的家庭、文化和语言背景,从中我们可以解释访问调查的种种结果。笔者是通过下面几个方面来分析调查数据的。首先是受访者在香港求学所面临的生活和学习困难,其次是他们为应对这些困难所采取的策略,最后是他们毕业后的规划。中国内地学生在香港的学习生活经历以及他们所面临的难题和挑战都源自于中国内地和香港的文化、语言、高等教育体制及学生自律观念的差异。来港后第一年的适应策略主要集中于语言的学习,适应背井离乡的孤独,培养自己的自立能力。来港后第二年,中国内地生普遍变得更加自信,适应策略的中心也转移到了如何适应香港的文化,如何和当地的学生加强沟通,如何学习香港学生的优点来帮助自己尽快适应新环境。显然中国内地生在港第二年的生活和学习状态更轻松了。鉴于香港能为中国内地生提供更多更好的就业机会和职业发展前景,多数参加调查的学生表现出了毕业后继续留在香港就业或深造的愿望。这也是为他们最终获得香港永久居留权打好基础。

第八章

国际化教育及求学香港的思考与启迪

第一节 引 言

本书使用定性的研究方法来探讨中国内地生在香港求学生活经历的心路历程。与以往的研究不同,本项目在研究的过程中引入了中国内地生自己的"声音"。采用的解释学范式不是为了提供验证的假设,也不是为了通过统计数据确立相关因素的可靠关联来推出研究的结果或确立理论。而是通过学生亲口提供的"深度描述"所累积的分析研究数据,得出研究议题涉及的主题和结论。鉴于本项目包涵了大量的细节描述,笔者所采用的细致入微、入木三分的案例研究方法才是解决研究议题恰到好处的分析方法。

半结构式采访是本项目的主要数据收集方法。笔者与 19 名就读于香港某高校的中国内地生进行了面对面的采访。整个调查过程遵循英国教育研究协会修订的《教育研究伦理准则》(BERA 2004),这在第三章已有详述。为了确保研究的有效性和可信度,笔者采纳 Guba 的定性研究操作方法来测试研究过程的"可信性"、"可行性"、"牢固性"和"统一性"(顾霸,1981,第 75—92 页)。各阶段研究进程开展井然有序、明朗有章。样本选择细致,采访时间表精心设计,数据分析张弛有度。采用高尔,高尔和波阁(2003)定义的抽样方法,包括目的抽样、机会抽样、最大差异抽样和雪球抽样的综合方法,全方位剖析本研究所涉及的问题。多种抽样方法的采用可以要求最佳研究对象推荐典型个案,从而更深入地了解该校内中国内地生的个体差异。本章主要对四大研究议题和七大具体研究问题进行探讨。图 8-1 列出了整个研究框架的构建和脉络,表 8-1 对研究的结果进行了汇总。

第八章 国际化教育及求学香港的思考与启迪

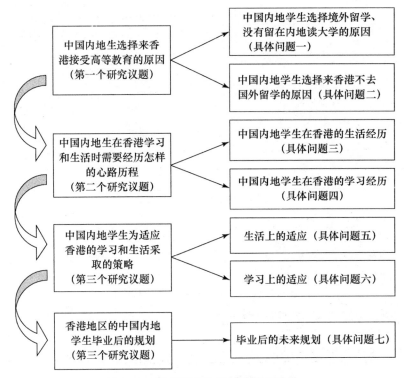

图 8-1 研究议题和具体问题的结构

表 8-1 研究结果汇总

选择来香港接受高等教育的原因(19 名参加者)		
因素	受访者	百分比
1) 社会原因	8	42%
2) 经济原因	16	84%
3) 教育原因	12	63%
生活中需要克服的困难(15 名参加者)		
1) 文化差异	10	66%
2) 双重语言障碍	7	46%
3) 经济压力	2	13%
4) 歧视	4	26%
5) 与香港学生的差异、孤独感、自立和自律	15	100%
学习中需要克服的困难(15 名参加者)		
1) 学习压力	3	20%
2) 学习方法差异	3	20%
3) 英语语言障碍	7	46%

续表

因素	受访者	百分比
4) 合作技巧	4	26%
5) 教学方法差异	15	100%
克服生活困难的策略(15名参加者)		
1) 学习粤语克服沟通障碍	7	46%
2) 融入香港学生群体	7	46%
3) 提高自理能力	7	46%
4) 参加不同的活动	8	54%
5) 推广校园普通话和中国文化	6	40%
克服学习困难的策略(15名参加者)		
1) 克服英语语言障碍	3	20%
2) 与香港学生相处	6	40%
3) 寻找有效的学习方法	8	54%
4) 使用大学互助体系	13	86%
毕业后的理想与未来规划(19名参加者)		
1) 在香港工作,逗留时间满七年后返回中国内地	3	16%
2) 去其他国家进一步深造	4	21%
3) 留在香港工作或继续深造	12	63%

　　本章第二节将主要阐述中国内地生出国或出境留学的原因(具体问题一),特别阐述选择来香港求学的原因(具体问题二)。本章第三节将揭示中国内地生在香港学习和生活面临的困难(具体问题三、四)。本章第四节将讨论中国内地生在香港求学在学习和生活方面所采取的适应策略(具体问题五、六),并提出中国内地生适应策略的新模式。本章第五节对中国内地生毕业后的打算进行综述(具体问题七)。

第二节　中国内地生选择来港求学的原因

8.2.1　中国内地学生选择到香港或境外求学而不是留在内地读大学的原因(具体问题一)

　　在三组参加采访的学生中,对于海外求学的原因并无多大差别,这一点是关键。出国留学的原因一般分为三类:社会原因、经济原因和教育原因,如图8-2所示:

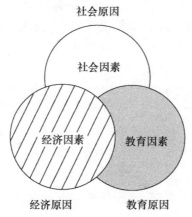

图 8-2 中国内地学生选择出外求学而不是留在
内地读大学的根本原因(具体问题一)

这三类原因都包含各自的推拉因素。推力因素反映了推动内地学生希望出外学习的中国内地形势,而拉力因素反映了其他地区或国家吸引中国内地生出外求学的各种优势。上述三类原因(社会、经济和教育)的推拉因素如图 8-3 所示:

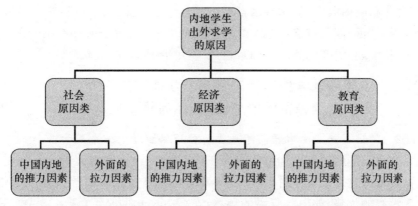

图 8-3 选择出外求学三类原因的推拉因素:社会类、经济类和教育类

有四名参加本项目研究的学生认为是否被中国顶级大学(如北京大学和清华大学)录取成了他们出外求学的主要社会推力因素。有一名中国内地生认为中国的独生子女政策使他将来不能合法地拥有第二个孩子,这成了他出外求学的主要原因。与此相反,有两名中国内地生已经分别获得了北京大学心理学系和中山大学英语系的录取通知书,但是他们认为香港地区商学院的毕业文凭更能为他们的前程锦上添花,因此他们

还是选择了来香港。有一名中国内地生认为求学香港的推力因素包括体验西方文化、西式生活以及身临其境于"东西方交汇的城市"等。还有一名认为来香港求学是他梦寐以求的愿望,这是圆了他"放眼看世界"的梦想。

出外求学的主要动力和因素是经济原因(在 19 名参加者中有 16 名学生这样认为:第 I 组 6 名,第 II 组 7 名,第 III 组 3 名)。中国内地普通本科毕业生的高失业率是其中三名学生出外求学的推力因素,他们都担心自己不可能和海外求学归来的毕业生在人才市场上竞争。有两名学生认为发达地区大学的文凭能够帮他们找到高薪工作,且在中国就职于国际大公司的几率将大大提高,这些海外学府的优势成了这两名学生求学香港的拉力因素。

教育的推力因素包括不喜欢中国传统的教育方法(两名学生)、不满意中国内地的教育体制(四名学生)、中国教育不受国际社会承认(两名学生)等。教育的拉力因素包括在香港可以攻读中国大学不能开设或未达到国际水准的专业,如大型哺乳动物学(一名学生)和全球供应链管理(三名学生)。

虽然郑(2003)进一步划定了中国内地学生出外求学的动因,包括个人、文化和政治因素,但这些因素可以综合认定为社会、经济和教育因素。个人因素可以涉及社会、经济和教育三个方面,因为个人和社会互相依存、互相牵制,而文化和政治因素构成了社会类原因的组成部分。

8.2.2 中国内地学生选择来香港求学而不是去其他国家留学的原因(具体问题二)

8.2.2.1 选择来香港求学而不是去其他国家留学的三个因素

这个问题的原因同样可以归为三类:社会、经济和教育因素。第一,从社会原因这个维度来讲,本研究发现香港具备了很多中国内地或其他地区没有的优势,如中英双语的环境、东西方文化的交汇(两名学生)、香港是出国的跳板(六名学生)、靠近中国内地的区域优势(两名)以及容易建立国际联系(一名学生)。对于生长在深圳或其他广东省内城市的四名使用粤语的中国内地生来说,节假日回乡很方便,方言和生活方式类似。其中有两名学生认为香港人非常友好,环境很干净整洁,比内地或其他地方更加安全。

第二,经济因素在选择求学地点时非常重要,尤其与教育经费的筹措渠道和未来职业规划的机会直接相关。有三名学生认为与美国或其他西方国家相比,香港的学费比较经济。另外和其他西方大学一样,香港高校提供全额和半额奖学金。更重要的是中国内地生选择来香港求学还与他们的未来规划相关,这一点在第五章有详述。有三名参加者有意在毕业后留港工作。有四名参加研究项目的中国内地生认为香港有比中国内地和其他国家更优越的就业机会,毕业后的薪酬要比他们在中国内地读完大学后的待遇丰厚。

本研究发现家庭和父母在中国内地生选择来港的过程中扮演了重要的角色。有六名参加者说明是父母支付学习的费用,帮助他们选择学习的地点,指导他们的学习生活。来自辽宁省的一名学生认为来香港读书可以让她与外派在香港工作的父亲团聚。

第三,教育因素中,有六名学生认为香港地区的大学在中国内地的声望很好,且在许多领域中比中国内地的教育质量更高,如商科、会计、金融、物流和生物学。有三名参加者认为香港的教学方法比内地更先进,教育质量普遍比内地的更好。

有两名学生认为来香港求学可以让他们开阔眼界,结交更多的同学和老师。他们说香港的讲师有90%以上已经获得海外博士学位,有一些在各自的研究领域里享有国际声誉,这和中国内地以及世界其他地区的许多大学情况不同。根据四名中国内地生的陈述,还有一个选择来香港求学的理由是多数香港地区大学的教学语言是英语(与汉语或中国研究相关的课程除外),因此学生不仅可以获得专业知识,还可以提高英语水平。

8.2.3 与之前研究的比较

阿巴克(1998)、马扎罗和苏塔(2001)、彭和阿普顿(2004)、沈(2005)、安(2006)、李和博莱(2007)等人的研究确立了分析中国学生选择外出求学原因的基本框架,本研究将其称为推力因素。然而,这些研究者主要分析了中国内地学生在美国、加拿大、澳大利亚、欧洲和新加坡的经历。马扎罗和苏塔(2001)主要描述了台湾学生、中国内地生、印度和印度尼西亚学生外出求学的外部因素。人们认为外出求学有诸多的优势,包括"洋学位"的含金量、英语或其他外语水平的进步、未来获得高薪职位的可能性(彭和阿普顿,2004;阿巴克,1998;安,2006)、海外教育更好的教程、攻读特定学位的能力、对异域社会的理解等(马扎罗和苏塔,2001;沈,2005)。

本书同意阿巴克(1998)按照中国内地生选择来港求学原因的推拉因素建立的模式。阿巴克(1998)认为推力因素是指中国内地不完善的环境,拉力因素包括海外国家优越的条件,包括慷慨的奖学金、先进的研究设施和其他机会等。根据推拉因素模式,本研究认为针对中国内地生求学香港的情况,阿巴克所述的推拉因素不仅包括外部环境的优越性,还包括不同层次的不同分类因素,即社会、经济和教育原因。每一类的因素都包含了影响中国内地生离开家乡,到异地求学的推力和拉力因素。推力因素是指影响学生出外求学的中国内地环境,拉力因素是指诸如美国、英国和香港等国家和地区每年吸引大量中国内地生的环境和条件。本模式的详情见图 8-4:

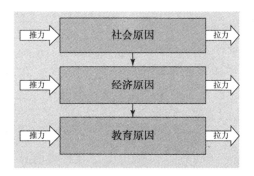

图 8-4　中国内地生选择外出求学的推拉模式

之前人们对于香港地区中国内地学生情况的研究很少,多数研究都阐释了中国内地生去美国留学的原因(茨威格和罗森,2003;彭和阿普顿,2004;马扎罗和苏塔,2001),及去英国(沈,2005)或新加坡(安,2006)留学的原因。就澳大利亚的中国内地生而言,马扎罗和苏塔(2001)列出了留学的几大原因,包括澳大利亚的大学的声誉、教学质量、学生素质的承认和雇主对文凭的认可等。与此相反,本研究表明中国内地生选择来香港求学的原因与香港对中国学生已有学历的承认或雇主对文凭的认可没有重要的关系。首先,香港是中国的特别行政区,虽然具有不同的行政管理体制,但中国内地学生的学历在此本来就是认可的,而其他国家的情况可能并非如此。

茨威格和罗森(2003)以及彭和阿普顿(2004)认为多数中国留学生去美国留学的目的是为长远的移民做打算,与此观点类似,本研究发现在 19 名参加本研究项目的学生中有 12 名学生希望在毕业后留在香港。但是与彭和阿普顿的研究相比,当前中国内地生在香港特区与其他中国学生在美国的情况有所不同。毕业后留在香港的中国内地生不能被视为移民到了另一个国家。香港是中国不可分割的一部分,拥有香港护照的学生实际上是拥有中华人民共和国香港护照,因此是中国公民。"一国两制"的政治体系又同时为香港人带来了中国内地居民不具备的巨大特殊优势,而这一体制从1997年开始至少持续50年。鉴于这一原因,选择留港的学生事实上是留在自己的国家工作。

根据采访的数据和资料,三名参加者提供的数据表明他们来香港求学的主要原因是为了毕业后能在上海或香港的知名国际公司工作,而不是"移民"。换言之,赴港求学能让他们获得在世界著名跨国公司中国分公司的就业机会。这也便于他们能够在跨国公司中获得高薪工作。这一点也进一步证明了中国内地学生将其求学生涯(具体问题一)和未来职业规划(具体研究问题四)紧密联系的倾向。

安(2006)的研究表明,中国内地生在香港求学面临的困难包括:第一,文化问题;第二,社会和生活环境问题;第三,与教学方法相关的课业困难。笔者认同安认为中国内地学生面临的最大困难是语言问题这一观点。与之前研究的中国内地学生在异地或异国有关语言障碍的情况有所不同,香港地区的中国内地生不仅要面临英语问题,还要面对双重语言障碍(即英语和粤语),有关这一问题的详述见第四章。本项目从两个方面对中国内地生在香港的经历进行了解释:生活经历和教育经历。从日常生活的角度来看,本研究分析了中国内地生在香港生活面临的至少两个层面的困难:社会层面和学校层面。在社会层面上,香港的中国内地生不仅面临与新加坡地区中国内地生同样的困难,包括文化社会和生活环境差异、学业上的困难,及其他经济压力和社会歧视等问题。从学校层面上来看,香港地区的中国内地生面临着与香港学生不同的思维方式和兴趣、不同个性、不同的时间管理方式、适应新环境困难和自立/自控等方面的困难。从学习方面来看,除了安(2006)提到的不同教学方法外,香港地区的中国内地生还需要克服学习压力和缺乏合作技巧等方面的障碍。

本书还提出了这样的现象:一些欧洲国家高等教育的低学费对许多中国内地生很有吸引力,包括北欧国家、德国和法国。这一趋势直到近来才有所改变(沈,2005,第430页),目前也许不会对中国内地生的留学选择产生很大的影响。参加本研究项目的人员大都来自独生子女家庭。因此,一些国家的低学费制度已经没有原先那么吸引人,主要是因为中国近几年家庭收入骤升,负担一个孩子外出求学的费用对中等收入的家庭来说不算太难。在这种情况下,学费减免或低学费,与其他包括未来的就业机会、学习和生活环境等因素相比,其吸引力已逐渐变得微乎其微。

与李和博莱的研究(2007)认为大部分中国内地生是依靠奖学金外出求学这一观点相反,笔者发现在19名参加调查的学生中多数同学是靠自费赴港求学。这一现象似乎反映了近年中国经济发展和收入增加的趋势。有16名学生自费求学,只有3名学生拥有奖学金。因此虽然奖学金很有吸引力,但它已经不是中国内地生选择赴港求学的主要原因。李和博莱认为标准的推拉模式有其缺陷,其中推拉因素全部为外因。个人因素也占重要地位,包括社会经济地位、学术能力、性别、年龄、个人动因和愿望等。笔者同意推拉因素模式包含了影响中国内地生外出求学的内外因素,且外部因素和个人性格在决策的过程中同等重要。如果学生的家庭经济条件比较困难,则自费求学香港是不可能的。若中国政府没有批准香港地区高等院校与中国一批重点大学在高考后同时招生,则中国内地生申请香港的大学可能会有重重障碍。

笔者通过调查发现中国内地生的社会经济地位和学术能力在其选择来港求学的过程中非常重要。但是笔者不能确定学生的性别、年龄、个人动因和愿望是否同等重要。所有参加调查的学生年龄相仿,样本的选择没有按照男女生性别比例相等的原则进行。因此该研究不能确定年龄和性别是否在其求学决策过程中起作用,也不能确定性别、年龄、个人动因和愿望之间是否存在关联。此外,采样的对象主要集中在中国内地生就读的系别和学院,包括商学院的营销、会计和金融、物流专业,应用科学学院的数学和生物专业,工程学院的电子和信息工程专业等。大学的其他系别没有招收中国内地生。

8.2.4 选择香港求学较去其他国家留学的特殊优势

"留学"是一个永远不会褪色的话题,但对于有意"留学"的人士而言,选择成了一个难题。很多学生认为来香港求学和去美国留学两者难取其一,本节通过求学申请、求学费用、求学文化对两者进行对比,客观地予以评价。

8.2.4.1 求学申请比较

美国共有四千多所高校。根据《泰晤士报》世界名校100强的排名,美国大学就占据了58所。美国的精英教育的确位居世界前列,而且院校之多,学生选择的范围之广泛是任何其他国家都不可比拟的。但是,在美国除这些一流的学校外,仍然有许多不为人知的所谓二流、三流或不入流的学校,人们常称其为"野鸡大学",在这些不入流的美国大学中,教育质量参差不齐。而在这一点上,香港的八所高等院校都是由香港的大学教育资助委员会(简称教资会)监督和指导的。

教资会在策略性规划和制定政策方面扮演着积极的角色,为高等教育界提供意见和指导。为此,教资会确保在整体层面设有适当的工具、机制和鼓励措施,协助院校各自达到具国际竞争力的水平。现时透过教资会取得拨款的高等教育院校共有八间:香港城市大学(城大)、香港浸会大学(浸大)、岭南大学(岭大)、香港中文大学(中大)、香港教育学院(教院)、香港理工大学(理大)、香港科技大学(科大)及香港大学(港大)(香港的大学教育资助委员会网页,2007年4月3日,http://www.ugc.edu.hk/big5/ugc/policy/policy.htm)。

一般而言,申请美国的大学,无需参加国内高考,学生只需提供赛达(SAT)和托福(TOEFL)成绩,近几年,美国的许多高校也逐渐认可了雅思(IELTS)成绩,从而放宽了入读条件。到香港读书,内地学生一般可通过两种途径:一种是香港高校在内地招生,即学生在高考填报志愿时就可报考,但是通过高考入读香港的大学的学生,高考分数须至少达到或超过其所属省、自治区、直辖市的第二批本科录取控制分数线,此外英文成绩必须良好,部分香港高校需要进行英语水平测试和面试,这对有的学生而言就比较难了。另一种则是以国际学生的身份申请入学港校,对内地的学生来说,一般可以通过考赛达、国际文凭(IB,International Baccalaureate)申请,同时需要提供托福或雅思成绩。一般来说,雅思需6.0至7.0分,托福要达到550分。

澳洲对于中国内地学生的风险是最高的四级,而香港则是低风险的签证地区。鉴于对目前大学毕业生就业不景气以及国外留学费用高和留学安全的考虑,不少学生家长开始把出外升学选择的重心放到了香港。因为在香港不但可以享受到优质的英联邦教育系统的教育,学费也没有英联邦国家那么昂贵。同时香港政府还出台了一系列有利于内地学生留港的实习以及就业新政策,解决了学生难就业的后顾之忧。至于家长最担心的学生安全和适应能力的问题,在香港基本也不用太担忧。综合考虑各种因素,当下到香港求学也是一个不错的选择。

8.2.4.2 经费比较

美国私立大学与州立大学或公立大学的学费差距甚远,但是生活成本却没有太大差别,因城市和地区而异。美国私立大学每年的学费约为25000～30000美元,按中等水平28000美元推算,可折算成约21万元人

民币,四年的学费总成本约为 84 万元人民币。生活成本是在美期间的另外一大开支。根据学校所在地区不同,每年住房和伙食费约为 6000～20000 美元;书本及个人开支每年约为 6000 美元;杂费及保险费每年约为 1000 美元。这样,每年在美国读书的生活费大约为 7000～23600 美元,按中等水平 15000 美元推算,约折算成 11 万元人民币。由此得出,在没有得到任何资助的情况下,一个中国内地生要去美国读本科,总体学习费用加上出国的机票、申请学校、办理出国手续等的费用,这笔开支可说是相当巨大的。

与美国相比,香港的大学对内地学生收取的学费则便宜得多,每年学费约为港币 42100 元,此外,某些院校亦会硬性规定学生必须先住学生宿舍,体验校园生活,所以加上 1 万多港币至 3 万多港币不等的住宿费和其他杂费,在香港一年的学费加生活费可达 10 万至 11 万港元。在香港读本科的总体成本在 40 多万元左右。相对于留学西方国家而言,香港费用低廉也是吸引众多学子的一个重要因素。

8.2.4.3 奖学金比较

美国本科奖学金不算多,但可以获得,主要有两种奖学金,一种是经济补助(financial aid),需要填表申请;另一种是荣誉奖学金,一般不需要任何申请材料,只要你够优秀即可获得,如果有特殊才能,比如体育、美术和音乐方面的,提供作品、获奖证明及录像带等就有可能获得特殊才能奖学金。

香港地区学校在内地招生,其基本理念是招收"精英",香港地区的学校也提供丰厚的奖学金,香港的大学一般会设立入学奖学金,分全奖和半奖,全奖包括大学四年的学费、住宿费、生活费。通常超过一本线 80 分以上,有机会获得奖学金,超过一本线 100 分以上有机会得到全额奖学金。如果能被授予全额奖学金,可获得最高每年 10 万港币,四年 40 万港币的奖励。

8.2.4.4 文化差异比较

由于中、美两国的历史与文化底蕴不同,其文化上的差异是相当大的。在美国,不会说英语,几乎难以与人沟通,更谈不上学习。加上生活方式、饮食习惯和思维形式的不同,留学生要融入美国社会需要花费较长的时间。而香港就不一样,不会说粤语,还可以用普通话交流,尽管也是全英文授课的教学环境,毕竟文化背景相同,又是以华人为主的社会,学生很快便能融入英文教学中。

但是也不能小看内地和香港的文化差异,如果不会粤语,就不可能真正融入当地的文化生活中。有些同学在香港待了三四年,还是只认识那么几个内地的同学,这样就失去了去香港求学的意义。同时由于经济上的差异和观念开放程度的不同,或许也会令一些内地学生产生自卑感。因此,当来香港求学时,努力融入香港社会,与香港同学打成一片,这是来港求学学生需要迈出的第一步。

8.2.4.5 本科学制三年

香港以它独特的优势吸引着众多学子的目光。相比其他西方国家,香港的特殊历史背景使她一直沿用英联邦教育系统。义务教育期为十一年,后接两年的延续教育,学生根据延续教育的成绩入读大学,本科时间为三年。经过多年的积淀,香港优质的教育以及师资力量在亚洲名列前茅。就科研能力和学术背景而言,香港高等院校在世界上有较高的地位。在亚太区大学排名中,香港中文大学排名第 23 位、香港科技大学排名第 25 位、香港大学排名第 37 位、香港理工大学排名第 38 位、香港城市大学排名第 66 位。同时,这五所大学也都名列世界 500 强大学中。

8.2.4.6 毕业后有 12 个月可留港找工作

在就业成为全球性问题的当下,就业以及实习机会无疑是学生和家长最为关心的问题之一。事实上,留港找工作也是香港的优势之一。2008 年香港政府出台的一系列新政策有利于内地学生留港实习以及就业。学生在学期间可参加带薪或不带薪实习计划,可在校内兼职,每周兼职时间上限为 20 小时,暑假期间兼职时间没有限制。内地学生毕业后合法留港找工作的时间为 12 个月,此政策有利于内地学生毕业后在香港就业,改变了以往内地学生毕业后难于在香港就业的情况。

另外,在香港就读的内地生不但可以享受西方教育的氛围,还可以在这个亚洲金融经济中心找到更好的定位;同时,由于香港离祖国很近,可以随时保持跟内地的紧密联系,不至于在求学的几年内失去已建立的重要人际网络。

正如前文所述,中国内地生选择来港求学不仅和中国内地与香港的社会经济条件相关,还与学生自身的家庭背景和个人追求有关。本课题的研究成果发现香港为中国内地生提供了许多机会。中国内地生可以承受香港地区的求学费用;香港作为东西方的桥梁,在教学资源方面比内地更优越,来港求学能提高学生的英语和总体素质。香港独特的社会、经济和地域优势揭示了香港成为诸多中国内地生外出求学首选目标的原因。

第三节　中国内地生在香港的经历

经调查,笔者发现中国内地生在香港求学生活所面临的困难可以分为三个层面理解:社会层面、学校层面和教育层面。生活困难主要发生在社会层面和学校层面,而学习困难主要发生在教育层面(即教室层面)。8.3.1 节主要探讨生活中面临的困难,8.3.2 节主要探讨学业困难。

8.3.1　生活经历(具体问题三)

在社会层面,参加者说明了四大类困难:中国内地生和香港学生的文化差异(10 名参加者)、英语和粤语的双重语言障碍(8 名参加者)、经济压力(2 名参加者)和社会歧视(4 名参加者)。文化差异包含了诸多事实:香港是高节奏的国际城市,而中国内地的生活节奏较慢;香港拥有多语言的环境,融汇了多种方言和外语,而中国内地普遍使用的是普通话。多数参加研究的学生认为这些文化差异加大了中国内地生融入香港文化的难度。有四名参加者对他们不能融入当地学生的社交圈感到不满,抱怨空余时间不够,语言障碍不能消除;同时为了毕业后能留港工作,他们也意识到自己需要采取一些措施。三名来自广东省使用粤语的学生认为即使粤语不会给内地生的生活带来困难,文化差异、经济压力和香港本地人对中国内地生的歧视还是会对中国内地生融入本地学生圈子的进程产生负面影响,这一点在第四章有详细描述。

在学校层面,参加研究的学生指明了五大主要的困难:中国内地生和香港学生不同的思维方式和兴趣爱好(5 名参加者),不同个性使得中国内地生和香港学生交朋友很困难(7 名参加者),时间管理的不同观念(3 名参加者),适应新生活环境的困难(6 名参加者)及自立和自律(3 名参加者)。这些中国内地生表明周末和节假日他们主要和中国内地生在一起。思维方式、兴趣爱好、个性和时间管理观念的区别使他们很难和香港学生相处,虽然多数香港学生很友好。这一点在第四章中已有讨论。这些因素也对中国内地生适应新的生活环境造成了障碍。根据几名分别来自北京、江西和江苏的学生的说法,香港的气候比较湿热、食物味道比较清淡,外加生活方式的不同使得中国北方的内地生很难适应香港的生活。一名来自深圳的学生发现孤独感是中国内地学生面临的主要困难,还好香港离深圳非常近,他可以每两周回家一次。另外两名学生也说明了他们初次离家来到香港感受的孤独,他们一年只能回家探望父母两次。其他参加者并没有提及孤独和思乡的情绪。自立和自律也成为习惯了被父母管束的独生子女的问题,因为他们来到香港后必须自己安排时间、理财、参与课后活动、使用信用卡、照顾自己等。

一些研究者(李,2000;梁,2003;张,2001)还对包括英国、美国和新加坡等国的留学生进行了调查,这一点在第二章已经提到。李(2000)对在英国留学的中国学生经历的焦虑进行了研究。李的研究发现学生经历的压力在开学初和期末没有重大的区别,且学业压力是最主要的焦虑来源,包括论文撰写、英语水平和课堂讨论。本项目并没有细分中国内地生所经历的压力强度是否随其在香港逗留时间的长短有所变化。但是调查发现,压力有多种来源,取决于中国内地生的籍贯、所在系别、是否有奖学金和家庭的经济情况。举例来说,来自广东省的三名学生(I-ST1、II-ST2和III-ST4)因为会说粤语,原先居住城市的生活环境和香港类似,因此和来自中国北方的学生相比,他们面临的压力要小。拥有奖学金和自费求学的学生面临的压力也不同。为获得下一学年的奖学金,学生必须要取得很高的平均成绩(GPA 平均 3.5 以上,相当于B+)。自费求学的学生必须要谨慎花钱,因为香港的消费水平很高,而学生父母赚来的钱实属不易。

梁(2003)分析了中国学生在美国留学的情景,并指出他们面临最多的问题就是经济压力和挫败感。本项目研究发现虽然香港地区的中国内地学生也面临经济压力和个人情绪低落等问题,但是最主要的问题是语言障碍。与语言障碍相比,其他的困难都是次要的。

笔者同意张(2001)对新加坡地区中国内地学生的研究结果。张认为中国留学生感到迷惘是因为教师没有给他们清晰的指导。本研究的参加者,尤其是第Ⅰ组的成员认为香港和内地的教学方法有很大的差异,教师的角色也大相径庭。在中国内地,老师就如同学生的父母,控制了学生学习科目和上课时间等多数与学习相关的决策权,学生的课程表都是由学校或系部规定的。在香港,学生必须要自主学习,自己安排自己的时间,自行选择合适的科目。

8.3.2　学习的经历(具体问题四)

教育层面,各位参加研究项目的成员提到了五类主要困难:学习压力(6 名参加者)、学习方法差异(3 名参加者)、英语困难(7 名参加者)、合作技巧(4 名参加者)和教育方法差异(7 名参加者)。与中国内地相比,香

港的教育体制有所不同,教学方法也有很大差异,且香港高校的教学语言是英语,而不是中文。第 I、II 组的 15 名参加者都提到了香港的教育方法与内地不同。

有 3 名参加者说明他们没有料想到到香港求学会如此之难。他们都觉得中国内地生处于不利地位,要比香港学生承受更大的压力。例如,有一名学生认为香港学生在商务方面的课程更加有把握,因为香港在高中就开设相关课程,但是中国内地却只有大学以后才会有相关课程。还有一名学生认为若中国内地生成绩不好,则有可能被勒令退学,遣送回内地,而香港的学生可以留在香港找到工作。对于中国内地生来说,英语也是一个问题,因为中国内地生大部分使用的都是汉语教材,而香港学生自小学开始就是用英文教材。中国内地生在合作技巧方面也是弱项。有四名参加研究的中国内地生说中国内地生在课堂上的团队作业较少,而香港的学校非常强调团队作业和集体项目。

就教学方法而言,香港的学生要通读多本书才能温习回顾课堂内容,而中国内地的科目一般只指定一本教材。有三名参加者认为香港的教师与中国内地的很不同:他们勤奋努力、和蔼可亲、谦虚谨慎而又乐于助人;中国内地的教师则有些高不可攀。有一名学生认为香港的某些教师展示了高超的授课技巧和专业修为,在各自的领域享有国际盛名。还有一名学生认为香港学校的师生关系非常重要,那些教师比较喜欢的学生可以获得在美国或欧洲等国的实习机会,而那些与教师关系平平的学生只能留在香港或返回中国内地实习。当然,笔者在此无法确定这种观点是否广泛流传于中国内地学生群体当中,这一方面有待深入研究。

8.3.3　与之前研究的比较

对于中国内地生在外求学遭遇的困难,已经有很详细的研究(阿瑟,1997;程,2000;费南和博赫纳,1986;孙和陈,1997;陈,1996),但是很少有人对香港地区中国内地生求学的情况进行调查。程(2000)将这些困难归为三类:社会层面、学校层面和教育层面。费南和博赫纳(1986)对三个方面的困难进行了总结:消极的生活经历和疾病、社会支持网络和价值观差异。孙和陈(1997)划分了困难的三个维度:语言不够熟练、文化意识欠缺、中美教学方式差异导致的学术问题。

根据之前的文献综述情况,笔者将香港地区中国内地生面临的困难分为六类:第一,语言障碍;第二,迷失身份;第三,经济压力;第四,对教学方法差异的迷惘;第五,教师的"漠不关心";第六,社会和文化差异。

第八章　国际化教育及求学香港的思考与启迪

香港是一个独特的城市。自从 1997 年回归中国以来，香港的主要群体是华人(98%)，但是拥有独特的行政管理和教育体系。因此，中国内地生在香港求学面临的困难和他们在其他国家地区留学的遭遇有所不同。笔者认同程(2000)认为困难存在于三个层面的观点，即社会、学校和教育层面(详情见第四章)。本研究项目的参加者并没有提及费南和博赫纳(1986)规定的负面生活经历，大多数参加人员(除了一人以外)对香港的经历比较满意。他们认为学校为他们适应香港的生活提供了很多支持，如建立促进香港和内地学生沟通的平台和网络等。本研究的调查结果表明没有必要建立费南和博赫纳(1986)提出的社会支持网络体系。

就孙和陈(1997)提出三个维度的困难而言，笔者同意学生需要经历语言不够熟练这一困难。虽然在香港地区的中国内地生可能需要经历粤语和英语双重语言障碍，本调查结果与孙和陈的其他两个维度的困难有所不同，这两种困难就是文化意识不充分，由香港和中国内地教学方法差异导致的学业困难。虽然中国内地和香港有很多区别(第四章有详述)，但是香港和中国内地生拥有类似的文化背景，因此中国内地和香港的文化差异是存在于中国文化范畴之内的。这和中美两国文化两极化的差异表现形式有很大的差别。同理，中国内地和香港地区教学方法的区别与孙和陈提出的中美两国教学方法的差异相比，简直是小巫见大巫。香港是中西方传统教育方法融汇的地方(中国传统教学方法就包含了记忆力的培养)。

本研究项目的调查结果与一些学者研究文献的论述一致(阿瑟，1997；程，2000；费南和博赫纳，1986；孙和陈，1997；陈，1996)，他们普遍把中国学生外出求学面临的困难分为六类：语言障碍、身份迷失、经济压力、对教学方法差异的迷惘、教师的"漠然"和不同的社会文化环境。在香港，语言障碍影响了内地学生的学习和生活经历，而身份的迷失、经济压力以及不同的社会文化环境等困难只存在于社会和学校层面，对教学方法差异的迷惘这一困难存在于教育(教室)层面。本调查没有发现"漠然"的教师，因为除了一名学生以外，其他所有参加者对香港地区高校教师的评价都很高。

与李和博莱(2007)的研究证明只有 10%的受访者认为他们的英语水平达不到在海外求学的要求这一观点相反(这一点在第二章有详述)，本调查发现 53%的受访者(第Ⅰ、Ⅱ组的 15 名受访者有 8 名参加者)认为英语仍然是他们学习过程中的障碍。

本调查项目揭示了中国内地生在香港求学时经历的生活和学习困

难。这两方面互相关联,中国内地生对经历和困难也进行了划分,且认为对不同的困难有不同的适应策略(详情参阅第七章)。例如,语言(粤语)障碍影响了生活质量,语言(英语)障碍也影响了学业的成功,但两者的影响程度不同。日常生活中,中国内地生需要处理两个层面的困难:社会层面和学校层面,包括文化差异、双重语言障碍、经济困难、社会歧视、香港学生的不同、孤独感、自立和自律等因素。在中国内地生的学习过程中,中国内地生需要克服学习压力、教学方法差异和合作技巧缺乏等困难。遗憾的是,之前的研究(阿瑟,1997;程,2000;费南和博赫纳,1986;孙和陈,1997;陈,1996)没有涉及这些方面。

第四节 中国内地生在香港求学所采取的策略

8.4.1 生活上的适应(具体问题五)

根据调查结果,笔者发现虽然中国内地生在香港求学需要克服无数障碍,但是他们采取了自己的应对策略。他们适应香港生活的策略包括学习粤语克服沟通障碍、融入香港学生圈子、提高自理技巧、参与各种各样的活动,以及推广校园普通话和中国文化等。

笔者还发现大一和大二的中国内地生的生活和学习重心不同。来港后的第一年里,第Ⅰ组参加者认为集中精力学习语言和学习自立是非常重要的。来港后的第二年里,第Ⅱ组的成员认为他们的粤语水平有了很大的提高,更加了解香港的地域文化,因此和香港学生相处更加自信,参加了学校的许多社团和课外活动。这些活动包括参加普通话俱乐部,加入中国内地学生会,报名参加中餐烹饪培训班、普通话传译班、英语交流活动,观看国语电影等,来结识更多的香港学生,进行更广泛的交流。

通过对第Ⅰ、Ⅱ组参加者的采访发现,在中国内地生留港期间,推广普通话、中国文化和加强中国内地和香港学生之间的交流和沟通非常有用。

8.4.2 学习上的适应(具体问题六)

经过调查发现,中国内地生在香港求学会面临许多学习上的困难。为了成功解决这些困难,中国内地生采取了一系列措施,包括克服英语语言障碍、与香港学生打成一片、寻找有效的学习方法和使用大学支持体系。

第Ⅰ、Ⅱ组的参加者都表明英语是他们最大的学习障碍,克服语言障碍是他们学习进步的前提。所有的参加者都认同学习压力比生活压力更加巨大。除了两名学生外,其他所有参加者都认为大学提供的支持和帮助非常有效。其中有两名参加者认为大学为中国内地生更好地适应香港的求学生活提供了许多支持,中国内地生应该更加充分地利用这些设施和课程,如为中国内地生提供的英语和粤语提高课程。但是在所有参加调查的中国内地生群体中,有两名学生认为学校没有也不可能采取较多帮助中国内地生适应香港求学生活的举措,因为能否适应新环境与中国内地生的个性紧密关联。

本项目研究还发现,虽然中国内地生在适应香港学习和生活的过程中面临许多困难,但是他们都采取了多种行之有效的应对策略来帮助自己顺利克服困难。鉴于语言是最大的障碍(生活环境的粤语和学习环境的英语),他们都努力融入香港生活,并尽可能与香港学生交流,学习香港学生的优点,帮助自己调试。他们还利用大学提供的课程和活动来合理安排学习和社交生活。

8.4.3 与之前研究的比较

经过计划周密的采访和对数据的翔实分析,笔者发现第二章讨论过的一些适应策略并不完全适用于在香港求学的中国内地生。例如,笔者不同意适应的过程应该按照黎斯嘉(1955),哈特(1999),阿德勒(1975)和阿德勒(2002)提出的分阶段模式进行。相反,笔者认为适应过程是持续不断循序渐进自然发生的,其中经历和适应策略是并行发生演变的。在本项目中这样的适应过程称为应急模式,如图8-5所示:

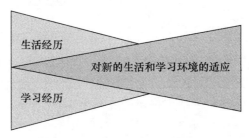

图 8-5 中国内地生适应香港新环境所采取的应急模式

本项目研究提出了一个特别的,以中国内地生在香港求学所经历的心路历程为核心的应急模式(图 8-5)。这种模式显示了内地学生采取的应对策略有助于他们在香港地区学习和生活时对新环境的适应。图 8-5 显示了这一模式的原理,即这是一个循序渐进的融入模式,它是需要内地学生经过一段较长时间的不懈努力,才能慢慢达到的一种融入新的教

育体制的过程。这不是一个瞬间即成的短动作,而是一个逐渐进步的过程。根据学生的个人体验和看法,该模式体现了适应的整体观,包括遇到的具体困难和采取的适应策略。值得注意的是,该模式适用于所有在香港地区求学的中国内地生。但是对于会说粤语的中国内地生(来自广东省)来讲,该模式有一点例外,即学习粤语作为应对困难的策略并不适用。图8-6更加详细地展示了中国内地生在香港的经历、采取的策略、决策的过程以及学生感受的适应过程。

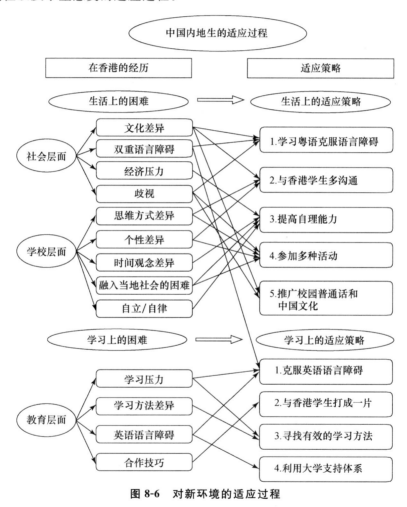

图8-6 对新环境的适应过程

本项目的研究为理解香港地区的中国内地生提供了全新的视角,体现了以下创新点:首先,笔者认为中国内地生外出求学所采取的适应策略取决于各自的经历。其次,笔者认为采取的一个策略可能解决多个问题。例如,学习粤语克服语言障碍这种策略可以帮助消除中国内地和香港学生之间的文化差异,克服中国内地生在香港遭遇的粤语和英语双重语言障碍,同时可以减少香港本土社会对中国内地生的歧视。第三,对某个问题的解决方式可以采取多种适应策略。例如,克服文化差异的障碍可以通过多种策略进行,包括学习粤语克服语言障碍、多和香港学生沟通、推广校园普通话和中国文化从而最大程度减少中国内地和香港地区学生的文化差异。

本书所说的应急模式建立在香港地区中国内地生的经历之上,能够满足中国内地生的需求。该模式不仅描述了中国内地生在香港求学对学习和新的生活环境的适应过程,而且也为中国内地生在香港面临的困难提供了理解的框架,同时还为中国内地生采取何种适应策略应对新环境提供了多层借鉴意义。

目前有四种适应模式,包括U型曲线模式(黎斯嘉,1955)、W型曲线模式(哈特,1999)、五阶段理论模式(阿德勒,1975)和文化适应模式(阿德勒,2002),每种模式都有其利弊。黎斯嘉的U型曲线模式的四阶段如本书图2-3所示,是根据在美国留学的挪威籍学生的适应经历创建的,不适用于本书的研究对象,原因如下:第一,挪威籍学生在美国只需要学习一门语言,而中国内地生在香港求学却要面临双重语言障碍。其次,挪威学生在美国面临的是完全不同的文化,而中国内地生在香港面临的是同属大中华文化语境下不同的亚文化。但是鉴于香港150年的殖民史和"一国两制"的体制,香港的文化情境与内地还是有很大区别的。最后,U型曲线模式与其说是对个人如何在适应过程中从一个阶段走向另一个阶段的定性分析框架,不如说是对适应阶段性的描述。

与U型曲线模式类似,哈特的W型曲线模式(1999)(如图2-4所示)描述了在异域文化环境下适应的四个阶段,但该模式没能为个人经历这些阶段的过程或个人与环境的关系对这些阶段发生和延续产生的影响提供解释。此外,该模式主要是根据外派经理人员的经历总结出来的,不适用于求学香港的中国内地生的情况。尤其是人员从异国返回到本国经历的再适应过程与本研究项目的关联不大,因为在所有接受调查的学生中只有三名学生表达了毕业后返回中国内地的意愿。

阿德勒的五阶段理论模式(1975)主要关注从发达国家派遣前往欠发达国家工作人员的经历。该模式不适用于当前的研究项目,原因如下:第一,本研究项目的学生年龄都比较小。第二,本研究项目的学生是从经济相对欠发达中国内地前往比较发达的香港地区求学。第三,香港地

区的中国内地生不需要经历这五个阶段的适应过程,而是从一开始就希望并且努力融入香港本土的环境,那些意图毕业后留港工作的人员甚至作出了加倍融入当地文化的努力。

最近提出的文化适应模式(阿德勒,2002)对理解本书的研究议题很有帮助,因为该模式主要关注来自欠发达国家人群在发达国家和地区的经历。但是该模式也有缺陷。首先,阿德勒认为掌握求学地语言是文化适应的经典策略,但事实上粤语和国语在书写体上没有很大差别(繁体字和简体字的差别),两者的区别表现在口语上,因此即使会说粤语可以方便他们与香港本地学生的沟通,中国内地生也不一定需要掌握香港的方言(粤语)。但是从另一方面而言,中国内地生的确需要好好掌握英语,唯有如此才能获得学业上的成功。其次,该模式强调模仿求学地的文化,在此基础上融入该国或该地区文化(阿德勒,2002,第126页),中国内地生采取的适应策略是推广校园普通话和中国文化,而不是单纯地模仿香港的文化。第三,虽然此前对这一现象的看法诸多,但是真正基于该模式的实证研究不多。

总之,本项目的研究为相关领域的研究添上了浓重的一笔,为理解中国内地生在香港遭遇的主要困难和经历提供了全新的研究视角。根据本研究的调查结果,笔者发现中国内地生所采取的适应策略成功与否只能从学生自身的角度而不是按照先入为主的理论框架进行评判。之前研究的理论模式只能对本研究课题提供一些观念性提示,最大的缺陷就是缺乏与本研究项目相类似的研究环境和背景。本书的最大贡献在于启发,以至引导中国内地生对自身的适应策略进行思考。陈(1994)对在美国留学的中国内地生的经历进行了分析,发现了三个阶段的适应过程:震撼、理解和开始深入了解东道国的文化。这些发现与U型曲线模式和五阶段理论模式有异曲同工之妙,但是由于他们都没能解释亲身经历文化差异的个人自身对这些经历和克服障碍的看法,难免留下了该研究领域的空白和遗憾。

笔者认为对于在异域求学的学生来讲,面临、寻找应对困难的策略不是一朝一夕就能完成的任务,而他们在此间经历的心路历程因人而异。这就说明中国内地生在香港求学时经历了生活和学习两方面的重重困难,他们需要有针对性地采取应对措施。经过一段时间的调试和努力,中国内地生大都能适应在香港的求学生活。

第五节　中国内地生香港求学毕业后的打算

8.5.1　研究结果总结（具体问题七）

经调查发现在香港求学的中国内地生毕业后有三种打算。在所有参加调查的学生中有三名学生打算毕业后留港工作，待七年逗留条件满足即可获得香港永久居留权。有了相关的工作经历后，他们再返回中国内地。届时他们返回中国内地的决定取决于香港和内地的局势以及香港政府的政策。有四名学生打算毕业后到美国或英国等地继续攻读研究生学位。另外十二名学生打算毕业后继续留在香港深造或就业。

笔者还发现中国内地生毕业后留在香港有诸多优势。有八名参加调查的学生认为获得香港永久居留权是留港工作或学习的主要原因。其他优势包括：香港有更优越的生活条件；内地失业率很高，香港的就业环境相对轻松；毕业后留港就业可以为日后继续在香港深造、获得奖学金创造条件；香港地区的薪资水平比内地的高；香港地区的企业需要有内地背景、有香港地区大学学历且英语、粤语和普通话均流利的员工；留港可以有更多的机会接触不同文化背景的人员，开阔眼界；对于广东省生源的学生群体来说，香港还有语言和地域的优势。

8.5.2　与之前研究的比较

安（2006）认为新加坡地区中国留学生的毕业打算可以用这样几个词来表达：留在新加坡、前往第三国或返回中国内地。这几类选择也适用于香港地区中国内地生的情况，不同的是大部分中国内地生毕业后都希望留在香港。李和博莱（2007）通过对香港和澳门地区中国内地生的研究进一步论证了这三种现象。根据他们的研究，约28%在香港的中国内地生期望毕业后前往第三国学习或工作。约23%的研究对象明确表明他们毕业后将回到中国内地。出人意料的是仅有2.8%的学生表现出了留在香港的意愿，而45%的学生说明对于毕业后的去留问题还没有最终决定，且他们最终会选择对个人发展有更多更好机会的地方（李和博莱，2007，第812页）。在本项目研究中，有63%（19名参加者中的12名）学生愿意留在香港，21%（4名）的学生前往第三国，仅有16%（3名）的学生返回中国内地。

现有文献和主流媒体互相矛盾的报告和观点使得中国内地生毕业后的打算这一问题变得扑朔迷离。林(2006)的报道指出香港的中国内地学生毕业后大都留在香港。香港流行的观点是多数在香港求学的中国内地生毕业后会留在香港。耶特曼(2007)认为近年来在香港求学的中国内地学生人数飙升,尤其是商科专业学生。本项目的研究进一步验证了这些趋势,但是李和博莱(2007)认为只有少数人(2.8%)想要留在香港这样的观点,笔者不同意。李和博莱认定的这种趋势与香港各大院校的官方公告和公共观念相悖,这一点在第二章已经讨论过。例如,大学的年度报告(2006)表明90%的中国内地学生打算在毕业后继续留在香港深造或就业。当前的研究调查表明李和博莱的2.8%和大学公告的90%这两者的数据处于两个极端。但是笔者认为多数中国内地生希望毕业后能够留在香港工作或学习。

第二章提出了这样一个问题:在2008年以前即使只有极个别中国内地毕业生在香港成功就业,为何中国内地生依然对毕业后留在香港就业这一想法乐此不疲。这一现象可能和内地人才市场激烈的竞争有关,且中国内地生需要和香港学生共同争取香港公司的职位(《南华早报》2007年4月30日报道)。遗憾的是,之前的研究并没有为中国内地学生选择来香港求学的原因提供解释。通过展现中国内地生毕业后留在香港、前往第三国或返回内地各种打算的优势,本研究很好地回答了这一问题。笔者不仅对中国内地生在香港求学后的打算进行了解释,还对他们为日后留港尽早准备所采取的策略进行了揭示。另外,对于中国内地生在香港求学所面临的各种障碍和问题进行了阐述,进一步探讨了他们克服这些困难的策略。就目前来看,对这些问题之前的研究涉及颇少,因此本项目研究将填补这一领域的空白。

第六节 总 结

根据四个研究议题和七个具体问题的框架,本章用辩证的方法对所有的问题进行了详尽的讨论。通过对调查研究结果的分析,与之前研究的结论进行比较,笔者对当前研究项目和之前研究的异同点进行了比照。除了对理论和结果的对照分析外,笔者还向读者展示了使用辩证的手法对这一领域的研究进行拓展的过程。同时,笔者对调查研究结果的可靠性和真实性以及研究方法的实用性进行了阐述。

本项目研究的最大贡献在于创立了应急模式来解释中国内地生在香港求学所面临的困难以及他们为适应新的学习和生活环境所采取的策略。笔者认为这是一个漫长自然、循序渐进的过程。学生的个人经历和适应策略取决于学生的观点，因此很大程度上受到了学生自身观念的影响。中国内地生在香港求学的过程也是他们在新的学习和生活环境中应对困难、调试自身和不断深入理解香港社会的过程。中国内地生一般都能采取适当的策略解决他们的生活和学习困难。

第九章

有关香港内地生研究的新趋势与新案例

第一节 引 言

随着时代的发展,内地生到香港求学的情况发生了一些新变化,我们的研究工作也出现了一些新趋势,这都体现了对内地生来香港求学这一社会现象的普遍关切。同时,本章从刊物及互联网上摘取了一些实例,来进一步证明前几章阐述的观点。有些实例考虑到当事者本人的心境,不宜以真实姓名出现;有些文章难以找到确切的出处,把他们登出来仅仅是为了从一个侧面说明问题,并无哗众取宠、故弄玄虚之意。

第二节 香港地区中国内地生研究的新趋势

近几年有更多的研究者(高,2008;高和坦特,2009;杜,2009)开始探讨香港地区中国内地学生的情况。对中国内地生在香港遭遇的困难媒体也有了更多的报道,例如香港《经济日报》(2009)、《明报》(2010)等。香港《经济日报》根据香港中文大学心理学系的研究,认为中国内地生来港后承受了巨大的压力,并且在来港半年后开始有了情绪问题,他们许多人面临着抑郁的情绪。香港中文大学开展的研究表明中国内地生面临的最大困难首先是听不懂粤语和香港的本地口音,其次是不习惯应对香港的官僚主义作风。他们焦虑的原因一方面来自思乡情绪,另一方面来自对诸多方面机遇的渴望。因此,中国内地生初到香港时,一般来说比香港本地生的心理健康状态要好。但是这种情景不长,持续半年后,中国内地生的心理状态没有香港学生的健康,有一些学生已经有中度抑郁(从7%上升到了10.8%)或者重度抑郁(从1.3%上升到3.4%),甚至是重度焦虑(从5%上升到8%)。根据调查人们发现,由于中国内地生缺乏适应新环境的能力,因此这些学生在港求学时会面临诸多问题,感受重重的压力。人们还发现多数的内地学生在香港的社交圈中朋友较少,这就导致他们难以释放内心的压力并进行自我调节。

笔者同意上述的观点,也感觉到了中国内地生初到香港时,他们的期望、他们过去所处的文化社会环境与面对的现实困难不可避免地要发生碰撞。到达香港前,大多数人低估了中国内地和香港以及内地生和香港学生的差异;很多人也没有预料到在香港学习和生活的困难。他们到达香港后才开始深切感受到文化差异和文化冲突。如果他们要去美国之类的西方国家,他们可能对文化差异、经济水平和教育体制的差异会有更充分的心理准备,能够较好地面对各种困难。

近年来,有关香港内地生的研究在社会上最有反响的莫过于香港浸会大学社会学系教授陈国贲所作的研究以及取得的成果。这是因为陈国贲教授对于内地学生做了大量深入的调查了解,掌握了第一手资料,并进行了剖析研究,提出了自己独到的见解,供读者分享。陈教授对内地生的心理问题进行了研究,他认为内地学生对自身的要求高,因而导致了情绪困扰的出现。当然,昂贵的学费让不少内地生来港前或多或少都会背上包袱。一般来港的内地生,在内地都是成绩优秀的学生,对自己的期望也很高。所谓希望越大,失望越大。陈国贲表示,如果内地生带着过高期望进入港校,一旦遇上挫折,很容易产生情绪困扰。他表示:

> 我认识的很多香港学生,读大学拿个B或C+的成绩已经很开心,内地学生则大部分对自己要求很高。当然要求高、认真读书值得提倡,但却会因此造成个人心理压力不断增加。我接触的内地学生,普遍期望值很高。原因有多个方面,如香港学费生活开支高昂,他们不希望辜负父母庞大的教育支出,在内地一直成绩优秀,在港也习惯刻苦用功,期望大学成绩依然名列前茅,等等。

第三节 香港内地生其他高校的新案例

最近,有关在香港的内地生的报道不断增多。如本研究中的参加者III-ST1放弃去北大读心理学系的机会,选择来到香港从基础科读起,她

一点都不觉得后悔。她所在的系送她去美国实习了半年时间,她觉得收获很大,学会了自强、自立、自觉及自律。她非常感谢香港给了她很好的学习机会和认识世界的机会。

9.3.1 明智的选择

最近在清华大学也出现了退出清华、改考香港中文大学的例子。2010年10月2日《四川新闻网—成都商报》就有题为"清华女生退学改名考取香港中文大学"的报道,摘录如下(案例1):

> 肖梦妍毕业于湖南邵东县一中,有着令人艳美的经历。2008年,肖梦妍以邵东县理科第一名的高考成绩考取清华大学,就读化学工程系。2010年6月26日,湖南高考文理科分数公布,榜单上名叫肖诗语的女生以理科680分获得邵阳市理科第一。很快,有人认出她就是两年前的肖梦妍。在邵东一中贴吧里,有网帖称,肖梦妍已从清华退学,目前在邵东县科达学校复读。后面的跟帖众说纷纭,有说是因为她觉得自己专业不好,所以退学重新考的,有说是因为感觉在清华读书压力太大的。肖梦妍是否就是肖诗语?她又究竟为何要退学重考?是否存在违规情况?记者带着种种疑问,走访了肖梦妍的家乡邵东县。
>
> 肖诗语户籍资料显示,身份证号为4305＊＊＊的肖诗语,曾用名为肖梦妍。由此可以断定,2010年邵阳市理科状元肖诗语就是2008年考上清华的肖梦妍。从清华退学,回家读补习学校后再高考。湖南省教育厅档案显示,肖诗语今年7月已被香港中文大学录取;如今,她已赴香港报到上学。而档案也显示,肖诗语在2009年9月就已经从清华退学,她在退学后回到邵东改名再次报考,因此,其中不存在违规。据《邵阳日报》报道,香港中文大学每年将向肖诗语提供14.5万港元奖学金,湖南省享有这种待遇的只有两人。这也许可以解释她为何从名校退学而重返考场。"肖诗语是我们班上最有潜力的学生,前年她考上了清华,然而由于专业不理想,她毅然决定复读一年。今年她考取了香港中文大学。"科达学校的班主任刘某谈起肖诗语,满脸自豪。
>
> (资料来源:四川新闻网—成都商报特约记者龙涛,http://www.sina.com.cn,2010年10月2日)

北大、清华向来被视为中国顶尖的两所大学,可能从来都没有人想过,有一天北大、清华的学生会放弃北大、清华来香港求学。真正的例子可能不止以上这两个,其中的原因也许不止是因为专业不合适。北大、清华应该开始考虑一下他们是否真的比香港的大学优胜,优胜的地方在哪里?不足的地方在哪里?放弃清华改考香港中文大学,或是放弃北大来读香港不算是一流的大学,这只是几个特殊的个案,还是可能代表着一种趋势?这些问题都值得内地高校引起重视。

9.3.2 内地生在香港遇到的新问题——就业问题

来到香港不等于以后就会一帆风顺。"求学容易,就业难"是不少内地生在香港遇到的棘手问题。于是,对于在香港的求学和就业就有不同的见解,仁者见仁,智者见智。要知道在香港,学习上的竞争仍然是很大的,但这种竞争不是内地学生与香港学生的竞争,而是内地学生与内地学生之间的竞争。比如在一个研究生班里,可能有80%的学生来自内地,而且出身"显贵":多数来自清华大学、中国科技大学、哈尔滨工业大学、南开大学、天津大学、中国人民大学、上海交通大学、复旦大学、山东大学等内地一流名校。在香港,一些大学教授在招收博士上有很大的权力,如果他觉得申请者的研究方向和他对路,在研究上有潜质,就会给申请者一个面试资格。一个研究生班上一般只有几个香港学生,"内地班"现象,在香港高校的硕士和博士生阶段尤为突出。这是因为香港学生不会特别追求高学历,他们只满足于拿一个大学文凭找一份工作就行了。香港的行情和内地不太一样,香港人的务实和精明在就业上也有着明显的显现:如果是升学,港人更热衷于读金融、管理或者法律;而人文社科类的基础学科,甚至一些在内地很走俏的理工类专业,相对少人问津。在港校读研究生也只是很多内地毕业生"退而求其次"的选择。本科毕业后,第一选择是申请美国、英国的大学。如果拿不到满意的奖学金、申请不到最好的大学,但又不想浪费托福、GRE成绩,于是就把香港的大学当做备用。入读港校的硕士一般只要求托福成绩和一篇个人陈述,此外,港校一年10万人民币的学费,相比于美国大学两年制的硕士,绝对具有更大的诱惑力。内地本科毕业生蜂拥香港读研深造,也加剧了港校申请的激烈程度。

9.3.3 花巨资赴港读书到底是否值得

花巨资赴港读书到底是否值得,这是一个全社会关注的焦点问题。在这方面,内地学生看法不一。这不但要看个人在国内的处境、家庭经

济状况、对未来的理想和规划,更要看个人的世界观和性格,以及所学的专业等。由在港校就读的内地学生创办的你问我答网站,为人们提供了准确全面的香港求学及生活资讯。笔者也发现他们在网上就"花巨资赴港读书到底是否值得"这个主题展开的激烈讨论很有意义,(参见你问我答网,求学香港综合版,http://www.studyinhk.net/QnA/,2007年5月2日)。作者在此摘录一些个案(案例2至11)发表的感慨供大家阅览。有位内地学生(称为案例2)认为放弃内地名校花巨资上港校其实并不值得:

> 虽然港校方面和媒体大力宣传就读港校的优势:全英文教学、扩宽国际视野、大量出国机会、留港就业、全方面学习提升、培养领袖人才等,然而,抛开这些,就最直接现实的就业问题来看,我认为放弃内地名校花巨资上港校其实并不值得。就拿北大和港大来说吧,据我所知,香港的本科生最低年薪是12万,而北大不少毕业生也能拿这个数。如果说上大学是投资,那么北大的学生仅1年就能收回成本,而港大的学生则至少5年才能开始盈利。12万在香港不算什么,但在内地已经可以过很富裕的日子了。放弃入读港校省出的几十万元,可以买房子、买车甚至创办自己的企业,这些投资所获得的收益都比上港校来得快,可能还来得多。香港是世界金融中心,北京是实力最强的发展中国家的首都,国际影响都很大,在这两个地方就业都能得到很好的发展。在香港设有分部的企业,在北京一样有。我查过很多版本的世界大学排名,发现香港的学校其实和内地的名牌大学排名相差无几,而费用相差却如此之大。另外我个人认为,香港地方太小,已经高度发达,各类人才尤其是商业人才已几乎饱和,发展空间已经不大。而正高速发展的中国内地尚有广阔的发展空间,况且内地的名牌高校得到的是国家各方面的特殊照顾与支持。还有,如果留港工作,香港的本土学生或多或少地会受到更多的照顾,内地生则可能相对会被冷落一些。当然,以上只是我的个人观点,讨论的只是比较现实的问题,重点落在是拿不到奖学金而花巨资求学港校是否值得这个问题上。我相信,香港的学校是很优秀的,而内地的名校也一点不比它们差。不过,这里所说能和港校分庭抗礼的仅只是指内地的名牌大学,其他大学自然是无法与港校相提并论的(你问我答网,求学香港综合版,http://www.studyinhk.net/QnA/,2007年5月2日)。

就这一点来说，另一位内地生(案例3)却与以上的意见完全背道而驰，他认为虽然北大毕业生年薪有超过12万的，但毕竟是少数，而香港毕业生不少有年薪很高的，高薪的比例比北大毕业生高得多。所以他认为来香港读书从前途来看还是相当值得的：

> 关于这个问题，我觉得主要还是看个人。因为香港的企业面对的是整个国际的大市场，招聘的人才也是最符合他们需要的人才。如果你在学业上不输人家，而又能在大学四年中充分利用资源锻炼自己各方面的能力，比如人际交往能力、工作能力，特别是语言能力，如果粤语和英语在四年的学习中能够提高到一定水平的话，再加上本身的普通话和中文写作的优势，相信在找工作中不会吃什么亏的。有同学认为："我查过很多版本的世界大学排名，发现香港的学校其实和内地的名牌大学排名相差无几，而费用相差却如此之大。另外我个人认为，香港地方太小，已经高度发达，各类人才尤其是商业人才已几乎饱和，发展空间已经不大。而正高速发展的中国内地尚有广阔的发展空间，况且内地的名牌高校得到的是国家各方面的特殊照顾与支持。"我想说，不要太关注大学排名。因为不同的排名是根据不同的标准，还有可能是虚假排名。我部分同意上述对香港的言论。那我想问，难道就不能在香港学完知识之后再回到内地开始自己的事业吗？为什么一定要将落脚点放在香港？你说内地高校受到照顾，我想对你说，政府对内地大学的资助和香港政府对香港高校的资助相比，简直是天和地的差距。香港政府规定，每个大学生每年的教育成本应该达到20万，也就是说，除了非本地生交的6至8万元学费之外，香港政府每年为每个非本地生要掏12至14万的钱，而这些钱是实实在在用在学生身上的，而并非用在盖大楼，或装门面上。

另一种看法是，花巨资赴港读书到底值不值得，这个问题很难简单地用值或不值来回答。一位在香港科技大学学习的内地生(案例4)说：

> 以下是我对这个问题的观点，与您分享：长线投资。如果说上大学是投资，那么这种投资可谓是"长线投资"，不能追求"回本"的速度。买房、炒股、买彩票和经商都是需要技巧和承担很大风险的，很可能血本无归，而上学学到的都是实实在在的知识、技能，积累经验，日后创造自己的人生价值。至于把钱存入银行吃利息，抛开货币贬值，这似乎不该是我们所向往的生活(如果向往这种生活，高中都没

必要上)。港校有以下几点优势：第一，师资优异。内地的名牌大学和港校虽然在排名上不相上下，但是在港校绝大多数的本科生课程都是由教授亲自执教，内地大学的本科生课程多数由讲师讲授，效果自然不同。第二，开阔视野。港校聘任的教授，都有在国外留学或任教的经历，为港校的发展注入新鲜的血液。所以港校的教授几乎个个师出名门，他们的推荐信将是今后到海外求学最好的敲门砖。即使将来回内地工作，现在到港体验一种全新的教育体制和文化理念，也会受益匪浅。第三，以学生为本。和内地学校相比，港校才称得上"以学生为本"。每个学生是一个独立的个体，学校将为个人的发展提供大量的机会和充足的空间。比如：学生不隶属于任何一个固定的班级或宿舍，每个学期都可以和相对陌生的同学一起上课、住宿。学生可以自行安排课表，选择教授(如有多名教授任教)，任何人都无权干涉。学生会是独立于学校的团体，餐厅也来属于学生会，学生会充分表达学生的心声，而不会被学校利用，充当学校的傀儡。

另一位香港科技大学的内地学生(案例5)也赞同上面的看法，他认为为培养一个大学生，香港政府是花了巨额经费的，而这些经费并不是用在装门面上，而是实实在在地用在培养每一个位大学生上。在这一点上，香港和国内的大学可以说是差异很大的。这位内地生(案例5)表示：

> 香港的高校每年培养一名本科生的费用为44万元左右，大学每招一名非本地生政府每年补助20万元，而学费大概不到10万元。也就是说，培养一名内地学生，每年大学自己还要掏15余万元！而这些钱大多来自社会资助和基金会捐款。至于值不值得，就很难说。香港的教育资源配置很好，每一位学生都能享有高质量的教育，以学生为本的理念很明显。但是来香港读书也要面临很多问题，归根结底还是要看你是否适合来香港读书。如果你适合，那这钱花得就值得；如果不适合，就不值得花这么多钱。关于你说的北京和香港的比较，我不想做过多评论，但是我可以告诉你，来香港的内地生，北京的比例是最高的，其次是广东省。到底是适合还是不适合，这个就很复杂，而且说起来一般也有争议。建议你参照"香港生活"栏目，多了解一下我们在这里的学习生活，这样你就可以知道香港教育是否是自己所追求的那种教育。

来自浸会大学的内地生(案例6)表达的意见也与来自科技大学的内地生(案例5)的看法一致，他认为价钱值不值得主要看个人心态，读大

第九章 有关香港内地生研究的新趋势与新案例

学也不是一种生意买卖,目的不只在于赢利:

> 我觉得整个问题问得很有价值,许多从内地来香港就读的同学心里也都有这个困惑。"家里的钱花得到底值不值?"我觉得对于这个问题,首先,楼主要摆正心态,学校并不完全是企业,香港的大学更是如此,绝不是单单以盈利为目的的。楼主以几年之内能够回本这种简单的成本计算内地和香港两地大学的优劣似乎稍有些不妥。其次,关于学费,的确,香港学校的学费要比内地高出10倍还多,但是你要看到香港政府培养一个大学生所花的费用4年要在22万元港币左右,并不是说这40多万元的费用您一个人全都"包圆"了。楼主似乎对香港的社会应该多点了解。第三,关于起薪点的问题,我不否认有些北大、清华的学生起薪点要比港校的高,或者说即使是一样,这些钱在内地的购买力要比香港强3倍以上,的确,有些内地名牌高校做到了这一点。但是,内地有几所名校?充其量几十所罢了!有几个学生能拿到像北大、清华学生这样的起薪点,恐怕屈指可数吧。而香港的学校收入差距相对较小,因为香港一共只有9所高校,只要你有能力,尤其是排在前几所高校的学生,大家的起薪点并不会有太大的差别。最后,关于国际的排名,这是内地同学经常被综合性大学所迷惑的地方,内地的综合性大学数量之多绝非香港能比,更有甚者,有些学校为了提高自己在世界上的排名,不惜放弃自己的专长,改为综合性的学府。而纵观香港高校,恐怕也只有港大和中文大学能算得上是真正的综合性大学了,这也就是为什么香港高校的前两名始终被他们把持的原因了,就好似科大的商科在香港无人能敌,但是若以综合来排,总是排到第3,落到港大、中文大学之后。即使是像浸会、岭南这种世界排名相对靠后一点,不为内地同学所熟知的大学,在某几个学科上的实力还是非常强的,比如说浸会的传理(传媒)学院下属的几个专业和岭南的翻译专业等。

来自香港科技大学的内地生(案例7)说,来香港读书其实是一种享受大学文化生活方式的做法,在这里可以接触到各方面的人士和找到各种不同的机会,从这一点来看,来香港求学是很值得的:

> 从一个更广的角度来说,薪水的高低并不是能说明值不值得上大学的问题。何况是上一个怎么样的大学。上大学,就如很多前辈所说的,学到的以后能用到的知识微乎其微。但是上大学,能够得到很多不上大学的年轻人得不到的东西。大学讲究一种文化,不同地

方的大学有不同的文化,这种文化映射出来的是当代社会最先进、最有内涵的理念。当然不是说那些没有上大学的人不能够接触到这样的机会,只不过他们的道路难免会更坎坷。另外大学同时可以塑造一个人的教养和内涵。读大学可以更加深刻地理解到"学习"的重要,懂得如何高效率地学到东西。作为一个人来说,一生中所能做的远远多于一份好工作。从低层面来说,一个人要获得有质量的生活,要在生活中领悟到各种不同的乐趣。从高层面来说,要为社会的进步作出一定的贡献。基本上现在的大学生都不会为以后家庭的温饱问题担心,如果能减少那一份功利之心,那么所有问题的答案都会非常清晰。

同是来自香港科技大学的内地生(案例8)也认为来香港读大学本身就是一个增长见识、开阔视野、锻炼人格的好机会:

> 我认为上大学的目的就是增长见识,开阔视野,锻炼人格。从这方面来讲,港校的确能让我收获颇丰。首先,香港虽然与广东省毗邻,但是来这里读过书的内地同学应该能感受到,香港文化与内地文化在很多地方都很不同。不同文化的交流、碰撞可以加速思想火花的产生。其次,香港高校的教育方式可谓与内地大学截然不同,没有班级,经常随机与不认识的人共事完成课程功课(如案例分析、市场产品创新等)。学生社团完全独立,可以在大字报上对学校公开批评,学校基本不举行任何全校性质的活动,如校运会。香港和内地的教育体制适合不同的人,但是我个人偏向于香港的教育体制。再次,从香港这个大环境来讲,在这里学生能学到很多内地学不到的东西。虽然香港现在发展速度远不及上海及北京等城市,但是不可否认的是,香港作为金融中心的时间远比内地城市要长,积累下来很多经验,比如强调效率、重视质量等。若将来打算回内地发展,能够有香港企业的工作经验以及思路,将具有很大的优势。

另一位香港大学学生(案例9)提醒人们不能盲目选择来香港求学。来香港求学是否是一个合适的选择要看家庭经济状况、个人追求、性格爱好,否则如果家庭经济困难,专业又不对口,来到香港可能会觉得压力很大,感觉很困难:

> 您提出的问题对大多数盲目追求来港的学生、家长来说是一个提醒,但是在分析问题时,似乎又有一些过于笼统化。有些分析恐怕

也存在着偏差,不如我们探讨一下。每个人都有每个人自己的追求,媒体的报道和校方的宣传自然有其希望强调突出的优势,但是至少在任何港校招生时,都会有学校代表告诉你,不是人人都适合来香港就读的。你有没有想过是为什么呢?这正是一个自我选择的过程。独立生活的能力不强,可以成为选择不来香港的原因。其实理由还有很多,你所谓的就业也是你个人的选择。每个人都有每个人自己的计划和打算。读大学并不仅仅是为了就业(我并没有要贬低就业的重要性)。如果你希望在成功就业之余,了解更多的文化、体会不同的思维方式,那么选择一个不同的环境就读也是可以接受的。而且有时无心插柳柳成荫,不同的环境优势又恰恰造就了你的优势,为你的就业提供更好的信息。说到底,人需要有自己的见解。如果是盲目地来香港,自然可能造成劳民伤财;但是如果你有自己所希望攫取的东西,带着自己美好的长远目标来的话,也将会有好的裨益。求学是投资,对于来香港是否值得,真的是因人而异,不必做过多的讨论。

来自香港中文大学的一位内地学生(案例10)说:

既然这位同学要探讨实际问题,我也以实际来回应你。首先,在香港进大公司的机会的确要多点,国内很多比较优秀的学生都是去BIG4的,而这里BIG4比较容易进,还有很多其他公司可以选择,就算上海也有这些公司,但进去的难度很大。其次,这里的教授比内地牛很多,起码很多都是哈佛、牛津等出来的,将来出国写推荐信等自然会好过国内。第三,这点是最实际的。相比于内地你所谓的顶尖大学,这里竞争会小一些,只要你肯努力读书的话,拿好成绩会相对容易很多,而大公司和国外牛校一般很看重成绩。第四,如果取得香港永久居留权的话,以后到各国都很方便,这也是值得考虑的。再加上一个事实是,你在香港进大公司工作后回内地很容易找工作,而从内地来这里就很难。总而言之,如果你真的很厉害,如果你自信可以在清华、北大和复旦拿到3.7以上的GPA,超过全国各地的牛人,然后在几万全国精英的手上抢到为数不多的所谓大公司工作机会的话,那么留在内地同样是一个很好的选择。

来自香港城市大学的一位内地学生(案例11)认为:

选择最适合自己的。"香港的本科生最低年薪是12万元,而北

大不少毕业生也能拿这个数。"——不全是吧。清华、北大能拿到这个数的专业,集中在经济、光华等几个院。极高的分数,与将来相近的出路相比较,你会做何选择。何况还少了那么多的出国交换、实习的机会。我高中同学、校友在北大的不少,他们告诉我所有人都盯着有限的几个来香港交换的机会,何苦呢。而高几届还没毕业的校友,有准备申请来香港中文大学读研的。我有个师姐,现在在花旗工作,北大光华毕业的,工资是一年40多万元。而她当时的成绩是重庆市文科第一名,在使用全国卷的考生中排名前三。在香港,拿到40万元的很多。来香港,毕业后你可以很自由地选择回内地。在内地,要选择来香港,却不是那么容易。

(资料来源:你问我答网,求学香港综合版,http://www.studyinhk.net/QnA/,2007年5月2日)

以上11位同学均就读于香港不同的高校,他们来自内地的不同地方,他们的想法有共同之处,也有不同观点。毋庸置疑,大学的生活是美好的,他们对来香港求学充满了憧憬,认为香港会使他们的未来更加美好。

9.3.4 求学香港的真实感受

但是现实是怎样的呢?请看以下案例,他们分别来自香港科技大学和香港大学。对于内地生来到香港后的处境和感想,从博客中所搜集到的最感人至深的文章莫过于《一个清华学生在香港求学受到的心灵震撼》。这篇文章首先刊登在2005年新浪博客上,原作者不详。只知道他来自清华大学,之后在香港科技大学学习。但是,之后许多网迷们都将这篇文章分别转载或收藏在自己喜爱的阅读网页里,可见他的感想引起了大家的共鸣。在此,我也想把它摘录下来与大家一同分享。

案例12,来自清华大学土木工程系,现就读于香港科技大学:

一个清华学生在香港求学受到的心灵震撼

1998年本科毕业,又顺利地被保研,当时的我只是一个憨憨的书呆子,纯洁得如同高中生,在清华这种和尚庙一般的理工学校里待了四年,女孩似乎是山下的老虎,神秘得让我一见就脸红心跳。未来是什么对于我就是"读完研再说",反正成绩还行,不读白不读。我毕业时香港正好回归一周年,教育部要选派一批本科毕业生去香港科技大学读研,以加强两地的教育和科研交流。清华当然要占不少名额，系里的几个牛人去了美国，所以这个馅饼就掉到了我头上，确实是个不错的馅饼，不用考 GRE、考托、全额奖学金，连手续都是学校和教育部包办了，我分文不花，后来香港科大的联络人抱怨中国内地的办事效率低、程序烦琐，至于怎样的麻烦，我至今一无所知。

香港科大

就这么糊里糊涂地来到了香港。依山傍海的科技大学美得如同世外桃源，现代感的建筑更让我们爽眼。后来得知这就是亚洲最美丽的校园，倒也丝毫不怀疑。据说是香港政府感到香港贸易和服务的优势正受到中国沿海城市的挑战，而科技就是竞争力，就下了狠心投钱建了这间学校，从各地请来了学者。共耗资 400 亿元港币，相当于微软公司一年的纯利润。学校组织的参观、教授的讲话、英语的培训很快就过去了，当时的新奇兴奋也褪得干净，每天面对这青山海景，最后也麻木得没有感觉了。科大的教授大多是华人，台湾和内地出身的不少，反倒香港人是少数派，很多都是在北美的名校里拿了博士学位，奔这里的高薪来了，他们的博士头衔总要和名字相片挂一起，挂一辈子，哈佛大学和斯坦福大学之类的当然就吃香了。教授可以一年拿到一百多万元港币，也就是一个月可以买辆小汽车，比一般的美国大学高。知识真的值钱了，让我们对未来充满了向往。有一次和教授们吃饭，谈及内地大学教授的待遇，他们就感慨："知识分子真被廉价到了可耻的地步。"我们也无话可说，反正不是我的错。然而钱不是好拿的，很多教师正是三十岁出头，教授职称还未到手，和学校只是签几年的合同，其他的学者也不断在申请进来，所以压力颇大，辛勤程度比公司打工仔有过之而无不及。既然自己做学问要紧，培养学生的事就要往后排了。刚进来时很多教师和我们亲切地讲话，之后就不见了，好久不见就不认得了。研究生当然是有导师的，只要自己不去找他，他是肯定不会找我的。上课之外就是绝对的自由，当时自由得很是惬意。

萧伯纳说人生的苦闷有二，一是欲望没有被满足，二是它得到了满足。这话的确是有部分的道理。当我住在这绝世美丽的地方，可以随心所欲地去商店买东西不用担心付不起账，可以任意地支配自己时间，但半年过去后，却发现情绪每况愈下。西方化的建筑设计将个人的所谓的"隐私保护"发挥到极致，进了宿舍就基本感觉不到他人的存在，同单元的人也有独立的卧室，大家都是进了房，将门一关，隔离了，谁也不好意思去敲别人的门。刚来时认识的一伙人，后来发

现根本遇不着,如同消失了一般。同住一起的是三十好几的叔叔级人物,偶尔可以说上一两句话,却永无可能说很多话。大家都像是住在不同的空间里做研究,忙碌得无暇顾及他人。

平心而论,对于一个成熟的研究者来说,如果他有确定的目标和兴趣,对生活人生都不再有不切实际的幻想,准备投身科学研究中,那么这里真是一个好环境。但是我这样茫然睁着无知的眼睛的毛头小子,却是完全另外的感觉。那种茫然的苦闷感觉真是难以描述,找不到人玩,只是将窗户开了又关,关了又开,不停地喝水,仍然感觉不舒服。怀念在清华的破楼里相互串门打闹的日子,怀念抱着篮球在走廊里叫一声就应者云集的日子,可是怀念解决不了问题。以孩子的心理去进入成熟严谨的环境,不可不说是一次考验。

经过多年的功利教育的辛勤培养,我一路顺当地走过来,发现完全的上当。我在成功地通过了一次次考试后,最终都不知道我为什么要通过这些考试,这个所谓的优秀学生只是在不停地让自己去符合那个"优秀"的外在标准来麻痹自己的虚荣心,而自己,那个真正的自己却一直没有存在过,没有发育过。我学的任何课程都无法帮我解决当时的苦恼。每天学那些微分方程是为了什么?是为了父母的微笑、人们的赞许吗?年年得奖学金的清华毕业生成了这么一个怪物:不知道自己要什么,也不知道生活是什么,对社会毫无接触。二十岁出头,可是见女孩子就一身不自在。会解各式各样的方程,却不能解决自己的困惑。硕士博士的路就在眼前,可是不知道还应不应该这样走下去,这种状态难道就是我的追求?一个智商还不错的人努力多年就变成这样?这是一个问题,很早就有了,只不过太晚地暴露出来,我相信这样的问题很多师弟师妹们依然将要面临,我相信在清华依旧有很多像我当年一样的学生。当看到他们天真地讨论GRE、托福试、GPA、学校名次排前几名,仿佛几年的辛劳就只为那么点数字,人生的终极目标就是出国,我无法不为他们忧虑。这也是促使我写这篇文章的主要原因。

很多人没有做研究的真正兴趣,但是用尽了精力去获得一个去国外做科学研究的机会,获得了就洋溢在掩饰不住的喜悦里,甚至对人生毫无真正的规划,对自己的兴趣一无所知,为出国而出国,那将在告别父老乡亲后去迎接苦闷的开端。香港的学生很实际,绝大多数本科毕业就去赚钱,30岁之前为结婚买房奋斗,如果告诉一个香港人说你28岁了还在读博士,他会觉得你很失败,可能是根本不会赚钱。而留下来读博士的香港学生,就是真的很喜欢做研究的人,扎实地做事,他们的认真让我们这些朝三暮四、心猿意马的内地学生汗颜。

生活在香港

都说香港是弹丸之地,其实一千多平方公里的面积也不算小,不过大多是山,可利用的地方不多,很多商业区都是填海造出来的。由于是亚热带的气候,又处在到处是山和海湾的地方,风景当然好。香港的气候比北京舒适一万倍,冬天冷不了,夏天也不太热,甚至没有明显的四季感。只是上半年天气有些潮,成天都有湿湿的感觉,北方人有点受不了。香港的交通极其发达,公交车从不拥挤,也很少堵车,可是香港的道路比北京的窄得多,车也不会少,只不过布局和管理更好而已,看来北京走向国际化还需努力。这里是名副其实的购物天堂,东西也不算贵,电器和服装可能比北京便宜,特别是国际名牌,由于没有关税,肯定要比内地便宜,所以不必带很多衣服来。但是服务业,比如吃饭、理发,涉及员工劳动和地租的地方就要比内地贵好几倍。可以随便往来深圳也是在香港的一大优势,一天可以轻松来回好几次,在香港读书的学生可以得到香港的临时身份证,在护照上盖个章,就可以自由出入境了。

常有人问及香港的影视明星,可是到了香港就觉得那些人也只是打工仔,背后是更有影响力的老板,一旦老板不想捧了,明星就会很快消失,新人会取而代之。看到他们卖力地载歌载舞,其实也是生存需要,在商业社会里生存是绝对的驱动力。香港的金融和资讯服务相当发达,在所谓第一世界里也算相当突出,可以很便宜地享受到信用卡、电讯、互联网服务,因此有些人在香港待久了再回来反而不适应了,主要就是这些方面,当然还有其他制度等软件原因。

说到学校的生活,物质条件比国内任何大学都好,甚至条件好过美国不少学校,香港的学生很少住宿学校,所以一到周末放假学校就很冷清。通常内地学生独享学校设备,偌大电脑房和运动场,舒服的游泳池,都有不少美好回忆。学生宿舍条件不错,可以做饭,自己做比在餐厅里吃来得便宜,所以内地学生会乐此不疲,周末常三五成群,以做吃的为乐。餐厅里中西餐都有,中餐以广东口味为主,忙起来时以营养为重,口味不对也只能将就吃了。

现在在香港的内地学生不算多,总共有四五百人,各个学校都有学生联谊会,是比较松散的组织,也有一些机会认识朋友。周末会组

织放放电影,搞舞会。临近考试或准备论文时,谁也没心思搞活动。香港的学生很好打交道,在成熟的社会里长大的人,心理相对简单些,不像一些内地学生常常过分盘算自己的明天,将自己逼得很累。他们对内地也渐渐感兴趣,虽然他们常常不知道湖南和四川,只说得上秦始皇和毛泽东。只要主动点和他们交流,是可以结识不少朋友的,粤语不是障碍,很多人可以听普通话,而且,粤语不难学,不留神就长进不少。

关于工作机会

很多人终于跳到北美去了,大多还是接着读书,从这个意义上讲,香港只是跳板。在香港留下工作的机会不多,如果在进香港的第一天了解这一点,是有好处的。也有回内地的,我就是,所以我在这里写文章了,看到很多朋友询问去香港读书的问题,作为过来人,就写了这些,如果能给这些朋友提供一点有益的信息,我就很满足了。

上次写了文章发表在海外学子版,很多朋友给我回信,给了我很大的鼓励,真的没想到过自己的东西会给别人带来影响。求学香港的经历给了我很多,几乎是一个脱胎换骨的过程,在一篇文章里是不可能都讲完的,所以我再写一个续集,好莱坞搞续集纯是为赚钱,我呢是什么都不图,万一有谁看了之后找我,最爽不过。将心底里的一点点"龌龊"都暴露出来,可以痛快讲了。

凡事都是虚空

来自发展中国家的人,难免在神情上多一丝生存紧张。看不到出自内心的笑,连谈话时也似乎只有一个主题:今后有什么打算?每做一件事,都在问自己:对我有没有好处?

坦白地说我自己刚到香港时就是这样,只觉得自己多么没着落,无根无底地飘在他乡,我要努力啊,绝不可浪费自己的任何精力。我要学最能给我带来利益的东西,去做最有利于自己的事情,直到我成功。当时我就是这么功利,到现在我都想这样痛骂自己。

数学指数函数的极大值往往在最不稳定的点取到,人追求极端就会失去内心的平衡,到时候就不难体会到数学原理的深刻。很快让我的功利心理逼到无路可走了,对所学的东西怀疑,担心自己变成书呆子,对自己没有信心,找不到真正的朋友,找不到让身心平静的乐趣,每天都在心潮起伏。最后我去找学生辅导员。愚蠢地诉说倒不多提了,不过我记得他大胡子的脸有了微笑,眼睛里放出宽容而温和的光。他告诉我他觉得我很有意思,他第一次遇到这么坦白的学生。"那些东西有什么意义呢,你怀疑得很好。"之后就翻出《圣经》来,给我读某些章。

(原作者不详,只知出自清华大学土木工程系,后来到香港科技大学学习,本文略有改动。)

下一位内地生(案例13)来自香港大学。他的文章《走进香港大学》刊登于华龙网,2010年1月4日,他的感受主要来自在学校生活中的一些小事。

港大给我们自由,当然,自由是相对的。小到生活细节:全校园覆盖无线网络,几乎所有课堂都可以使用笔记本电脑;学生宿舍没有"熄灯断网"的规定;餐厅从早8时到晚10时一直有饭菜;图书馆虽然晚上会关闭,但自习室24小时灯火通明。这些事情虽然听起来微不足道,但这些生活细节上的自由叠加起来,就给了每个人安排私人生活的空间。我曾经下午5时半去餐厅吃晚饭,却碰到一位商学院的教授正在享用下午茶;也曾经半夜12时和内地同学从图书馆匆匆赶回宿舍,却碰到本地学生成群结队优哉游哉地准备去吃糖水(即夜宵)。再说学术上:几乎所有的课程都会有小班授课的"研讨课"形式,一个教授,十几个学生,不时为了一个棘手的问题而争论整堂课。正是因为有这样的自由,才更要求我们懂得自持。我们要学会合理掌控自己的生活,要学会充分利用拥有的自由,更要懂得尊重他人的自由,这或许是隐藏在自由背后最大的规则和底线。

港大给我们机会。曾经有一个即将毕业的学长感慨道:港大是一个你有多大能力,就能得到多少机会的地方。而这一个多月的生活里,我对"机会"这两个字最直接的理解就来源于港大的"信息密集型"生活。楼道里无处不在的海报栏和见缝插针的活动海报,宿舍电梯里三面墙满满当当的通知,相当于信箱功能的P-Hole,走在路上总会不时遇见的各种社团的摊位,而最重要的莫过于港大的个人邮箱。从台风停课通知到社团招新广告,从学校管理层的人员任命到一些不可多得的讲座活动(开学才一个月就已经举行了龙应台和李安的讲座),几乎所有通知都会通过个人邮箱发放,几乎每一天,邮箱里都有少则十几封多则二三十封的未读邮件。对于我们内地生来说,港大提供了另外一个重要机会,就是学会自立。

港大给我们景色。虽然港大绝大部分都是香港本地学生,但在港大的欧式校园里匆匆走过,一定会看到各种肤色的人,各种身着奇

装异服的人;一定会听到活泼浓烈的广东话、标准或带着方言的普通话、流利或结结巴巴的英语;还有根本分辨不出的小语种语言。这些形形色色的人和语言的背后,是一个个带着深厚历史底蕴的文化。日渐增多的内地生和被内地生称作"local 本地人"的本港学生之间,大到语言文化,小到生活习惯,显而易见的差异存在于各个方面。举例来说,几乎每个内地生到港第一天,就开始参加学院、院系、宿舍学生会组织的各式各样的新生训练营。短则一天半天,长则十几天,形式各有不同,目的是让新生熟悉校园和香港环境,结识新朋友,培养团队精神。训练营的活动千奇百怪,大家的评价也各有不同,如团体游戏、海滨日都是受内地生欢迎的项目,而一些所谓的"港大传统"却让很多人嗤之以鼻,如 MO(老生责骂新生),如穿着刻板的衬衫西装跑遍香港,如整个训练营期间不准开手机……港大毫不保留地将这些和谐的、不和谐的景色展示给我们,让我们学会自知。知道自己想要的是什么,知道面对这个世界上存在的无穷多的差异和冲突,只有清楚地自知才能首先保护自己,进而融入其中。

(资料来源:作者不详,刊登于华龙网,2010 年 1 月 4 日)

9.3.5 学习方法与教学方法的适应

学习有很多方法,需要大家去尝试。下一位在香港读硕士学位的内地生(案例 14)就敞开了自己的心扉,谈了自己在香港的学习经历,并交流了学习方法。

我们报读的授课形式硕士,其实可以选择写论文或者不写论文,如果是想写论文的,建议你们要抓紧时间,上学期最好就有点儿想法了。一定要抓紧时间,我不知道应该如何描述,只能告诉你们,如果不抓紧,时间很快就会无意义地过去。关于课程我觉得你可以多看书,有空就先多学点儿,到后面会很轻松的,多看些外文的和台湾出的书,会觉得实用很多。可以多去请教老师,一般老师都很忙,你发邮件给老师,他们有时候可能没来得及回,大家要谅解,一般他们是喜欢与学生当面交谈的。所以你们可以写邮件给老师,说想问哪方面的问题,然后想约他/她的时间,问其什么时候方便,这就可以了。

如果想继续读研究型硕士(Mphil),也就是要做研究并写论文的硕士,而不是只修课的硕士学位,最好上学期就多看些专业的期刊,然后尝试写论文,给他们投,这会增加你的资本和你的学识。关于写

第九章 有关香港内地生研究的新趋势与新案例

论文,我现在还在进行中,我只能说自己的一些方法,给你们参考而已。我只是一个普通的硕士生,所以意见仅作参考。第一,多看专业的期刊,看他是怎样写的,学习他们的写作方法,建议还是看外文的和台湾出版的好;第二,多看理论书籍,最好上网查查这个专业有什么理论;第三,好好学习研究方法,大家可以在内地买中文版本,相对便宜;第四,多了解当地的媒体,这是针对传理系来说的,多看当地的报纸和媒体。

在香港读硕士虽然说有1年的时间,但是前后加起来,可能只有几个月的时间是给你上课的。我们算过,一个星期的学费是2200,所以大家要去上课,不要逃课。我现在开始后悔了,觉得自己没有好好珍惜在香港学习的机会,其实学校的图书馆有很多的资料可以给大家去看,杂志也多,我们可以接触到很多新鲜的东西。如果自己学校图书馆没有那本书,可以去图书馆的网站看一个联校图书馆的功能,可以从其他图书馆给你调书过来。

学校也会经常举行讲座,大家可以在学校的宣传栏看到,而且一般都有点心和奶茶喝,可以作为下午茶,我们三剑客经常是冲着下午茶去的(开玩笑啦,我们还是很厚道的)。

(摘自:浙江在线,2008年4月21日)

在新环境中要学会从不同角度看问题,学会立体思维、换位思维,思维方法正确了,遇到困难就可以迎刃而解。一位来自上海,获得全额奖学金,在香港中文大学读商科的内地女生就为我们树立了一个很好的榜样。她认为初到香港,感受最强烈的就是全英文教学,而且老师的授课方式与内地的教学方式有着本质的不同。不同观念、文化的交汇,也迫使她学会从不同角度看问题,在学习上也学会更独立。很多内地生初到港校时,都会经历一个语言尴尬期。"在高中阶段我的英语口语基本没问题,但听课就很困难。刚开始时,教授课上说的每个单词,自己都必须在脑子里翻译成中文理解。等到明白后,教授已开始新的讨论,感觉自己总比香港本地学生要慢几拍。"但全英文教学也逼着她大胆开口,香港本地学生多数很开朗,沟通能力很强,多与他们交流,对促进英文水平很有帮助。同样是从上海毕业的一位内地生认为,在香港读书,让她感受最深的是教授的亲和力,每个学生都能近距离与教授进行一对一的交流和讨论,教授的电子邮件、办公室电话和移动电话,以及网络即时联系方式如MSN等,学生都有。这是她在内地读书的同学所无法想象的。她曾以电子邮件向老师询问作业的问题,第二天,老师在回复的邮件中,不仅给了她关

于作业的详细资讯,还不忘给她打气鼓励。而且如果学生在上课时没听懂,老师也会在双休日抽出时间,在网上与学生讲授上课的内容(摘自:浙江在线网,2008年4月21日)。

9.3.6 面对压力应迎刃而解

学习的压力是内地生面对的第一压力。内地生对于这一点都有同感,甚至感叹不已。最新的内地生自杀案件是香港科技大学自杀未遂的事件。《南方都市报》2010年8月25日报道了"香港科大一本科生自杀未遂,内地生心理危机凸显":

> 港校大揽内地状元,内地生争夺港校学位。近年来,香港高校已成为内地学子青睐的求学殿堂。但就在高校录取刚落幕之际,香港科技大学又出现一宗内地本科生在校园内自杀未遂事件。香港警方证实,8月4日,位于西贡的香港科技大学校园内,一名21岁内地男学生企图自杀,他被发现时拿着刀,左手受伤流血,经抢救后已无大碍,该内地学生即将升读本科大三(目前香港高校大学本科学制为三年)。该生事后向警方表示,因为学业问题出现情绪困扰,一时想不开企图自杀,事后该内地生获安排与父母见面。校方表示,会安排学生休学至少一个学期,待其平复情绪再考虑是否让他复学。其实,内地生在港校出现意外已经不是新鲜事,科大、中大都出现过内地生自杀事件,科大不止发生过一宗。
>
> (资料来源:《南方都市报》,2010年8月25日)

内地生出现心理障碍的原因有很多,主要原因是:第一,内地生出现情绪困扰时求助少;第二,压力大更多来自要求高。港校内地生自杀事件,近年来屡见不鲜,这让香港高校日益庞大的内地生群体成为公众关注的焦点。学业压力、情绪困扰、文化环境差异,让孤身在港求学的内地学生面对重重压力。在过去六年中已先后有四名在香港高校就读的内地生因学业或感情压力自杀身亡,其中两名死者是科大博士生。而在港出现心理问题休学、精神失常的内地生更是时有听闻。针对多发的港校内地生事件,就读香港科技大学土木工程专业的内地学生学者联谊会主席谭道鼎近日接受了南都记者采访。他认为目前科大有400多名内地本科生及3000多名内地研究生。研究生层面,学校关注得会少一些,毕竟都是成年人,而且科大研究生中内地生的比例很高,接近60%都是内地生,形成自己的朋友圈子不成问题。反而是本科生中内地生的比例低,约占

本科生总数的10%,少数的内地生如果结交不到朋友,很容易出现孤独感。他说:

> 港校的内地生自杀个案虽然存在,但肯定是个别现象,不是普遍行为。媒体连篇累牍的报道肯定有放大作用。香港科大针对内地生的情绪困惑,已经设立了心理咨询老师,并在每学期发放一次心理问卷调查,要求学生回复,但效果并不明显。内地生往往比较内向和腼腆,就算心理有问题,也往往不愿跟心理医生说,所以情绪问题一旦爆发,就已经很严重。科大的内地生联谊会是学校唯一的内地生组织,但事实上内地生向联谊会求助的问题,往往都是宿舍调整、奖学金申请等实际困难,对于情绪困扰,几乎没人会来联谊会求助。

（资料来源：《南方都市报》,2010年8月25日）

内地生出现心理问题的第二大原因是"压力大更多来自要求高"。学业压力大,几乎是港校内地生的共识。压力确实存在,但并非如此严重。其实内地生眼中的压力,更多来自对自己的要求高。进入港校的内地生,尤其是本科生,大多数是高考尖子,对自己要求相当高。如果短时间内跟不上课程,就会产生心理问题,如果此时刚好身边没有朋友,高压下又有孤独感,就会很容易出事。港大校长徐立之及其他大学领导有同样看法。自杀是一个悲剧,人死不能复生,受过高等教育的人也不能例外。在港内地生的自杀成了频发事件,不能不引起有关部门的注意。香港教育机构要创造条件,从多方面缓解内地生的心理压力。内地生也要正确对待人生,培养健全的人格,善于释放内心压力,共同应对人生成长过程中的困难。

令人寻味的是港校本科生的毕业去向。根据香港城市大学的统计,约60%的本科生毕业后会继续攻读硕士、博士,其中大部分人负笈海外,包括耶鲁大学、麻省理工学院、哥伦比亚大学、斯坦佛大学、剑桥大学、牛津大学、新加坡国立大学；而在香港中文大学2009年度内地本科毕业生的去向表上,在港和赴海外进修的比例达到40%。由此可见,攻读本科的内地生先赴港,再把港校作为赴欧美名校留学的最好跳板,可谓之"利好"。可是对于赴港读研的内地生而言,这样做就是"利空"——跳到欧美名校再度深造的空间小了,港城适合"学究"型的工作着实不多。

在香港就业市场上,能够找到如意饭碗的内地学生,同样只是少数。对内地生来说,粤语是一道拦路虎,工作签证则是另外一道拦路虎。据了解,按照香港本地的法规,如果公司聘用了内地学生,就要为学生办理工

作签证,期间免不了出钱出力,很多公司觉得麻烦。即便一些内地生可以幸运地留港工作,应聘他们的企业也大多具有内地业务,需要熟悉内地市场的员工。工作几年后,这些内地员工还是会被公司派驻内地工作。而内地生的另一层难言之隐在于,他们心仪的港校文凭,在很多内地企业眼里并不具备足够高的含金量。"比不上美国顶尖学校的海归,在很多企业眼里甚至也不如清华、北大等国内名校的毕业生。"与早些年的情形不同,现在内地就业市场岗位竞争激烈,已经不再是就业"避风港",港校文凭在内地有点"里外不是人"的尴尬。

9.3.7 学士与硕士的就业比较及专业与学校的比较

学士与硕士的就业比较、专业与学校的比较是一个深层次问题,需要权衡利弊反复比较,才能作出正确的判断和选择。下面的两个案例(案例15和案例16),或许对大家会有所启示(厦门教育考试网,http://www.xmjy.org,2010年2月24日)。

小汪(案例15)南京大学会计系学士,香港某高校社会科学硕士,现在港就业于一家会计事务所。小杨(案例16)香港某高校金融系学士,现在港就业于全球四大会计事务所中的一所。

"没有想到,和我来港之前想得很不一样! 如果本科学的不是会计,我估计自己也只能和很多学冷门专业的同学一样,看着签证到期,背上行囊回家了。在香港,光有实力还真不够。"采访小汪的时候,他一边感叹自己的运气,一边为"高学历"在港不能受到"重用"鸣不平。两年前汪同学拿着奖学金来香港攻读社会科学硕士。他回想,当时想得太简单了:自己综合素质不算差,能言善辩,修学了文理两种专业,名牌大学本科和硕士毕业,在内地的职场,理所当然是被用人单位争抢的香饽饽。到了毕业关头,看到很多内地同伴在求职过程中落马,小汪这才意识到香港严峻的就业形势。在分析自己的优劣后,他决定还是做当初的"本行"——会计,原因很简单,这能更方便迅捷地拿到工作签证。"香港的雇主更看重你的实力和经历,面试的时候更多的是问我做过什么而不是学过什么。为你办理工作签证,需要花费太多的精力,所以他们必须确定雇员物有所值。我的社会学硕士学位证书像摆设一样被他们抛在一边甚至没有正眼看一下,这让我有点心寒。想想后怕,还好没有读博士。"谈到一些来自内地顶尖学府、在港读硕士、博士的人未能得偿所愿留港工作,据小汪观察,"要么是期望值过高,要么是死扣着本门专业不放松"。小汪说自己早晚是要回内地发展的,并不是为了留在香港而留下。在此获得的可贵的工作经验,在将来肯定会派上用场。去四大会计事务所工作,是很多想从事金融业的同学初涉职场时的理想。

  从香港某高校金融系本科毕业的杨同学向五个会计事务所投出简历,居然来了四份录取通知,成了很多硕士、博士羡慕的对象。"在很多硕士还在为自己的工作签证担心的时候,我却在考虑暑假去哪里度假。留港工作对本地大学毕业的金融系本科生来说小菜一碟。"小杨同学说得很有底气。他坦言自己丝毫没有因为只有本科学历的关系在求职中碰壁。他感受最深的是,正是由于四年来在社会活动中培养的社交及组织能力被雇主青睐。和香港高校毕业的硕士比较,本科学生有更多时间来磨炼自身,可以在假期参加工作实践,洞悉社会,四年积累下来(加上预科,香港本地学生是三年学制),粤语和英语的优势很明显。而很多研究生带来了当初在内地读本科时候的"经验",抓紧相对短暂的修学时间,一头扎在书堆中,毕业时"甚至连中环这样的著名商业圈都不知道在哪里",对社会缺乏基本认知,忽略了人际交往,这在香港这个商业氛围很浓的社会,是犯了大忌。小杨觉得,四年的本科学习很值得,要想留港工作,价值观念得和当地人合拍,而这种对香港文化的认同感不是一朝一夕就能被熏陶出来的。说到自己的工作薪酬,小杨没有过多回避,3年后拿到2.5万元港币以上的月薪是不成问题的。他表示,将来会否回内地发展,等积累了工作经验,3年后获得香港永久居留权以后再讨论。

  (资料来源:厦门教育考试网,2010年2月24日,http://www.xmjy.org)

下面的两个案例(案例17和案例18)是就专业与学校的比较所提出:冯同学是上海交通大学金融学学士,香港某高校金融学硕士,现在港就业于一家中型投资银行;陈同学是浙江大学法律学学士,香港某高校法律学硕士,现回沪就业于某大型法律事务所。

  冯同学到香港攻读金融学硕士,是因为从香港回归开始就有交大的学长陆续赴港读书就业的先例。当初,有若干个留学方向供他选择,但想到金融业是香港的支柱产业,又有丰厚的奖学金支持,就毅然在硕士课程的录取通知书上签下了大名。原来以为,香港作为享誉全球的国际金融中心,是金融从业者最向往的地方,学金融的去香港,明摆着就是去淘金,来了才知道,"期望值有些高了"。最终的

毕业走向也证实了小冯原先的料想,同班20个内地同学,只留下了6个,其余同学大多回内地寻求发展。"因为我们没有本地学生良好的语言基础,很多本事要从头学起。人脉、资源、实习经历,要什么没什么,就业并不如想象中的那么容易,不过万幸的是,我学的是金融学。如果要我列举三个拿到工作签证的关键要素,我会说,专业、专业还是专业。在香港,雇主不问英雄出处,哪所高校毕业不是特别重要,但对于雇员的专业擅长和综合素质达到了近乎苛刻的地步。"据小冯介绍,北大、清华毕业过来的计算机专业的学生,个个天赋过人,也很刻苦,但他们居然留不下来!因为IT行当在香港距离快速发展还需要时间,从业人员被看做"灰领",人才缺口不大。"只能说他们来此学到了东西,可对于就业,却不是那么合乎时宜。但他们回到内地,马上都成了猎头公司的目标,个个都是行业精英。"

学法律的陈同学赞同上述观点。年少气盛的他立志投身香港的法律事务所当律师,但他在内地大学本科修习的是内地法律,而事务所的规矩是非本地毕业的本科生不要。这个致命伤让他不得不和原来的期望绝缘。于是小陈带着些许沮丧告别香港,回到内地工作。出乎意料,他被一家很有发展前景的大型律师事务所录用,且因为有香港的求学背景和语言上的优势,立马受到重用,做公司融资顾问,策划在港上市之类的大型业务。回想起来真是塞翁失马,焉知非福。谈起这段稍显曲折的经历,小陈再也没有了先前的心理落差,他打趣道:"现在我有很大的学历背景优势,至少翻起香港的法律文书会更快吧。在港两年的硕士学习绝对值得。"香港本地事务所的大宗业务七成以上都是来自内地的,小陈经常被派往香港出差,求学的经历让原先单一的舞台成为两点互动,为他提供了大显身手的好机会。而同样读法律后留港就业的几位同学,只是在小型律师事务所里当助理,做零碎的民事业务。看到小陈的机遇,他们现在也在考虑回内地寻觅机会。

(资料来源:厦门教育考试网,2010年2月24日,http://www.xmjy.org)

9.3.8 香港雇主眼里的好学生

就业需要选择,但机遇总是留给准备好了的人。知己知彼,方能百战不殆。因此,内地毕业生必须深入地了解"什么是香港雇主眼里的好学生"。现在雇主很多时候更看重的是学生的实际操作能力、交流能力、解决问题的能力。所以在学书本知识的同时,学生更要注意把所学到的东西运用到现实生活中。除了学习之外,学生们更要注意多参加课外实践活动,提高自己的综合能力。那么,雇主眼里内地专才是什么样的?他们又青睐怎样的内地人才?由香港政策研究所和在港内地毕业生联合会共同发布的《2007年度在港内地专才雇主调查报告》及《2007—2008年度在港内地专才雇主调查年报》(以下简称《雇主年报》,在港内地毕业生联合会,2008年1月,详情请参照:香港政府发布的2007年度在港内地专才雇主调查报告 http://www.hkamg.org/employer.pdf)对香港四大行业(金融、贸易及物流、旅游、工商业支援及专业服务业)的100多家企业进行了调研。结果显示,雇主最喜欢的大学毕业生应该是这样的:

1. 有足够的工作经验或实习经验,29%;
2. 能熟练地运用英语,23%;
3. 毕业的学校较知名,专业较对口,19%;
4. 有积极出色的社会活动表现,19%。

这四点是雇主心目中判断优秀人才的重要指标;此外,香港雇主还特别看重"学校、专业和学历",而对"学分成绩和奖学金情况"并不特别重视。可见,如果只是成绩优异,而专业和学历与行业需求不匹配,就业会面临不少困难。目前在香港,金融、会计、公关、IT、高科技人才最为抢手,工程类人才也很紧俏。

同时以下四点原因是雇主最不喜欢的,也多多少少是内地生易犯的毛病,今后一定要引以为戒:

1. 专业水平不高,写代码不规范;
2. 不及时向上级汇报工作进度,随意性大;
3. 对上级提出的修改意见配合度不够,自己做的东西别人改不得;
4. 独来独往,和同事缺乏交流沟通。

(资料来源:《2007年度在港内地专才雇主调查报告》,2008年1月,及《2007—2008年度在港内地专才雇主调查年报》,在港内地毕业生联合会,2007年,http://www.hkamg.org/employer.pdf 及 http://www.hkpri.org.hk/passagesPDF/sponsored%20studies/Executive%20Summary_HKAMG.pdf)

内地生总认为自身竞争力不及香港本地学生。《雇主年报》记录的香港雇主意见,很可能会令他们重拾信心。无论是否用过内地专才,雇主均表示最看好的是内地专才(有香港教育背景),近六成港资公司把他们作为第一意愿聘请对象;其次是本地人才(有香港教育背景),仅接受过内地

教育的内地人才竞争力相对最弱。这表明,有香港教育背景的内地人才具有竞争优势,他们在内地受过比较系统的文字训练,文字功底好,写作能力强。而用过内地专才的雇主对其满意度高达八成,没有一家机构的雇主表示不满意。同时,香港雇主也指出内地生普遍存在的几大"软肋"。第一,思维模式较单一,应变能力相对薄弱,尤其是创意设计行业更倾向聘用香港本地专才;第二,对本港的融入度不够;第三,由于内地学生通常较有上进心,这也可能导致其急于求成,热衷晋升,踏实和循序渐进相对欠缺。其实无论在内地,还是在香港,学生就业都由以下四个因素决定:学生自身、政府相关政策、雇主以及大学是否推动培养。中国的家长舍得花钱让孩子读书,却往往忽略对子女职业化意识的培养和锻炼。这方面,国外有些做法值得借鉴,如美国立法规定13岁青少年就要开始打工,读中学就要参与国际实习,这极大地推动了美国青少年的职业意识和能力提升。

在港内地毕业生联合会主席耿春亚曾是清华大学的高材生,号称内地生在港"掘金"第一人。他以自己特殊的经历和特殊的身份架起了内地生、教育机构、香港社会联系的桥梁。他以自己的智慧和亲身经历向内地生解释香港求学与就业的问题。笔者与耿春亚见过面,谈过话,并对他留下了深刻印象。现为东方之珠公司总裁、在港内地毕业生联合会主席的耿春亚在人民网"从就业发展看香港求学"的节目中,谈到从就业发展看香港求学的主题,网友也提出了许多大家所关心的问题,耿春亚一一作了回答。从耿春亚就这些问题的回答中,我们对香港求学和就业等一系列问题都可以得到详细解释。以下是耿春亚与网友对话的内容(摘自人民网,2009年5月7日):

耿春亚:很高兴通过这种方式和大家进行交流,因为在香港这种方式比较少,看内地的论坛也比较少,过去还是非常关注在内地的交流和发展,特别希望内地青年到香港求学、工作,有很多人在香港做这个方面的事,希望通过这种方式交流,和青少年朋友分享,希望大家有机会到香港,甚至到海外,也希望青少年朋友可以通过这次访谈得到一些帮助和启发。

网友:融入香港社会容易吗?

耿春亚:融入这个问题,很容易。内地年轻人出来,可能都存在一个"融入"问题,在香港更是一种特别的情况,在香港这个问题比较敏感,因为你虽是中国人,但是语言上、文化上各个方面香港和内地都有很大的区别。相当于海外社群的环境,大家对"融入"这个概念,有时难以适应。相对来讲,最近这十年来,融入香港的环境和氛围容易很多。具体来说,十年以前,那时出来的人比较少,内地香港文化各方面差异比较大,包括语言方面,当时香港人连普通话都听不懂。但是在这十年以来,交流越来越多,香港人也愿意说普通话了。但是表面性、社会性的融入更容易,而价值观的融入、工作的融入等难度还是很大,社会的深度交流还是比较缺乏。

网友:能简单介绍一下赴香港求学的途径和方法吗?

耿春亚:现在在香港求学首先分本科生、研究生两类,本科生以下目前是基本上不接受的,比如说中学生求学,目前香港政策是不开放的,但是本科生、研究生都可以。本科生通过高考进入香港,香港中文大学和香港城市大学是统招,但是其他的大学是走自主招生的路,就是说除了城大和中文大学,要到香港的其他大学读书,就要通过网站的信息和招生办去报名。报名后,他们会安排自己考核和面试的程序,只要你可以通过他们的评估,达到标准就可以了。每年到香港读本科的学生一千五百人左右,全港有八所大学向内地招收本科生,这是本科生的情况。研究生分两种,一种是拿奖学金;还有一种是自费,每年来香港四千人左右。这其中拿奖学金的大概是不到两千人,研究生申请奖学金有一定的困难。但是四千多人的自费一年制研究生,相对来说,门槛就比较低。只要你英语达标,比如说英语六级成绩达标,就认可你的成绩,然后递交你的个人本科成绩单,提供一些申请材料,就可以申请成功,从我们的经验来看,基本上这个难度不是很大。只要你的专业比较吻合,申请起来过了他们的标准就可以了。特别还有一条,从去年开始,香港政府对内地学生有一个就业政策,只要在香港读书,无论是本科、硕士,只要拿学位就可以一年无条件逗留香港就业,这个政策对内地学生留下来就业发展提供了一个政策上的开放的尺度。

网友:按理来说,香港的科技发展水平不算很高了,但为什么内地学子却以到香港读书为荣,除了香港经济发达的因素外,您认为还有哪些因素?

耿春亚:2002年我在清华大学本科毕业之后,可以选择去美国或香港,最后我选择了来香港,这是因为我被香港所吸引。首先香港是充满公平、公正机会的社会,这个社会很讲实力。因为香港有来自世界各地的人,所以它给你提供一个公平的竞争机会,我觉得对于有实力的人来说,公平性非常重要。第二,香港工商服务的软硬件环境

非常好。只要我想创业,我只需担心自己的能力问题即可,周边的软硬件环境很好。第三,法制性很强。对我们创业来说,包括商业合同的保障性方面,这里都提供一个很好的法制环境。从我的角度来看,我要创业的话非常重视这三个方面。第四,这里的生活环境我个人也是非常喜欢的,不要看香港地方小,其实它的服务体系是非常完善的。我经常开玩笑说,我现在在香港打羽毛球、高尔夫球,环境又好,设施又完善,比内地还便宜很多。香港唯一的缺点就是房子太贵,地方太小。主要是看你如何理解这个问题,如果你觉得一个人住一百平方米太大,我想一个人住三五十平方米也足够了,至于其他方面我都非常喜欢。

网友:你有这么多的头衔,哪个是你最喜欢的?

耿春亚:这个问题很有意思。对我个人来讲,我始终觉得我是双面性的,一个人不仅仅有赚钱生活的角色,还有自己社会生活的一面。我觉得我当时创业时,真的是"双胞胎"。第一个就是公司,我觉得公司就像我自己生的孩子一样,你非常希望他可以发展好,可以长大,可以通过商业社会的服务,为大家,为这个社会产生价值和推动力,使公司的员工也得到发展,企业也可以壮大起来,将来有可能上市。第二个头衔,我认为主要是自己在社会中发挥什么作用的问题。其实我这个机构相当于团中央的一个概念,是香港特首对青年政策拨款的一个审批机构,它对香港青年政策发展是非常重要的。我代表香港的内地青年,去向政府提建议,为他们争取权益。另外我很重视的角色,就是可以在香港对内地青年的发展起到推动作用,不断推动在香港的内地青年融入香港的氛围,使他们成为一个新香港人,因为我自己也是奔着这个目标来的,我希望自己可以在往前走的过程中,和大家一起融入这个社会,最终成为一个真正的香港人,成为一个中国的香港人,我非常重视这两个方面的平衡。

网友:您认为内地毕业的学子与香港毕业的学子,在素质和能力方面有哪些不同?

耿春亚:我在网站上看到,我们每年会发布一份在港内地人才的发表报告,我已经做了连续三年的发表报告。我们做过访问,香港雇主怎么看待香港的大学生,和在香港的内地大学生,包括三者之间应如何看,如何比较。他们认为,内地的学生比较勤奋、刻苦、比较会读书,而香港学生读书没有内地学生那么用功、努力,但是在创造性、创新型、制度性、规范性、人际交往方面比较有优势,而内地学生比较

第九章 有关香港内地生研究的新趋势与新案例

难以主动去对制度性的东西遵守和服从。所以我们有时自己开玩笑说,打一个不恰当的比方,香港的学生有规矩、没本事;内地学生有本事,但是没有规矩。我们总觉得如果香港学生和内地学生可以在一起合作,香港学生发挥他们的制度性、规范性的优势,比如说他们适合做律师,适合做会计师,适合做公务员,内地学生适合去闯荡,适合做工程师、创业者,适合一天到晚拼命加班,为公司作贡献。香港学生不愿意加班,不愿意干他们范围之外的事情。所以如果内地学生和香港的学生可以很好地融合和合作,我想将来的发展会很好。从我个人来讲,我的公司也有香港人,我们香港的同事负责公司的财务,我想这种合作应该是一种趋势,也是香港的未来希望所在。

网友:在香港这个地方自行创业,你觉得难吗?如何克服所遇到的问题?

耿春亚: 我当初选择来香港其实就是为了来创业,我在大三时有一个选择,我可以去美国读博士学位,但是当时还有一个选择就是来香港。我一直在想是不是要来香港,因为在清华大学时我已经参加了很多比赛,那时就产生创业的想法。到香港以后,看到这里的环境,其实很多人都觉得这里的成本高、人工贵,似乎在这里创业很难。比如说香港什么东西都不缺,唯一缺的就是钱,我当时最初进来的时候,自己没钱,就想找一些有钱人,只要你的计划好,每个人随便给你掏十万、二十元万都是非常容易的事。当然香港的科技、资讯环境也是非常好的。到目前为止我觉得唯一的缺点就是香港人不擅长创业,他们不愿意去读理工科,但是实际上这是香港的缺陷,我恰恰看到了这点,我认为香港人不做正好,我们来做,所以我选择来香港。我到香港没有选择科技大学,我选择了香港城市大学,是考虑到了这里的地理位置和环境,城市大学是香港市中心的大学,它和香港社会最密切地结合在一起。我在香港城市大学读书,我的左手边就是香港最主要的购物中心,我想这对我们的创业提供了很大的机会。如果你想读书,想当教授,其实你没有必要来香港,去美国最好,因为在美国读完书,当教授才更容易。而来香港,无论是城市大学还是科技大学,都不是因为科技这两个字,而是因为这里是香港。

我在创业中恰恰印证了我的这个观点,我从香港的科技园,从香港的投资者,从香港成熟的发展模式中学到我要创业应具有的一切东西,唯一得不到就是愿意和你一起创业的人,24小时不睡觉,去打拼的人。而人正是我们的优势,我们的团队都是从内地到香港读书

的年轻人,他们和我们一样,有一个来香港创业和发展的梦想,我恰恰可以带动他们去创业和发展。这样完全就弥补了所有的不足。

香港还有一个好处,在内地我也开公司,但是里面复杂的财务和税收以及手续的问题已经让我头大,到现在我都没有弄明白,而在香港创业起步很简单,唯一需要考虑的就是人的问题,其他都不是问题。

网友: 公派学习,用的是纳税人的钱,留在异地创业,是否需要个人归还这部分钱?

耿春亚: 我想你理解错了。我拿的奖学金是香港政府给的,是教育部公派,不是内地政府出钱,是香港政府提供的奖学金。我当时每个月有14500元港币,这对我有很大的诱惑,因为我想创业,我必须要有钱,以前因为自己是来自内地的城市,所以创业的钱要自己挣,我想一个月可以有一万多元的人民币,我一个月存几千块钱很容易。其实刚开始来香港,觉得钱还是很重要的,政府给我提供奖学金也是我来这里的原因之一。

除了奖学金,香港政府还给我提供了100万元创业孵化计划的资助。香港的办公室一平方米的租金很贵,但是我可以拿到120平方米两年免租金的资助。另外香港政府还给了我其他的资助,比如说买电脑只花50%的费用,我去参加国外的展会,75%的旅行、展览的费用都是香港政府来出钱,我还可以读培训课程,而这部分费用的75%也是香港政府出钱。这几年我积攒下来的经验证明,只要你想创业都可以大胆去做,而且香港政府会非常认可你的努力。实际上我那时的体会是,在法律基础上可以看到你的能力,只要你可以证明你自己的能力,就可以得到你想要的一切,这非常适合我,适合我这种有想法、有能力,但是缺乏金钱的人。

我在社会上还认识了很多银行家、大学的系主任,他们给了我很大的资金支助。我经常说,在香港这个地方的确一切要讲证据,不可以忽悠别人,我怎么怎么样,我有多少好的想法,等等。你行你就要拿出证据来,无论是法律上、社会上也好,都会给你机会,但是你拿不出证据,你就说你可以,那不行。有时我们可能是说得多,做得少,我想我们应该多做一些东西,在香港的环境中非常适合这种人发展。

网友: 在香港这段时间,你觉得自己最大的收获是什么?

耿春亚: 我最大的收获就是成长。当我刚到香港时,就对自己说了三句话,我希望在这里和大家分享一下。第一句话,我要用两年时间适应这个环境,融入这个环境。第二句话,我要用十年时间去追求一个目标。第三句话,我要用一辈子去追求自己的价值。香港社会给了我机会,让我去成长,我觉得这点是非常重要的。香港社会特别有意思,它可以让你去感激它,这个社会、这个政府、这个体制都让你感激它。我经常说,我绝对不是政府的托,但是我切身体会到,香港政府是最好的政府,我从这个社会中得到了成长,得到了培养,我想这是我最大的收获。我觉得年轻人,工资低不怕,辛苦不怕,累不怕,大家要的是进步,要的是往前走。

网友:香港的就业形势比内地还好吗?

耿春亚:这个问题很好。目前从表面情况来看,内地似乎状态上好过香港,从媒体各方面的报告来看,香港似乎不行,经济环境不好,大学生找不到工作,就业很难,有这样一种氛围。内地的氛围是,一切都欣欣向荣,一切经济形势都很好,我们的经济是往上走的。从大环境来说,在就业环境方面,内地可能会好过香港。但是香港让我学到很重要的一点是,就业市场和就业环境好不好,对每个问问题的人,和每个想了解自己是不是有机会的人,都没有意义。因为你是一个人,你自己要找的只是一份工作,大家都可以找到自己的位置。无论是香港,还是内地,一个工作好不好,或者有没有机会,在我看来都不是问题。我建议,大家既然出来读书,都要有一个工作的体验。我觉得现在的社会已经不是靠文凭吃饭的社会,我们在内地找工作时,即使你是海归,都要看大家的本事。

我有一点担忧,香港本土的年轻人在就业方面有一点动力不足,大家不想走出去,但是对内地学生来讲,香港需要他们,需要大家来为它创造和拓展。各种迹象表明,市场上也欢迎内地学生来香港工作,希望大家找到一份工作,而且香港的政府也在不断地改革。总体来说,香港的工资是内地的三倍以上,消费水平也是这样。一般大学生在这里工作,一个月是一万块钱左右,按消费购买力来算,这个选择还是不错的,尽管环境有压力,但是这个绝对值很大。如果你想创业,香港是一个最好的环境。

网友:清华的经历和在香港求学的经历哪个对你后来的创业帮助更大?

耿春亚:如果非让我说的话,清华教给我的是价值观、态度、做人的原则;在香港,我学会的是做事,怎么去发展一个项目,怎么在商业社会中寻找机会。我认为这两段经历,不能说哪个更重要,这是两个方面。我非常感激有一段清华学习的经验,更感激有一段到香港创业的经验。清华的校训是自强不息、厚德载物。包括我现在最好的朋友,都是曾经在清华读书的朋友,这些是非常难得的,这是你一辈子都不能忘记的东西。而香港教我怎么注意细节,怎么将一件事从头做到尾,怎么把这个事做到101%,而清华是把这个东西搞出来,搞出来就可以了,但是在这里,你要把所有的细节搞清楚,只有把所有的细节搞清楚,你才算可以。我认为这非常重要。

网友:国内就业形势严峻,你觉得这些学生的出路在哪里?

耿春亚:现在青年人的发展问题,其实是一个世界性问题,尤其在中国这个大环境中。我始终有一个观点,就是全球一体化之后,全世界会进行一次分工,这也会影响到中国年轻人在就业方面的选择,从而使他们的就业途径和方向受到限制。我在香港经常和年轻人接触,对年轻人进行一些培训和指导,我经常说,将来的市场就是战场,但是很可惜,很多年轻人连简历都做得不清楚,连说一个自我介绍都非常紧张,甚至有很多年轻人"裸奔"出来找工作。我经常说,重视我们的职业教育,读书是为了一辈子的就业,是需要我们花更大的成本和精力去做的事,大家要把钱投入到职业培养上。我的公司在前年暑假招收了两名加拿大的学生到我的公司来实习,他们中的一个年龄只有15岁,就是说加拿大会让他们的孩子,十四五岁刚刚毕业的年龄跑到亚洲香港到一个内地人开的公司来实习,而他们来我的公司做事连保险我都不用掏,我一开始只是觉得这两个孩子这么小,什么都做不了,我要他们干什么,但是碍于情面我把他们收留下来,但是一个月以后,我愿意花钱请他们来做事,因为他们职业素养和水平已经相当高了。比如说我要开一个新闻发布会,我要准备做介绍的PPT,那个男孩子可以用苹果的电脑做一个三维立体的柱状图,而且他们会加班到深夜两三点钟,我还跟他们说,做这个事不要这么辛苦,但是他们希望把这件事做得最好。我自己在内地也是野蛮生长,没有把钱投到职业教育上,我认为这不是孩子的问题,年轻人要努力,这是一个方面;另外国家、社会、家长都要注意这点,因为这就像打仗,我们学了这么多,到了打仗的时候,我们能用上什么。香港的职业教育做得还不错,香港的大学都是这样,在暑假我们组织了很多公司的联合会,组织大家到北京实习,到北京进行六个星期的实习,这个费用是自己掏,一个孩子要掏将近一万块钱,但是对他们以后的发展是非常重要的。

(节选自《从就业发展看香港求学》,人民网,2009年5月7日,略有修改)

第四节　总　　结

  本章挑选了十几个案例，有感言、有比较、有问答、有方法、有教训、有喜剧、有悲剧，林林总总，都从不同侧面讲述了内地生来香港求学的故事。这些活生生的故事告诉我们：香港求学是一条充满希望的幸福道路，也是一条充满努力和奋斗的艰辛道路。过分乐观或过分悲观都是不对的。内地生既然选择了香港求学之路，就要坚定不移地走下去，以百折不挠不挠的精神迎接美好的明天。同时，内地生的现状值得香港有关部门和整个社会关注，期盼大家拿出爱心，尽可能地多关心、多支持、多帮助内地生克服困难，使他们顺利地在香港完成学业。

第十章

展望未来开辟新天地

第一节 引 言

　　本研究项目的首要目的是调查中国内地生选择来香港接受高等教育的原因。中国内地生在香港新环境中的学习和生活经历,是研究的另一个热点。再者,中国内地生为了保证自己在异域文化情境下成功适应所采取的策略也是笔者研究的重心之一。同时,本书还对中国内地生在香港高等学府学成毕业后的打算进行了调查了解。最后,作者对就读于其他香港高校的内地学生案例也作了展示,以与其他大学内地生相同及不同的方面进行比较,了解他们是否拥有不同的经历,采取了不同措施来适应香港的学习和生活,或对未来具有不同的理想和规划。

　　本章的结构为:首先,对中国内地生在香港的学习和生活经历进行调查,其主要的调查结果在第一节总结。其次,对照以前的研究文献,笔者对本研究项目的创新、贡献、结论的适用性和研究项目的不足进行讨论。第三,笔者对研究结果的理论和实际意义进行探讨。第四,谈论研究中的不足之处。第五,指出这一研究结果的理论意义及实际作用。第六,笔者就求学香港的未来研究及实施提出了建议及指引,对将来的研究方向进行了预测。最后,笔者为打算求学香港的中国内地生、香港的教育政策制定者以及招收中国内地生的香港高等教育机构提出了相关的建议。

　　本书提出了四个研究议题和七个细化的具体研究问题,据此建立的研究框架和对应的结论为现阶段跨文化比较研究传统提供了新颖的视角和实证依据。接下来,笔者用简短的语言对四个研究议题和七个具体问题的结论进行了汇总。

第二节 研究概述

笔者是按照四大研究议题和细分为七个具体问题的脉络开展调查的。本节对调查的结果和研究结论进行概述。

10.2.1 第一个研究议题概述

第一个研究议题为：

中国内地生选择来香港求学接受高等教育的原因是什么？

第一个研究议题细分成了两个具体的问题，描述如下：

具体问题一：中国内地学生选择外出求学，没有留在内地读大学的原因。

根据第五章和第八章的讨论，对调查的数据分析进行显示，中国内地生选择外出求学的主要原因是受中国内地负面环境的推动和海外优越条件的吸引。中国内地生能够将留在内地和外出求学的利弊进行整合比较。影响的因素包括社会、经济和教育原因，不仅要从推拉模式的角度解释，这也是内外因总体驱动的结果。

具体问题二：中国内地学生选择来香港，而不去国外留学的原因。

如前文第五章所述，中国内地生选择来香港求学，不仅出于对中国内地社会和经济形势的考虑，也是为了满足个人的追求。从经济角度来看，香港求学费用不算太高，而且香港也是东西方文化交汇的地方。从教育的角度来看，香港的教学资源比内地更好，可以为中国内地学生提供更多机会。香港靠近内地，地域优势得天独厚，中国内地生在香港求学还可以经常回乡探望家人和朋友。

10.2.2 第二个研究议题概述

第二个研究议题为：

中国内地生在香港学习和生活需要经历怎样的心路历程？

具体问题三、四回答了本研究项目的第二个研究议题,笔者在这里对调查的结果进行分析。

与中国内地生面对面的半结构式访谈揭示了中国内地生在香港求学需要面临的诸多困难和挑战,可以分为四类:

第一,经济压力;

第二,双重语言障碍;

第三,教学方法差异;

第四,文化障碍。

对于中国内地生,尤其是自费求学的学生来说,经济压力在所难免。而那些靠奖学金资助的学生不仅要承受巨大的经济压力,还必须要取得优异的成绩,否则他们的奖学金获取资格可能不保。香港较高的消费水平,奖学金份额仅够支付学费,只能保障学生基本生活的事实让领取奖学金的中国内地生承受着雪上加霜的压力。此外,中国内地生希望能在香港兼职工作,以缓解自身的经济压力,方便自己融入香港的社交圈子,帮助自己毕业后顺利就业。但是,工作场所和整体香港社会对他们的语言能力有很高的要求,中国内地生不得不时刻感受着双重的语言障碍和经济上不能自食其力的巨大压力。虽然中国内地生之间或内地生和香港学生之间常用普通话交流,但是粤语在香港社会的日常生活中是不可或缺的,而英语是香港社会教育界和商界的工作语言。这一点在第二章已有清楚的描述。因此,中国内地生如果能够同时熟练使用英语、普通话和粤语,这样的语言优势对他们来说无疑是势不可挡的生存和就业武器。

香港和中国内地历来存在巨大的文化差异。中国内地生不得不面临观念态度、情感关系、传统风俗的挑战。中国内地生经常觉得自己不知所措,因为他们与自己依赖多年的文化情境分离,同时由于资源的缺乏和学习能力的限制,他们还不能与香港的主流社会有过多的接触。

第I、II组有15名参加调查的人员表明他们在香港的学习和生活面临了困境。这些困难有的是社会、学校层面的,有些是教育层面的。香港和中国内地的文化和环境差异是对中国内地生最明显的挑战。社会层面的困难包括文化差异、思维和观念差异、爱好和个性差异、时间观念差异等。

具体问题三:中国内地学生在香港的生活经历如何?

具体问题四:中国内地学生在香港的学习经历如何?

笔者发现中国内地生的生活经历以多种方式影响着他们的学业,而学业本身也对中国内地生的适应能力提出了挑战。经过调查研究,笔者发现与学习相关的困难分为五大类:压力、学习方法差异、英语语言障碍、合作技巧和教育方法差异。

10.2.3 第三个研究议题概述

第三个研究议题为:

中国内地生为适应香港的学习和生活需要采取哪些应变措施?

第三个研究议题的切入是通过对具体问题五、六的剖析进行的:

具体问题五:中国内地学生为适应香港的生活采取了哪些策略?

为了应对在香港生活的困难,中国内地生采取了一系列不同的策略,包括学习粤语、融入香港学生的社交圈子、提高自理技巧、参加活动、推广校园普通话和中国文化等。细节请参阅第七章。

经过调查,笔者发现大学一年级和二年级的中国内地生生活和学习的重心不同。来港后的第一年,中国内地生集中精力提高语言水平、学会自立是非常重要的。到了第二个学年,多数学生对自己的状态更有自信,与同学的相处也更融洽。他们参与的课外活动更多了,社交圈子也更广了。他们有更多的机会学习香港同学的优点,更好地适应新环境,掌握学习的技巧。因此中国内地生来港第二年都比较轻松。同时,他们也开始关注毕业后的人生规划。

具体问题六:中国内地学生为适应香港的学习采取了哪些策略?

为了应对学习上的困难,中国内地生采取了诸如学习英语、与香港学生打成一片、寻找有效的学习方法和利用大学提供的支持等手段来克服困难。总而言之,虽然中国内地生在香港求学时为了适应新的学习和生活环境面临了诸多困难,但是他们各自都采取了相应的措施来获得学习和社交的成功。虽然语言是中国内地生在香港求学的最大障碍,但他们都努力做到了适应新的文化语境、与香港学生加强沟通、充分利用大学提供的项目和课程来合理安排自己的学习和生活,最终如愿以偿地适应了香港大都市的环境。

10.2.4 第四个研究议题概述

第四个研究议题为：

中国内地生从香港高校毕业后有何理想和打算？

对下面问题的回答能够很好地对第四个研究议题进行解释：

具体问题七：香港的中国内地学生为毕业后做了怎样的打算？

经过与19名中国内地生面对面的访谈，笔者将参加项目研究的中国内地学生毕业后的打算归为三类：

第一，返回中国内地；

第二，前往其他国家；

第三，留在香港。

19名学生中有13名学生表明他们愿意在毕业后留在香港继续深造或工作。毕业后留在香港为中国内地生提供了无数的机遇，其中包括：

第一，在香港逗留满七年后可以获得永久居留权；

第二，香港有更多的就业机会；

第三，由于多数香港学生本科毕业后选择参加工作，不会继续深造，因此中国内地生有更多继续读书的机会；

第四，香港的失业率较低，大学毕业生找工作的压力比内地小；

第五，香港是一座国际化的现代都市，留在香港有更多旅行、结识不同人群、增长见闻的机会。

第三节 研究项目的创新贡献及结论适用性

10.3.1 本研究的贡献

本研究项目虽然规模不大，但是却为读者解释了越来越多的中国内地生前往香港求学的原因，并发现了自费求学学生比例日益增多的现象。这和李和博莱（2007）的研究结果相反。李和博莱对在香港和澳门地区获得奖学金的中国内地学生情况进行了调查。根据本项目的访谈数据，笔者发现在所有19名受访者中有16名学生是自费求学，即由家人支付学费。因此这样的样本数量不足以推广，但是从某种程度上反映了过去两年里有更多中国内地生自费来香港求学这一现象。而对于这种现象能否理解为一种普遍的趋势,需要进一步的研究和调查。

笔者使用应急模式描述了中国内地生在香港求学的历程。本模式的优势在于将学生自己的观点和视角融入到对他们经历的剖析过程中,并为他们为适应新环境的学习和生活所采取的策略提供理解的框架。

虽然本研究的结论不是放之四海而皆准的公理,但是调查的过程和结果可以为其他来港求学的中国内地生以及香港高等教育的决策者,在应对当前的求学热潮时提供借鉴。本项目的研究意义在于调查的结果可以帮助读者更好地理解中国内地生在香港求学的情形,鼓励香港政府和教育机构的决策者在制定新政策时尽可能考虑中国内地生的需求,使得香港社会更好地接受中国内地生,对他们抱持更宽容更达观的态度。

10.3.2 研究结论的适用性

与众多的定量分析研究人员不同,笔者在此不愿对读者做出一个研究项目的结果可以适用于所有个案的承诺。本项目所取的样本容量以及近年来香港地区中国内地生人数的飙升决定了不可能对某一项研究成果进行全面的推广或推断。笔者的主要目的是为读者呈现基于深度描述、细致数据分析基础上的辩证分析框架,使读者在了解19名中国内地生的学习生活的同时,可以窥探更多中国内地生在整个香港地区求学的生存现状。可以肯定的是,本研究项目的每一个案例都置于具体的语境中,其复杂程度完全可以按照宾治的理论去理解(2005,第154页),本研究前述的几大研究议题正是以宾治的理论为支撑的。因此,本书的研究结果可以为理解香港地区中国内地学生的经历提供更清晰的透视框架。从这种意义来讲,本研究项目的结果可谓是对该现象理论阐释的突出贡献。

本项目研究使用定性的方法进行数据收集和分析。正如林肯和顾霸(1985)提出的一样,研究的结果是可以转移的,但未必是可以全面推广的。这句话可能是对本项目研究意义更加恰当的表述。以学生为研究对象进行数据收集,目的是为发展或更新理论提供详细的事实依据(林肯和顾霸,1985,第28页)。但是,笔者认为根据数据总结的理论,概念是可以转移为其他研究所用的,因此就职于香港高等教育学府的人员可以使用本研究的调查结果来更好地理解香港地区的中国内地生。沃尔科(1955)认为每一个案例研究都是独一无二的,但是每个案例独特的个性却包含了人们可以学习借鉴的普遍意义。这样看来,笔者不得不将本研究项目的结果是否适用于读者自身情况的决定权留给读者。研究人员的

责任是对参加研究的学生进行翔实的描述,为他们行为的语境提供解释。有了这些描述和解释,笔者相信读者完全可以将自己的情况与案例进行对照,进而获得启示(迪莫克和奥多诺霍,1996)。

第四节　研究中的不足之处

首先,笔者要说明的是本研究项目的采样集中于一所大学,而香港目前有权招收中国内地生的高等院校有八所。因此,本研究涉及的中国内地生情况并不代表香港其他大学或其他国家华人留学生的情况。但常言道:"管中窥豹,略见一斑",本研究的情况与其他几所高等院校的内地学生的情况是否有大同小异之处,或者,调查研究的结果是否与其他研究者有量或质的不同,作者不宜作出考证。这也并非本研究的目的所在。

其次,本研究项目没有包含很大数量中国内地生的情况,因为样本的容量控制在本所大学读本科的19名中国内地学生范围内。虽然笔者使用了最大差异抽样法,但是调查的对象不可能涵盖目标大学所有系别的中国内地生。

第三,参加调查的学生局限在本科一年级内,本研究不能说明研究生、访问学者、研究员以及其他在香港工作或短期交流的学生或学者的情况,当然也不包括中国内地出身占据高校要职的教授和教员的情况。

第四,虽然样本中包含了男生和女生,但本研究项目并没有对中国内地生适应香港求学的情况进行性别差异的研究,对他们各自毕业后的打算也没有按照性别进行分类阐述。

第五,第二及第三个研究议题的数据收集是在2006—2007学年完成,虽然第一和第四个研究议题加进了新的内容和第三组的参与者,但此研究并没有充分地包含最近发生的情况和政策变化的因素。自从2006年以来,香港政府已经改变了其对中国内地生的态度,并在许多领域加强了对中国内地生的招生工作。2009年以来,部分中国内地生已经获得了在香港工作的通行证,他们可以在香港合法地工作。由于在新政策环境下,中国内地生可以在求学的同时申请工作,这一变化可以使很多学生承受的经济压力小一些。但是工作本身可能也会导致新的问题,如中国内地生如何在香港求学的时候同时处理好学习和工作的关系等。

在本项目开展的过程中,大学的很多其他系,包括康复和视光学系也开始招收中国内地生,但是招生人数不多。对于这些系里的中国内地生是否遇到了和本项目中调查学生一样的问题和困扰,是研究有待深入的地方。本项目已经对物流、生物等系的学生进行了调查,对于学校不同系别的中国内地生采取的适应策略是否有所差别这一问题的探讨也是未来研究的新视角。

第五节　研究结果的理论意义及实际作用

10.5.1　本研究项目调查结果的理论意义

根据博特来文化淡化假设,笔者认为有关全球化对教育体制的影响还需要更深入的研究。根据本项目的调查结果,笔者对于博特来的观点持同意兼批判的态度。首先,笔者认为全球化有助于推动不同文化的交融,使中国内地生体验国际美食和广式菜肴,聆听别样的中国音乐。其次,调查数据表明中国内地生融入香港的文化有困难,主要原因是香港和内地的风俗习惯、价值观念不同,包括个性、态度、人际关系、传统、风土人情和教学方法。这些内容在第六章、第八章中有详述。

访问的数据表明教育体制除了受全球化影响之外,还有其他个人的因素,包括家庭背景、学生个性、语言能力、对差异的接受能力和在新环境中学习的能力。在异域文化环境中的适应取决于学生的母国(地区)和求学东道国(地区)的差异情况。例如,来自广东省的学生觉得在香港生活比较容易,而来自北方的中国内地生在香港求学适应新环境可能就比较困难。但是就学习而言,这两者没有明显的区别。再者,比较外向和乐天派的学生,例如 II-ST1、II-ST7 和 II-ST8 觉得融入香港社会、和香港学生相处并不难,而那些内向腼腆的学生可能刚好相反。根据本项目调查研究的结论,在牢记样本容量较小这个事实的基础上,笔者发现中国内地和香港地区的文化差异在全球化的环境下淡化了,中国内地和香港不断增加的交流和沟通也是原因之一。但是中国内地和香港还是存在一定的文化差异,这给中国内地生融入香港社会带来了一定的障碍。

就学习方面而言,笔者建议大学不应该以第一学年学生的一般 GPA 作为评判中国内地生学业成败的唯一标准,更不应该因为第一年的学习成绩不佳而直接勒令其注销学籍。现在大学有这样的规定:如果中国内地学生连续两学期的 GPA 低于 2.0,学生就很有可能被注销学籍返回内地。笔者建议中国内地生第一年的 GPA 不应该纳入学生整个大学期间

的平均 GPA 中。学校也不能仅靠大一学年的成绩来判定学生的学习效果和表现,因为大一阶段只包含了最基本的预科课程,包括英语、数学和中国文化。而这些课程和总体的学位课程也并非紧密相关。香港和中国内地的高中教育体制存在差别,中国内地生的中学阶段有六年,而香港地区的中学有七年。因此,中国内地生应该先攻读一年的基础课程。参加本项目调查的 II-ST2 和 II-ST6 受访者声称他们在到达香港之前并不知道有所谓的学籍强行注销指令。他们认为大学在他们来港之前就应明确告知这一条规定。大学还应该在预科多开设一些课程使中国内地生为将来的学位课程做更充分的准备。现在存在这样的尴尬局面:中国内地生在预科学年学习的课程和他们攻读的专业一点关系都没有。

大学还应该将学生和教师、校方和学生之间的沟通渠道理顺。例如,中国内地生不喜欢直接对校方说出自己的真实想法,则教师或系部应该伸出援手满足中国内地生的需要。如果大学能为师生间、校方和中国内地生之间安排更多的沟通平台,中国内地生适应香港的学习环境的难度也会大大减少。现在大学的师生比是 1∶50。来自营销系的 I-ST1、II-ST6 受访者认为中国内地生和教师交谈的机会较少,他们还解释中国内地生需要支付比香港学生更高的学费,但中国内地生并没有从香港的学校获得任何资助或补助。他们一致认为"我们应该从校方获得更多的支持"。

虽然香港政府和高等教育机构为支持中国内地生采取了很多措施,包括为签证的签发提供方便、为中国内地生提供校内宿舍等,但中国内地生认为香港社会和高等学府仍有许多空间为中国内地生提供更多的支持,包括促进中国内地生和香港学生的沟通等。香港地区的大学需要更好地了解中国内地生,大学需要体谅由于文化背景、语言和价值观的不同,中国内地生和香港学生的需求有所不同。中国内地生背井离乡在外求学难免会感到孤寂落寞,且很多学生都是第一次出门在外,这种情况可能会导致很多学生饱受抑郁或士气不高的煎熬。如果大学可以在周末组织一些活动帮助中国内地生,他们就可能不会感到如此孤独寂寞。

10.5.2　本研究项目调查结果的实际意义

笔者建议香港政府、香港高等教育机构要更好地为内地学生求学提供支持和帮助。在调查的过程中,一些中国内地生要求笔者将他们的心声传递给香港社会、香港高等教育机构以及那些教育中国内地生的教员们。本研究项目的实践意义体现在两个层面:香港高等教育政策制定者以及香港的高等学府。正如笔者之前指出的,香港高等教育政策制定者和香港的高等教育机构应该考虑到中国内地生的一般需要,尤其是他们对学习的迫切愿望。根据对第I和第II组15名学生访谈的结果,笔者建议香港高等教育机构乃至香港整个社会应该更好地理解中国内地生的需要。

从学习和生活两方面,大学应该综合考虑香港和中国内地学生对高等教育的期望和需要。学生公寓的餐厅应该提供更适应中国内地生口味的饭菜。多数非广东省籍贯的中国内地生不习惯广式菜肴,因此在访谈中,来自中国其他省份的内地生,包括I-ST3、I-ST7、II-ST5和II-ST7受访者认为他们在适应香港的食宿方面有困难。笔者建议大学应该改进餐厅膳食,尽量提供不同口味和价格的菜肴。

香港三年本科学习的实习也可以视为是对香港生活的适应。在本研究项目开展的过程中,多数内地生实习的场所都在内地,只有少数在美国、欧洲和澳大利亚。但是中国内地生不希望自己在内地实习,因为他们对内地的环境已经非常熟悉。当然他们更希望有海外的经历和机遇来给自己开辟更广阔的天地,比如在欧洲或美国开阔眼界。这可以帮助内地生更好地规划未来。I-ST1和II-ST4受访者认为多数去美国和欧洲实习的机会都给了香港的学生,而中国内地生只能在香港或内地实习,他们觉得这是亟待改善的方面。

大学应该开设更多的英语课程帮助中国内地生提高他们的英语水平,尤其是口语和写作技巧。中国内地生不需要提高英语语法水平的课程。他们的弱项是语言的应用,即英语写作和口语技巧,而不是接受能力——听力和阅读。中国内地生的语言理解力要比他们的表达能力好得多,因此他们阅读书籍没有困难,但是写起论文来可能就非常头疼。设计符合中国内地生需要的英语课程可以帮助中国内地生提高课堂陈述和论文撰写能力的技巧,由此提高其他课程的学习效率。

大学应该明确告知中国内地生负责管理他们福利的办公室。学术交流和协调办公室(现在改名为国际事务办公室)为预科的中国内地生提供帮助。在第二年,由各系负责中国内地生的福利和其他事宜。事实上,各系主要负责他们的课程安排而不是关注他们的总体发展。中国内地生协会目前虽然不是官方组织,却为遇到困难的中国内地生提供了很多实际的帮助。大学还应该向中国内地生提供更多的学习环境和科目信息。各系应该邀请高年级同学为低年级同学提供建议和指导。总的来说,大学需要更多地加强中国内地生和大学的联系,尤其是及时告诉内地生大学

的最新动态。

笔者发现本研究的成果对分析其他国家和地区的中国学生状况很有帮助,包括澳门、新加坡和韩国等。虽然在西方大国针对中国留学生的研究层出不穷,包括美国、英国、加拿大和澳大利亚,但是极少有项目对处于较小国家或地区的中国内地学生的情况进行调查,包括澳门、新加坡、韩国、南非或其他拉美或非洲国家。

第六节　对求学香港未来研究及实施的建议及指引

根据访谈收集的数据,笔者提出几点建议。这些建议可以归为四类:未来研究方向建议、给中国内地生的建议、给香港高等教育政策制定者的建议以及给招收中国内地生的香港高等教育机构的建议。

10.6.1　未来研究方向建议

首先,可以对其他群体的中国内地人员进行研究,包括内地出身的研究生、系主任、在香港地区工作的教授或访问学者等。笔者认为香港地区其他七所大学里有不同组别的中国内地生,数量各不相同。了解他们的经历和成功的范例可以大大鼓舞我们。其次,可以对其他系别的中国内地生进行研究,如视光学系、酒店和旅游管理系等。这些系之前不招收内地生,现在已经开始招收中国内地生。

还可以对之前留港工作的香港高等学府毕业生现状进行调查。鉴于他们都有香港的教育背景,因此研究可以从下面几个方面展开:

第一,他们对三种语言——粤语、普通话和英语——的掌握程度如何?

第二,这些毕业生如何融入香港社会,并为当地社交圈所接受?

第三,他们对香港的经济作出了怎样的贡献?

他们为香港力争成为国际化都市和亚洲金融中心,为香港的进一步发展作出了突出的贡献。对于这些现象的探究应该成为未来的研究热点,值得更多人的关注。此外,对于那些因未达到 GPA 要求而被送回内地的学生,以及那些很难适应香港社会和教育体制的学生的研究应该成为未来的研究导向。需要指出的是我们还应该对这些学生在香港未能完成学业的原因进行深入的调查。中国古语说得好,吃一堑长一智。如何以此为前车之鉴,避免让其他中国内地生重蹈覆辙也是我们研究人员义不容辞的责任。希望将来来港求学的中国内地生能从他们的前辈身上吸取教训,长江后浪推前浪,在学业上更上一层楼。

对于香港学生如何看待日益增多的中国内地生来港求学的现象也是未来研究的重要课题。由于香港学生和香港的学校有共同的教学环境和大学教育设施,因此香港学生的观点能够进一步推进香港当局针对中国内地生更好融入香港社会和新的生活学习环境制定优惠的政策。

10.6.2 给中国内地生的建议

根据对19名学生的访谈结果,笔者发现中国内地生为应对在香港求学面临的困难采取了多种策略。此外,在中国内地生来港之前,可以按照下列办法提前做更充裕的准备。

首先,以同学联谊会为平台,允许新生从老生那里获得更多有关在港求学生活的信息。老生对香港的情况了解较多,他们在港逗留时间较长,他们对香港生活的见解对新生有很高的价值。

其次,新老生之间的辅导制度也可以帮助中国内地生更好地适应香港的环境。大学的不同系别有各自的文化和学习方法。例如,在大学的营销管理系,学校鼓励学生参与各种团队作业和小组陈述;而在科学和工程系,包括生物和电子工程专业,学校要求学生完成很多个人的实验作业(当然他们偶尔也需要完成团队作业)或者去图书馆自行查阅文献。新生掌握这种面向学科的学习方法在开始适应求学生活的过程中格外重要。若新生能够得到老生的帮助,则他们可以使用可靠的学习方法,对考试也有更充分的准备。老生可以向新生提供他们在特定学院和系别学习的一手经验,而内地新生和他们讨论问题也会感到比较自在。

再次,离开家乡前,中国内地生应该联系其他在港求学的学生,获得赴港学习的建议。他们还可以获得其他到港求学学生的姓名和联系方式,因为同是前往香港,他们可以共同安排行程。通过这些办法,新生可以结交新的朋友,有可能找到求学香港的学习伙伴。

最后,每个系指定一名学生作为该系、学院或学校的内地生联系人。大学有很多学生社团,包括内地生协会、普通话俱乐部、交换生办公室等,都可以为中国内地生提供帮助。很多内地生到校后意识不到这些社团的存在和重要性,因此也不知道如何求助。目前在很多香港的学校里没有指定的学生或教师来专门负责联系本所学校内部中国内地生的事宜,因而学生必须要自行搜索相关的信息,联系这些社团的成员或负责人。

10.6.3 给香港高等教育政策制定者的建议

香港高校或有关部门应该在中国内地生到达香港前告诉他们有关香港和内地的社会文化和地域差异。参加调查的一些学生认为他们在来香港前不太了解香港或就读的学校。如果香港政府或大学能够向中国内地生提供更多有关香港和高等学校的信息，学生就能够对香港地区的学习和生活环境有更清晰的认识。每年香港的大学派出教员到内地去招收学生，他们应该尽可能多地提供信息，包括学校的宣传册、书籍以及对感兴趣的同学进行项目介绍。这些教员还需要对很多重要事项进行讲解，包括GPA高分的含义，GPA不符合要求导致的后果以及其他《学生手册》可能出现的让学生疑虑的地方。

学校层面上，各大学应该向内地生更详细地介绍自己，包括各系部和专业的设置情况。对大学的服务、学术要求和设施可以进行更详尽的解释。要确保此类信息能让中国内地生在到达香港前了解，建议学校在开学前以电子邮件或书信的形式通知。

学校有关活动的宣传册子和手册应该提前寄给中国内地生，让他们对求学香港提早做打算。一旦中国内地生到达香港后，他们应该熟悉他们在香港应该参加哪一类活动。参加校内的学生活动对于他们认识朋友、了解大学文化有着立竿见影的效果。如果内地生没有参加这些活动，那么他们可能会沉浸在自身的孤独感、对语言障碍的恐惧和对新学习和生活环境的不适感中。

10.6.4 给负责招收中国内地生的香港高等教育机构的建议

推进中国内地生适应香港的学习生活进程有效的办法是为他们提供提前入住学校的设施，帮助他们为新学期尽早作打算。例如新生入学训练营（O训练营）是校内为欢迎新生专门准备的活动，新生可以通过参加这个训练营认识香港本地、中国内地和其他国家的学生。该活动在每年的八月份举行。而那些从未参加过新生训练营的新生经常会被视为局外人。

学校应该提供更多平台，方便中国内地新生和老生沟通和交流。新生如果能够提前获悉有关香港和学校的信息，他们会更加从容地应对新学期的种种情况。近来，学校要求一些中国内地老生参加学校组织的一个老生接待四到五名新生的活动。如果大学能够安排一对一的老生接待新生的活动，则帮助和支持力度会更强。此外，大学应该正式承认中国内地生协会的地位,将其纳入学校目录中。

　　随着中国的日益富裕和强大,大学还可以和中国教育部推出联合奖学金计划,为中国内地生提供助学金。中国内地政府如今的财政根基更加牢固,因此也应该为中国内地生提供奖学金。目前的情况是只有香港政府提供奖学金,而且对象是香港市民。中国内地生是没有资格申请这些奖学金的。若中央政府可以为求学香港的内地学生提供奖学金,则会大大推进中国内地生求学香港的进程,也会让更多的人受益。

　　香港各大学还应该在校园推广普通话,鼓励香港学生使用普通话与内地生沟通。大学应该设立普通话课程和项目(与提高英语水平的"大嘴巴讲英语"项目类似),如"普通话角"等,很多内地学生和香港学生,以及国际交流生都会乐于参与此类活动。香港学生对中国内地生的态度也会得到很大的改观。大学主管中国内地生事务的办公室应该搭建更多中国内地和香港学生沟通的平台,如烧烤、远足、爬山和唱歌等活动。这些都可以帮助中国内地和香港学生增进理解,加强交流。目前来说,学校只组织了内地生与内地生沟通的活动,内地生与香港学生共同参与的活动较少。

　　大学应该为外地学生提供充分的住宿支持。目前香港地区外地学生面临的最严峻挑战是大学提供的宿舍不够(《星岛日报》2007年10月4日报道)。住宿条件的不理想进一步加剧了外地学生的不确定感、焦虑和压力。即使大学目前正在努力为外地学生提供更多宿舍,包括留学生公寓以及旺角YMCA的寓所(离大学半小时的路程),学校继续努力的方面远不止提供宿舍这么单一。建议大学在附近租赁公寓充当学生宿舍,包括红磡车站的避风塘(离大学仅5分钟的路程)。住宿条件的改善可以大大减少初到香港的中国内地生的不安全和焦虑感。

第七节　结束语

　　通过对四大研究议题和几个具体问题的详解,本项目的研究至此为读者提供了翔实的数据,反映了中国内地生选择来港求学的原因。同时对他们在香港适应学习和生活的策略进行了剖析。对中国内地生在香港求学时面临困难的分类以及相应的适应策略都是对这一领域研究的突出贡献。此外,笔者还对中国内地生毕业后的规划进行了探讨。

　　虽然本研究项目的调查结果不能广泛推广,但鞭辟入里的描述有助

于读者理解中国内地生选择赴香港求学的原因,在香港经历的心路历程、在香港为应对困难采取的策略以及中国内地生为未来规划所做的努力等问题,也对那些有志于帮助中国内地生尽早适应香港新环境的人员,对那些打算来香港求学的中国内地生以及那些即将从香港学府毕业对未来倍感迷惘的学生很有借鉴意义。特别是笔者提出了要对中国内地生持有更加同情和宽容的态度,这一观点能够鼓励中国内地生从香港的整个社会和高等教育机构获得更多的支持和帮助。针对目前越来越多的中国内地生来香港求学的现象,本项目的研究能够帮助更多的内地学生为他们个人的长远发展提前做好打算,从而在香港的发展进程中更好地发挥作用!

参考书目

阿博特 Abbott, A. (2001) Time Matters: on Theory and Method, Chicago: University of Chicago Press.

阿德勒 Adler, N. J. (2002) International Dimensions of Organizational Behavior, 4th edn., Cincinnati: South-Western College Publishing.

阿德勒 Adler, P. S. (1975) The Transitional experience: an alternative view of culture shock, Journal of Humanistic Psychology, Vol. 15, No. 4, pp. 13—23.

艾伦 Allen, G. (ed.) (1997) Culture and Self: Philosophical and Religions Perspectives, East and West, Oxford: Westview Press.

阿巴克 Altbach, P. G. (1998) Comparative Higher Education: Knowledge, the University, and Development, Hong Kong: Comparative Education Research Centre, The University of Hong Kong.

阿瑟 Arthur, N. (1997) Counselling issues with international students, Canadian Journal of Counselling, Vol. 31, No. 4, pp. 259—273.

巴斯 Bassey, M. (1999) Case Study Research in Educational Settings, Buckingham: Open University Press.

博来和孟德尔 Black, J. S. & Mendenhall, M. (1991) The U-Curve adjustment hypothesis revisited: a review and theoretical framework, Journal of International Business Studies, Vol. 22, No. 2, pp. 225—247.

博来,格杰逊和海尔 Black, J. S., Gregersen, J. & Hal, B. (1991) When Yankee comes home: factors related to expatriate and spouse repatriation Adjustment, Journal of International Business Studies, Vol. 22, No. 4, pp. 671—694.

波格丹和碧蓝 Bogdan, R. C. & Biklen, S. K. (2003) Qualitative Research for Education: An Introduction to Theory and Methods, 4th Ed., Boston: Pearson.

波亚立沃 Boonyariwoj, S. (1982) Adjustment of Foreign Graduate Students: Nice Case Studies, Unpublished Doctoral Dissertation, Toronto, Canada: University of Toronto.

博特来 Bottery, M. (2006) Educational leaders in a globalizing world: a new set of priorities? School Leadership and Management, Vol. 26, No. 1, February, pp. 5—22.

博特来 Bottery, M. (2008) How different are we? Globalisation and the perceptions of leadership challenges in England and Hong Kong, Educational Futures, Vol. 1,

No. 1, August, pp. 1—15.

博莱和顾 Bray, M. & Koo, R. (2004) Education and Society in Hong Kong and Macao: Comparative Perspectives on Continuity and Change, University of Hong Kong.

薄利和大卫 Brein, M. & David, K. (1971) Intercultural communication and the adjustment of the sojourner, Psychological Bulletin, Vol. 76, No. 3, pp. 215—230.

布伦纳 Brenner, B. (2003) Study of Self-Awareness, Self-Efficacy, and Sojourner Adjustment Over Time, Doctoral Thesis, University of Maryland, College Park.

英国教育研究学会 British Educational Research Association (2004) Revised Ethical Guidelines, London.

博览和杜桂 Brown, J. S. & Duguid, P. (2001) Social Life of Information, Harvard Business School Press.

布察楠 Buchanan, M. (2005) Post Magazine, (SCMP) South China Morning Post, Hong Kong, March 25.

布殊和钱 Bush, T. & Qiang, H. Y. (2002) Leadership and culture in Chinese education, in Walker, A. & Dimmock, C. (eds.) School Leadership and Administration: Adopting a Cultural Perspective, New York: Routledge Falmer, p. 175.

陈 Chan, H. M. (1993) Popular culture and democratic culture: outline of a perspective on the 1991 Legislative Council Election. In S. K. Lau and K. S. Louie (eds.) Hong Kong Tried Democracy, Hong Kong Institute of Asia-Pacific Studies, Chinese University of Hong Kong, pp. 346—368.

陈 Chen, C. G. (1996) The External Flow and Return of Talent, Wuhan: Hubei Education Press, Chinese Version.

陈 Chen, L. (1994) How we know what we know about Americans: Chinese sojourners account for their experience, in Gonzalez, A. Houston, M. & Chen, V. (eds.) Our Voice: Essays in Culture, Ethnicity and Communication, Bosbury Publishing Company: pp. 125—132.

程和王 Cheng, K. M. & Wong, K. C. (1996) School effectiveness in East Asia: concepts, origins and implications, in Journal of Educational Administration, Vol. 34, No. 5, pp. 32—49.

程 Cheng, Y. C. (1999) The Pursuit of school effectiveness and educational quality in Hong Kong, School Effectiveness and School Improvement, Vol. 10, No. 1, pp. 10—30.

程 Cheng, Y. C. (2000) Cultural factors in educational effectiveness: a framework for comparative research, School Leadership and Management, Vol. 20, No. 2, pp. 207—225.

张 Cheung, W. C. H. (1975) The Chinese Way: a Social Study of the Hong Kong Chinese Community in a Yorkshire City, M. Phil, Thesis, University of York.

中国教育研究网 China Education and Research Network (2007) Mainland students outstanding in Hong Kong universities, retrieved on March 14, Site: http://www.edu.cn/20020415/3025019.shtml.

科恩 Cohen, P. S, (1980) Is positivism dead? Sociological Review, Ser. 2, Vol. 28, University of California: Routledge & Kegan Paul, p. 141.

科恩和列文托 Cohen, W. & Levinthal, D. (1990) Absorptive capacity: a new perspective on learning and innovation, Administrative Science Quarterly, Vol. 35, pp. 128—152.

科恩 Cohen, L. et al. (2000) Research Methods in Education, London: Routledge.

科尔宾和施特劳斯 Corbin, J. & Strauss, A. L. (2008) Basics of Qualitative Research, CA: Sage.

科尔曼和布里格 Coleman, M. & Briggs, A. (2007) Research Methods in Educational Leadership and Management, London: Sage Publications.

克雷韦 Creswell, J. W. (2007) Qualitative Inquiry and Research Design: Choosing Among Five Traditions, London: Sage.

迪莫克和奥多诺霍 Dimmock, C. & O'Donoghue, T. (1996) Innovative School Principals and Restructuring, Chapter 3, London: Routledge.

迪莫克 Dimmock, C. (1998) Restructuring in Hong Kong, in Dimmock & O'Donoghue (eds.) School Restructuring: International Perspectives, London: Kogan Page, pp. 52—66.

迪莫克和瓦尔特 Dimmock, C. & Walker, A. (1998) Comparative educational administration: developing a cross-cultural conceptual framework, Educational Administration Quarterly, Vol. 34, No. 4, pp. 558—595.

迪莫克 Dimmock, C. (2000) Designing the Learning-Centred School: A Cross-Cultural Perspective, London: Falmer Press.

迪莫克 Dimmock, C. (2002) Cross-cultural differences in interpreting and doing research, in Coleman, M. & Briggs, A. (eds.) Research Methods in Educational Leadership and Management, London: Sage, Chapter 2.

迪莫克 Dimmock, C. et als., (2005) School community perspectives and their leadership implications, in Effective Leadership in Multi-Ethnic Schools, Nottingham: NCSL.

迪莫克和瓦尔特 Dimmock, C. & Walker, A. (2005) Educational Leadership: Cultural and Diversity, London: Sage Publications.

德文坡和普拉萨 Dovenport, T. H. & Prusak, L. (1998) Working Knowledge, Harvard Business School Press.

德雷弗 Drever, E. (1995) Using Semi-Structured Interviews in Small-Scale Research, Edinburgh: The Scottish Council for Research in Education.

杜 Du, J. (2009) Factors contributing to cross-cultural adaptation of mainland postgraduates in Hong Kong: a dynamic model, Conference paper presented at the Annual Meeting of the International Communication Association, Marriott, Chicago, Il, May 20.

艾尔丝和金内尔 Elsey, B., & Kinnell, M. (1990) Introduction, in M. Kinnel (Ed.) The Learning Experiences of Overseas Students, Buckingham: Open University Press, pp. 1—11.

伏立克 Flick, U. (2002) An Introduction to Qualitative Research, London: Sage Publications.

费南和博赫纳 Furnham, A. & Bochner, S. (1986) Culture Shock: Psychological Reactions to Unfamiliar Environments, London and New York: Methuen.

凯尔 Gale, T. (2002) Degrees of difficulty: an ecological account of learning in Australian higher education, Studies in Higher Education, Vol. 27, No. 1, February, pp. 65—78.

高尔,高尔和波阁 Gall, M. D., Gall, J. P. & Borg, W. R. (2003) Educational Research: An Introduction, 7th edn., Pearson Education Inc., pp. 178—182.

高 Gao, X. S. (2008) Shifting motivational discourses among mainland Chinese students in an English medium tertiary institution in Hong Kong: a longitudinal inquiry, Studies in Higher Education, Vol. 33, No. 5, October, pp. 599—614, Routledge.

高和坦特 Gao, X. S. & Trent, J. (2009) Understanding mainland Chinese students' motivations for choosing teacher education programmes in Hong Kong, Journal of Education for Teaching, Vol. 35, Issue2, May, pp145—159.

耿 Geng, C. (2006) South China Morning Post, August 5, A3.

基尔汉 Gillham, B. (2000) The Research Interview, London: Sage.

顾霸 Guba, E. G. (1981) Criteria for assessing the trustworthiness of naturalistic inquiries, Educational Communication and Technology Journal, Vol. 229, pp. 75—92.

顾霸和林肯 Guba, E. G. & Lincoln, Y. S. (1981) Effective Evaluation: Improving the Usefulness of Evaluation Results through Responsive and Naturalistic Approaches, San Francisco: Jossey Bass Publishers.

顾霸和林肯 Guba, E. G. & Lincoln, Y. S. (1994) Competing paradigms in qualitative research, in Denzin, N. K. & Lincoln, Y. S. (eds.) Handbook of Qualitative Research, California: Sage Publications, pp. 105—117.

顾拉洪和顾拉洪 Gullahorn, J. T. & Gullahorn, J. E. (1963) An Extension of the U-Curve hypothesis, Journal of Social Issues, Vol. 19, No. 3, pp. 33—47.

郝 Hall, D. L. (2003) Confucius, in Arrington, R. (Ed.) The World's Great Philosophers, MA: Blackwell Publishing, pp. 46—52.

哈尔彭 Halpern, E. S. (1983) Auditing Naturalistic Inquiry, Newbury Park, CA:

Sage Publications.

哈默利 Hammersley, M. (1993) On the teacher as researcher, in Hammersley, M. (Ed.) Educational Research, Vol. 1, Current Issues, London: the Open University.

哈特 Hart, W. B. (1999) The Intercultural sojourn as the hero's journey, the edge, E-Journal of Intercultural Relations, Vol. 2, No. 1.

哈隆 Heron, L. (2005) More mainland students for Hong Kong universities, South China Morning Post, Education Section, Saturday, March 5, p. E3.

浩凯 Hockey, J. (1993) Research methods-researching peers and familiar settings, Research Papers in Education, Vol. 8, No. 2, pp. 199—225.

霍夫泰 Hofstede, G. (1980) Culture's Consequences: International Differences in Work-Related Values, Newbury Park, C. A.: Sage.

霍夫泰 Hofstede, G. (1997) Cultures and Organizations: Software of the Mind, New York: McGraw Hill.

霍夫泰和霍夫泰 Hofstede, G. & Hofstede, G. J. (2005) Cultures and Organizations: Software of the Mind, revised and expanded 2nd edn., New York: McGraw Hill

香港内地学生联合会 Hong Kong Association of Mainland Graduates (2006) South China Morning Post, Education Section, August 5.

香港经济日报 Hong Kong Business Daily (2009) Mainland students have big pressure and are facing depression after their arrival in Hong Kong, A22, May 20.

香港理工大学网页 Hong Kong Polytechnic University Webpage (2007), from site: http://www.polyu.edu.hk/~aeco/public/Mainland/faq.htm

香港理工大学欢迎册前言 Hong Kong Polytechnic University (2008) An Introduction, Communications and Public Affairs Office, Hong Kong, in May.

香港理工大学年终报告 Hong Kong Polytechnic University Annual Report (2006), Hong Kong.

香港理工大学教务处通告 Hong Kong Polytechnic University (2008) Notice issued by Academic Secretariat, July.

香港理工大学职员手册 Hong Kong Polytechnic University Staff Handbook (2009), Hong Kong.

香港理工大学学生手册 Hong Kong Polytechnic University Student's Handbook (2008), Hong Kong.

香港理工大学欢迎手册 Hong Kong Polytechnic University Welcome Brochure (2005), Hong Kong.

胡和格罗弗 Hu, W. Z. & Grove, C. L. (1999) Encountering the Chinese: A guide for Americans, Yarmouth, ME: Intercultural Press.

金 Jin, L. (1992) Academic Cultural Expectations and Second Language Use: Chinese Postgraduate Students in the UK - A Cultural Synergy Model, PhD Thesis, University of Leicester.

约汉逊 Johnson, D. (1994) Research Methods in Educational Management, University of Leicester, Educational Management Development Unit, Harlow: Longman.

基富和沃尔宝 Keef, I. W. & Walberg, H. J. (1991) Teaching for Thinking, Reston, VA: NASSP.

金塞拉 Kinsella, K. (1995) Understanding and empowering diverse learners in the ESL classroom, in Reid, J. M. (ed.) Learning Styles in the ESL/EFL Classroom, ERIC: ED396587.

科克和米勒 Kirk, J. & Miller, M. L. (1986) Reliability and Validity in Qualitative Research, CA: Sage Publications

科神鲍 Kirschenbaum, N. (1987) The Year Round School: Where Learning Never Stops, Bloomington, Indiana: Phi Delta Kappa Educational Foundation.

林 Lam, A. (2006) Talented Mainlanders unhappy in Hong Kong: little support and cultural gap deter postgraduates from living and working in the city, South China Morning Post, August 5, A3.

刘和关 Lau, S. K. & Kuan, H. C. (1990) Public attitudes towards laissez-faire in Hong Kong, Asian Survey, Vol. 30, No. 8, pp. 766—781.

李 Lee, O. S. (2006) Perceptions of Mainland Chinese University Students of Studying in Singapore, Doctoral of Education Thesis, University of Leicester, UK.

梁 Leong, W. K. (2006) Still very much a wanted man in Chinese community, the Straits Times, p. 27.

梁 Leung, K. P. (1996a) The role of beliefs in Chinese culture, in M. H. Bond (Ed.) Handbook of Chinese Psychology, New York: Oxford, pp. 247—262.

梁 Leung, K. P. (1996b) Perspectives on Hong Kong Society, Hong Kong: Oxford University Press.

李 Li, M. (2006) Cross-border Higher Education of Mainland Chinese Students: Hong Kong and Macau in a Globalizing Market, PhD Thesis, University of Hong Kong.

李 Li, M. (2007) Mainland Chinese Students in Hong Kong and Macau, International Higher Education, Boston: the Boston College Centre for International Higher Education, Vol. 46.

李和博莱 Li, M. & Bray, M. (2007) Cross-border flows of students for higher education: push-pull factors and motivations of Mainland Chinese students in Hong Kong and Macau, Higher Education, Springer Netherland, Vol. 53, No. 6: pp. 791—818.

李 Li, Z. (2000) An Examination of Stress Experienced by Chinese Students Studying at a UK Higher Education Institution, MEd Dissertation, University of Bristol.

梁 Liang, S. X. (2003) Academic Adaption: Mainland Chinese Statistics in Graduate Programme at a Canadian University, Doctoral Thesis, University of Calgary.

林肯和顾霸 Lincoln, Y. S. & Guba, E. (1985) Naturalistic Inquiry, CA: Sage.

陆和魏 Luk, H. W. & Wei, B. (2002) A comparison of strategies adapted by primary students in four cities of China in solving mathematical problems, unpublished article, Department of Mathematics, Hong Kong Institute of Education, Hong Kong.

黎斯嘉 Lysgaard, S. (1955) Adjustment in a foreign society: Norwegian Fulbright grantees visiting the United States, International Social Science Bulletin, No. 7.

美思和佩陪 Mays, N. & Pope, C. (1995) Rigour and qualitative research, British Medical Journal, Vol. 311, No. 6997, pp. 109—115.

马扎罗和苏塔 Mazzarol, T. & Soutar, G. N. (2001) The Global Market for Higher Education: Sustainable Competitive Strategies for the New Millennium, Cheltenham: Edward Elgar.

米尔盾 Melton, C. D. (1990) Cultural gap: A study of Chinese students' learning style preferences, RELC Journal, No. 21: 29—54.

默瑟 Mercer, J. (2007) The Challenges of insider research in educational institutions: wielding a double-edged sword and revolving delicate dilemmas, Oxford Review of Education, Vol. 33, Issue 1, February.

马连 Merriam, S. B. (1998) Qualitative Research and Case Study Applications in Education, San Francisco: Jossey-Bass Publishers.

米勒和胡贝曼 Miles, M. & Huberman, A. M. (1994) Qualitative Data Analysis: an Expanded Sourcebook, 2nd edn, London: Sage.

明报 Mingpao (2010) Hong Kong, March 16, A3.

明报 Mingpao (2010) Hong Kong, March 25, A9.

莫里斯和卢 Morris, P. & Lo, M. L. (2000) Shaping the curriculum: contexts and cultures, School Leadership and Management, Vol. 20, No. 2, pp. 175—188.

莫里斯 Morris, P. et als. (1997) Changing primary schools in Hong Kong: perspectives on policy and its impact, in Stimpson, P. & Morris, P. (Eds.) Curriculum and Assessment in Hong Kong: Two Components, One System, Hong Kong: The Open University of Hong Kong Press.

莫蒂莫 Mortimore, P. (2000) Does educational research matter? British Educational Research Journal, Vol. 26, No. 1, pp. 5—24.

莫特 Mote, F. (1993) Intellectual Foundations of China, New York: McGraw-Hill, Inc.

纳哈贝和哥沙尔 Nahapiet, J. & Ghoshal, S. (1998) Social capital, intellectual capital, and the organizational advantage, Academy of Management Review, Vol. 23, No. 2.

尼斯贝和瓦特 Nisbet, J. & Watt, J. (1984) Case study, in J. Bell et als. (Eds) Conducting Small-Scale Investigations in Educational Management, London: Harper & Row, pp. 79—92.

野中和佩托卡 Nonaka, I. & Peltokorpi, V. (2006) Objectivity and Subjectivity in knowledge management: a review of 20 top articles, Knowledge and Process Management, Vol. 13, Issue 2, pp. 73—82.

奥本海 Oppenheim, A. N. (1992) Questionnaire Design, Interviewing and Attitude Measurement, new edition, London: Printer Publishers Ltd.

彭和阿普顿 Pang, B. & Appleton, N. (2004) Higher Education as an immigration path for Chinese students and scholars, The Qualitative Report, Vol. 9, No. 3, September, pp. 500—527.

巴东 Patton, M. Q. (1990) Qualitative Evaluation and Research Methods, 2nd edn, Newbury Park, CA: Sage Publications.

皮尔 Pires, G. et als. (2006) Improving expatriate adjustment and effectiveness in ethnically diverse countries: marketing insights, Cross Cultural Management, Patrington, Vol. 13, Iss. 2.

潘 Poon, C. K. (2003) Higher Education in Hong Kong under "One Country, Two Systems", in UCLA Asia Institute Report, by Leslie Evans, Centre for Chinese Studies, December 2.

彭倪和瓦特 Powney, J. & Watts, M. (1987) Interviewing in Educational Research, London: Routledge.

宾治 Punch, K. (2005) Introduction to Social Research: Quantitative and Qualitative Approaches, London: Sage.

罗斯顿 Ralston, D. A., et al. (1997) The impact of national culture and economic ideology on managerial work values: a study of the United States, Russia, Japan, and China, Journal of International Business Studies, Vol. 28, No. 1, pp. 177—207.

沙 Shah, S. (2004) The researcher/interviewer in intercultural postgraduate education, in R. Burgess (Ed.) Field Methods in the Study of Education, Lewes, Falmer Press.

沈 Shen, W. (2005) A study on Chinese student migration in the United Kingdom, Published online: September 8, @Springer-Verlag: AEJ3: pp. 429—436.

查夫 Shives, G. (2007) Hong Kong universities welcoming Mainland students, International Educator, Singtao Daily, October 4.

苏 So, D. W. C. (1998) One country, two cultures and three languages: sociolinguistic conditions and language education in Hong Kong, Teaching Language & Culture: Building Hong Kong on Education, Hong Kong: Longman, Table 4B and 4C, p. 163.

南华早报 South China Morning Post (2005), March 5, E5.

南华早报 South China Morning Post (2007), April 30, E Section.

南华早报 South China Morning Post (2007) Post Magazine, October 10.

司班德 Spender, J. C. (1996) Making knowledge the basis of a dynamic theory of the firm, Strategic Management Journal, Vol. 17, pp. 45—62.

斯蒂勒和希伯特 Stigler, J. W. & Hiebert, J. (1999) The Teaching Gap: Best Ideas from the World's Teachers for Improving Education in the Classroom, New York: Free Press, p. 86.

施特劳斯和科尔宾 Strauss, A. & Corbin, J. (2008) Basics of Qualitative Research: Grounded Theory Procedures and Techniques, Newbury Park, CA: Sage.

斯特曼 Sturman, A. (1999) Case study methods. In J. P. Keves (Ed.) Educational research, methodology and measurement: An international handbook, 2nd edn, Oxford: Elsevier Science, pp. 61—66.

孙和陈 Sun, W. & Chen, G. M. (1997) Dimensions of difficulties Mainland Chinese students encounter in the United States, ERIC Document Reproduction Service, No. ED408635.

泰勒 Taylor, M. J. (1987) Chinese Pupils in Britain: A Review of Research into the Education of Pupils of Chinese Origin, Windsor, Berkshire: Nelson.

脱清 Trochim, W. (2006) Research methods knowledge base, Web Center for Social Research Methods, October 20, www.socialresearchmethods.net.

屠威和雷曼 Tweed, R. G. & Lehman, D. R. (2002) Learning considered within a cultural context: Confucian and Socratic approaches, American Psychologist, February, pp. 98—99.

香港大学教育资助委员会出版发行刊物 UGC Publications (2007) Hong Kong University Grant Council Publications.

沃特金和比格斯 Watkins, D. A. & Biggs, J. B. (1996) The Paradox of the Chinese learner and beyond, in Watkins, D. & Biggs, J. (Eds.) Teaching the Chinese Learner: Psychological and Pedagogical Perspectives, Hong Kong: Comparative Education Research Centre, the University of Hong Kong.

威克斯和弗里曼 Wicks, A. C. & Freeman, R. E. (1998) Organization studies and the new pragmatism: positivism, anti-positivism, and the search for ethics, Organization Science, Vol. 9, No. 2, March-April, pp. 123—140.

沃尔科 Wolcott, H. F. (1995) Transforming Qualitative Data: Description, Analysis and Interpretation, London: Sage Publications.

王 Wong, H. T. (eds.) (1993) Hong Kong Education Handbook, Hong Kong: The Commercial Press.

拉格 Wragg, T. (2002) Interviewing, in Coleman, M. & Briggs, A (Eds.) Research Methods in Educational Leadership and Management, London: Sage Publi-

cations.

徐 Xu, J. (2002) Chinese Students' Adaptation to Learning in an American University: A Multiple Case Study, PhD Dissertation, Lincoln, Nebraska.

耶特曼 Yetman, J. (2007) URL of the Google Blog, April 30.

尹 Yin, R. K. (2003) Case Study Research: Design and Methods, 3rd edn, Thousand Oaks, CA: Sage Publications.

吉川 Yoshikawa, M. J. (1988) Cross-cultural adaptation and perceptual development, in Kim, Y. Y. & Gudykunst, W. B. (eds.) Cross-Cultural Adaptation: Current Approaches, Sage Publications.

曾 Zeng, J. (1997) When East meets West: Mainland Chinese students and scholars in UK Higher Education Institutions, Journal of International Education, Vol. 7, No. 3.

张 Zhang, L. J. (2001) Exploring variability in language anxiety: two groups of PRC students learning ESL in Singapore. RELC Journal, 32(1), 73—91.

郑 Zheng, X. H. (2003) An analysis on study abroad of graduates of undergraduate in Tsinghua University, in Tian, L. (ed.) Research on China's Foreign Cultural Exchange in Higher Education, Beijing: Minzu Press, pp. 199—237, Chinese Version.

茨威格和罗森 Zweig, D. & Rosen, S. (2003) How China trained a new generation abroad, source: Site: http://www.scidev.net, May 22.

《经济日报》,香港,2008年9月4日。
《经济日报》,香港,2009年5月20日。
《中国评论新闻网》2007年11月12日。
《文汇报》,香港,2007年11月13日。
《文汇报》,香港,2010年5月31日。
《苹果日报》,香港,2010年3月15日。
《苹果日报》,香港,2010年3月16日。
《明报》,香港,2010年3月24日。
《明报》,香港,2010年3月25日。
《星岛日报》,香港,2010年5月15日。
《南华早报》,香港,2010年5月22日。
《四川新闻网——成都商报》,2010年10月2日。
《新浪网博克》,2005年5月。
你问我答网,求学香港综合版,http://www.studyinhk.net/QnA/,2007年5月2—3日。
厦门教育考试网,http://www.xmjy.org,2010年2月24日。
《一个清华学生在香港求学受到的心灵震撼》,作者不详,新浪网博客。

《走进香港大学》，华龙网，2010年1月4日。
《浙江在线》，2008年4月21日。
《香港科大一本科生自杀未遂，内地生心理危机凸显》，《南方都市报》，2010年8月25日。
《2007年度在港内地专才雇主调查报告》，2008年1月。
《2007—2008年度在港内地专才雇主调查年报》，简称《雇主年报》，在港内地毕业生联合会，2007年。
《从就业发展看香港求学》，人民网，2009年5月7日。
中国评论新闻网，2007年11月12日。
香港政府一站通，2010年3月31日修订。
福布斯，2010年7月21日。
中国教育和研究网，2002。